공정거래정책 30년의 반추

공정거래정책 허와실

최정표 지음

해남

머리말

한국에 공정거래정책이 도입된 지 꼭 30년이 되었다. 1980년 「독과점규제 및 공정거래에 관한 법률」(공정거래법)이 제정 공표되고 그 이듬해부터 이 법이 시행되었으니 2011년으로 우리나라 공정거래법은 시행 30년을 맞고 있는 셈이다.

미국에서는 우리나라의 공정거래정책에 해당하는 반독점정책(antitrust policy)이 1890년에 처음 시행되었으니 그 역사는 120년이나 된다. 우리나라보다 90년이나 빨랐다. 그러나 우리나라의 공정거래정책도 이제 선진국에 손색이 없는 수준에 도달해 있다.

미국의 Sherman Act로부터 시작된 공정거래정책은 이제 이론적으로나 제도적으로나 가장 정통성 있는 경제정책의 하나가 되었다. 이 정책은 자본주의 시장경제를 지켜 주는 파수꾼이다. 이 정책 없이는 시장경제가 제대로 작동할 수 없다. 우리나라의 공정거래정책도 한국 경제가 성숙된 시장경제로 나아가도록 이끌어 주는 선도자 역할을 수행하고 있다.

우리나라의 공정거래정책은 지난 30년 동안 수많은 우여곡절을 겪으면서 발전해 왔다. 제도와 내용도 바뀌고 주무관서의 위상도 바뀌어 왔다. 법은 개정과 재개정을 거듭해 왔고, 주무 관서인 공정거래위원회는 경제기획원 내의 한 부서에서 출발하여 이제는 국무총리 직속의 장관급 독립부서가 되었다. 이 분야의 경제학 및 법률적 수준도 이제는 선진국 수준에 도달해 우리의 경험을 후발국에 전수해 주는 단계에 와 있다.

공정거래정책을 둘러싼 경제환경 역시도 급변하였다. 우선 정보통신산업의 발달과 더불어 경제활동의 방식이 바뀌어 버렸다. IT 관련 상품과 더불어 서비스산업이 급속도로 발전하면서 과거에는 없었던 새로운 상품들이 홍수처럼 쏟아져 나왔다. 이들은 제조업 상품과는 전혀 다른 특성을 가지고 있다. 거기다가 상품의 유통방식이 과거와는 전혀 다른 양상으로 전개되고 있다. 정보의 전달은 물론 상품거래까지 사이버 공간에서 이루어지고 있다. 이에 따라 시장의 개념도 새롭게 정의되고 있다. 공정거래정책은 그 대상이 시장인데, 시장의 모습이 이처럼 과거와는 달라져 버렸으니 정책집행도 거기에 맞추어 변하지 않을 수 없게 되었다.

경제활동의 범위도 국제화되었다. 이제는 국가 간의 거래나 국가 내에서의 거래나 큰 차이가 없어졌다. 최근 유행하고 있는 국가 간 FTA는 이런 변화를 더욱 촉진시키고 있다. 시장의 범위가 국제화되면서 국가 내에서의 시장획정은 무의미해져 버렸다. 그리고 경쟁의 개념도 달라져 버렸다. 이런 현상은 국가 간의 경계가 없어진 EU에서 매우 분명히 나타나고 있다. 우리나라도 점점 이런 상황으로 가고 있다. 담합도 국내카르텔보다는 국제카르텔이 더 큰 이슈로 등장하고 있다.

거기다가 우리나라는 독과점산업의 비중이 여전히 매우 높다. 많은 중요 산업이 대규모 기업 서너 개가 시장수요를 모두 충족시켜 주고 있는 과점적 구조로 되어 있다. 기술발달과 더불어 기업의 효율적 규모가 점점 커짐에 따라 이런 현상은 더 심화되고 있다. 이런 상황에서는 기업들의 독점력이 시장경제의 건전성을 해치는 주요 걸림돌이 되기 때문에 공정거래정책의 임무는 더 중요해지지 않을 수 없다.

또한 우리나라는 재벌이라는 기업이 국가경제의 중요 부문을 지배하고 있다. 재벌은 경제 내에서 차지하는 비중도 높을 뿐만 아니라 경제적 힘도 매우 크다. 이런 재벌이 그 힘을 남용하게 되면 국가경제의 시장질서는 크게 왜곡될 위험이 있다. 이 때문에 우리나라에서는 공정거래법을 통해 재벌정책까지 시행하고 있다. 1997년의 외환위기 이후 추진된 재벌개혁 과정에서 재벌세의 확장이 잠시 주춤하기는 하였으나 최근 들어서는 재벌의 비중이 다시 증가하고 있다. 따라서 공정거래정책은 이 문제에 대해서도 새로운 접근이 요청되고 있다.

우리 경제의 이런 특수성 때문에 우리나라에서는 공정거래정책의 중요성이 한결 더 부각된다고 볼 수 있다. 한국 경제를 건강한 시장경제로 만들기 위해서는 공정위의 역할과 임무를 결코 가벼이 할 수 없는 상황이다.

공정거래정책이 가격이라는 시장변수를 중요시하고 있기는 하지만 공정위가 물가단속 기관은 아니다. 공정위는 시장의 틀을 만들고 그 시장이 제대로 작동할 수 있도록 감시하고 감독하는 기관이다 가격은 시장상황에 따라 오를 수도 있고 내릴 수도 있다. 공정위는 시장경쟁을 통해 가격이 정해지지 않을 때 시장에 개입하는 정부기관이다. 그리고 시장을 복원시키는 역할을 수행한다.

이 책은 우리나라에서 공정거래정책이 지금까지 그 역할을 어떻게 수행해 왔으며, 앞으로 어떻게 수행해야 할지에 대해 집중적으로 논의하고 있다. 저자가 대학 강단에서 30여 년 간 산업조직론을 강의하고, 공정위 비상임위원으로서 6년 간(2003~2009) 다양한 사건의 심결을 경험하면서 공부하고 느낀 점들을 바탕으로 어떻게 하면 우리나라의 공정거래정책이 앞으로 더욱 발전할 수 있을까를 고민한 책이다.

이 책에서는 우리나라 공정거래정책의 가장 중요한 주제 4개를 집중적으로 다루었다. 첫째는 기업의 독점력에 관해서, 둘째는 담합에 관해서, 셋째는 불공정거래에 관해서, 넷째는 재벌에 관해서 집중 분석하였다. 네 가지 주제에 앞서서 제1장에서는 공정거래정책의 논리와 과제에 대해서 먼저 다루었다. 공정거래정책이 왜 필요하게 되었으며, 현재 어떻게 시행되고 있고, 앞으로는 어떻게 나아가야 할지 등에 대해 논의하였다.

제2장에서는 기업이 독점력을 확보하고 행사하는 문제를 공정거래정책이 어떻게 해결하고 있는지를 분석하고 있다. 제3장에서는 기업들의 담합문제는 공정거래정책이 어떻게 접근하고 있는지 살펴보았다. 제4장에서는

불공정거래에 대해 논의하였다. 제5장에서는 우리나라 경제의 특수성인 재벌 문제를 공정거래정책이 어떻게 다루고 있는지 살펴보았다. 각 장에서는 이들 주제와 관련된 주요 심결들도 함께 살펴보았다.

또한 이 책에서는 공정거래정책 이슈가 매우 많으면서 경제적 비중이 아주 높은 5개 산업에 대해서도 집중 분석하고 있다. 5개 산업은 자동차산업, 주류산업, 정유산업, 유선통신산업, 이동통신산업이다. 이 산업들은 규모가 매우 크면서 국민 대부분이 소비자이다. 그런 만큼 경쟁 관련 이슈들은 국민 모두의 이해관계와 직결되어 있다.

제6장에서 다루고 있는 자동차산업은 현대자동차와 기아자동차가 거의 75%의 시장점유율을 차지하고 있다. 그런데 현대차와 기아차는 겉으로는 분리된 회사이지만 실질적으로는 단일 회사나 마찬가지이다. 따라서 우리나라의 자동차시장은 거의 독점시장이라고 볼 수 있다. 그런 만큼 자동차시장의 경쟁은 공정거래정책의 매우 중요한 주제가 아닐 수 없다.

제7장에서 다루고 있는 정유산업은 전형적인 과점이지만 시장구조가 점점 독점화되어 가고 있을 뿐만 아니라 담합의혹이 항상 제기되고 있는 산업이다. 기업 간의 가격경쟁이 높지 않기 때문이다. 원유가 모두 수입되고 각 회사의 상품이 모두 동질적인 것도 정유산업이 갖는 매우 두드러진 특징이다. 이런 시장에서 유효한 경쟁을 도출해 내는 것은 매우 중요한 일이 아닐 수 없다.

제8장에서 다루고 있는 주류산업은 우리나라에서 매우 특수한 경쟁상황을 만들고 있다. 이 책에서는 맥주시장과 소주시장을 구분하여 살펴보고 있는데, 우선 두 시장을 동일 시장으로 보아야 하느냐 분리된 시장으로 보아야 하느냐 하는 문제부터 발생한다. 두 상품의 관계를 어떻게 설정하느냐에 따라 주류산업의 공정거래정책은 완전히 달라질 수 있다. 거기다가 소주시장에는 강력한 지역독점이 만들어져 있다. 따라서 소주는 시장획정을 전국으로 하느냐 지방으로 하느냐에 따라 공정거래정책은 또한 크게 달라질

수 있다.

제9장에서 다루고 있는 유선통신산업은 KT가 주도하는 독점산업이었으나 기술발달과 더불어 새로운 상품들이 다양하게 분리되어 나오고 있을 뿐만 아니라 후발기업에 의한 도전도 거세지고 있는 산업이다. 따라서 시장경쟁은 점점 증가하고 있다. 아직은 KT가 여전히 주도기업으로 자리매김하고 있지만, 산업정책과 경쟁정책이 어떻게 전개되느냐에 따라 경쟁산업으로 빠르게 옮겨 갈 수 있는 산업이다.

제10장에서 다루고 있는 이동통신산업은 최근에 출현한 새 산업이다. 그리고 유선통신에 대한 강력한 대체산업이다. 그 동안 빠른 속도로 성장하면서 이제는 거의 정체 단계에 들어서고 있다. 그런 만큼 높은 경쟁이 기대되고 있으나 실제로는 경쟁이 많이 억제되고 있는 상황이다. 담합 혐의로 공정위로부터 제재를 받기도 하였다. 이 시장에서는 앞으로 어떻게 경쟁을 제고시켜 나가느냐가 당면한 정책과제이다.

이 책을 만들기 위해서는 수많은 사람들의 도움을 받았다. 특히, 자료의 수집과 정리 과정에서 건국대 경제학과의 여러 학생들이 많은 수고를 해 주었다. 모두에게 진심으로 감사한다. 이 책이 공정거래정책의 발전에 조금이나마 역할을 할 수 있다면 이 책에 쏟은 수년간의 노력은 저자에게 충분한 자부심이 될 것이다.

건국대학교 연구실에서

저자

차례

Chapter 2 독점력과 공정거래정책

Chapter 3 담합과 공정거래정책

Chapter 4 불공정거래와 공정거래정책

Chapter 5 재벌과 공정거래정책

Chapter 6 자동차산업과 공정거래정책

Chapter 7 정유산업과 공정거래정책

Chapter 8 주류산업과 공정거래정책

Chapter 9 유선통신산업과 공정거래정책

Chapter 10 이동통신산업과 공정거래정책

Chapter 1

공정거래정책의 논리와 과제

Ⅰ. 공정거래정책의 기원

Ⅱ. 한국의 공정거래정책

Ⅲ. 선진국의 공정거래정책

Ⅳ. 주요 쟁점과 개선방향

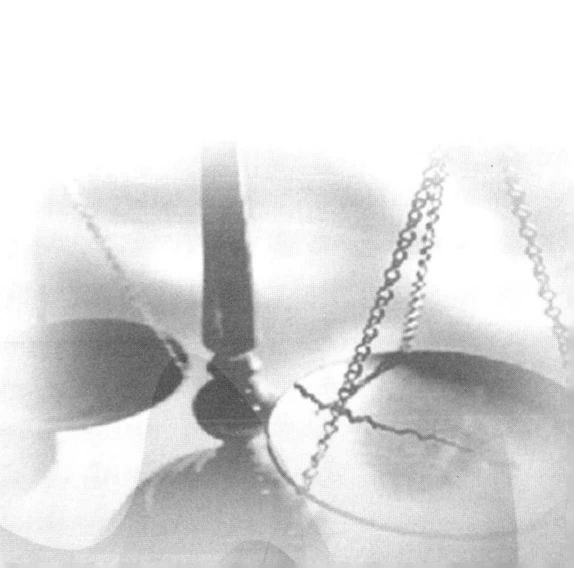

Ⅰ. 공정거래정책의 기원

1. 19세기 후반의 새로운 경제환경

공정거래정책이 처음으로 시행된 나라는 미국이다. 미국에서는 19세기 후반에 와서 경제환경에 커다란 변화가 일어났다. 산업자본주의의 성격이 크게 변해 가고 있었다. 우선 자본집약적인 대량생산체제가 만들어졌다. 특히, 제조업에서 대규모 생산체제가 급속히 확산되어 나갔다.

이런 변화가 일어난 배경은 각 분야에서의 기술혁신이다. 광공업과 에너지 부문에서뿐만 아니라 제품의 조립방식에서도 커다란 기술혁신이 일어났다. 대규모 수송수단이 발달하면서 물류비용이 절감되었고, 대규모 공장들은 훨씬 경제적인 생산방식으로 변모되었다. 경영방식의 발전으로 규모의 경제를 더 많이 활용할 수 있었고, 자본시장의 발달로 대규모 자본조달이 용이해졌다. 기업법의 발전으로 인수합병이 용이해졌고, 전문경영인에 의한 소유와 경영의 분리현상도 나타났다.

이런 변화로 인해 기업규모도 커지고 시장규모도 커졌다. 철도망의 확장은 미국 전체를 하나의 시장으로 만들었다. 대규모 기업들 간의 시장경쟁은 점점 치열해져 갔다. 벽지의 소규모 생산자들은 대규모 기업들에게 시장을 침식당하고 있었다. 대서양 횡단 수송선의 기술발달로 운임이 하락하면서 시장은 미국에서 유럽으로 확장되고 국제화되어 나갔다.

이런 변화 속에서 1800년대 후반에는 두 번의 큰 경제불황이 있었다. 첫 번째는 1873년에 시작되어 6년 정도 지속되었고, 두 번째는 1883년에 시작되어 1886년까지 지속되었다. 수요가 위축됨에 따라 대규모 투자를 한 큰 기업들은 생존하기 위해 치열한 경쟁에 휩싸여 들어갔다. 가격은 하락하고 모든 기업들은 더 큰 어려움에 직면하였다. 선도기업들은 이 국면을 타개하기 위해 경쟁을 자제하려는 협정을 유도하였다. 그리고 여러 기업들은 단일경영체제를 만들면서 가격을 통제하기 시작하였다. 이런 현상은 유럽에서도 마찬가지였다. 기업들은 가격고정화협정(price fixing agreements)을 맺는 담합체제를 형성하거나, 합병 등을 통해 대규모 트러스트를 만들어 나갔다. 대규모 석유 트러스트인 Standard Oil Company는 대표적인 사례이다. 주요 산업이 대규모 트러스트에 의해 독점화되었다. 유럽에서는 카르텔을 통한 담합이 주류였으나 미국에서는 합병을 통한 트러스트가 보편화되었다.

당시 미국의 관습법은 트러스트의 경쟁제한행위를 다스릴 수 없었다. 독점적 행위와 독점력 남용행위는 도를 넘어갔다. 트러스트는 약탈가격을 책정하여 소규모 기업들을 시장에서 내쫓아 버리기도 하고, 지역에 따라 또는 소비자에 따라 차별가격을 책정하기도 하였다. 이런 독점행위를 통해 독점기업가들은 큰 부를 쌓아 갔다. 소비자와 국민들은 독점기업가들의 이런 행동에 분노하였다. 공산품 가격은 빠르게 상승하는 데 비해 농산품 가격은 오히려 하락하였다. 그 결과 농민들도 분노하였다. 투표권은 소수의 대기업가에 비해 소비자와 농민들이 절대 다수를 차지하고 있었다. 이들은 비판의 목소리를 높여 갔다.

그런데 아이러니컬하게도 경제학자들은 국민들의 이러한 비판의 목소리를 외면하였다. 그들은 트러스트 문제를 심각하게 보지 않았다. 그들은 당시 다윈의 진화론에 매료되어 있어, 대기업 및 트러스트의 출현을 적자생존의 원리에 따른 진화현상으로 보았다. 따라서 대기업에 대한 비판에 별 귀를 기울이지 않았다. 그리고 대기업 문제에 대한 당시 경제학자들의 견해는 공공정책에도 별로 영향을 미치지 못하였다. 중요한 것은 유권자의 목소리였다.

1880년대 후반에는 유권자의 목소리가 절정에 다다랐다. 1889~1891년 사이에는 이미 18개 주 이상에서 대기업들의 횡포를 막기 위한 반독점법을 입법화시켰다. 그런데 이런 주법(州法)은 주와 주 사이에서 행해지는 독점행위에 대해서는 제재를 할 수 없었다. 따라서 국가적 단위에서의 입법조치가 필요하였다. 1888년의 대통령선거에서는 주요 정당에서 모두 반독점법(antitrust laws)을 정당의 강령으로 내세웠다. 상원의원 셔먼(John Sherman)이 반독점법을 제안하자, 이 법은 1890년에 의회를 통과하고 해리슨(Harrison) 대통령이 1890년 7월 2일 서명하였다. 이것이 세계적으로 반독점법의 출발이 된 Sherman법이다.

2. 사익과 공익의 조화

공정거래정책은 민간기업의 자유로운 경제활동에 제한을 가하는 정책이다. 민간기업은 사익 추구를 목적으로 하며, 이 목적을 위해 끊임없이 노력한다. 자본주의 시장경제는 이러한 민간기업의 사익 추구 활동을 최대한 보장하는 경제제도이다. 그런데 공정거래정책은 개별 민간기업의 이러한 사익 추구 활동에 제한을 가하는 정책이다.

사익 추구는 기업이윤의 극대화를 의미하며 기업이윤은 단위당 생산비를 낮추거나 가격을 높여야 더 커질 수 있다. 따라서 기업들은 생산비 절감을 위해 끊임없이 노력할 뿐만 아니라 기회만 있으면 가격을 높이려고 한다. 그런데 생산비 절감은 공익과 배치되지 않을 수 있지만 가격 인상은 공익에 배치될 수 있다. 가격을 인상하여 기업이윤을 높이면 소수 기업가는 혜택을 누리지만 다수의 소비자는 피해를 보기 때문이다. 사회는 소수의 큰 이익보다 수많은 다수의 피해를 더 우려한다. 왜냐하면, 소수의 이익은 사익이고 다수의 이익은 공익이라고 보기 때문이다.

기업이 과도하게 가격을 인상하여 많은 이윤을 내면 이것은 기업과 관련 있는 소수에게는 큰 이익이 될 수 있다. 반면에 그 상품을 소비하는 수많은 소비자들은 피해를 본다. 따라서 과도한 가격 인상은 공익을 저해할 우려가 있다. 이 때문에 기업이 부당한 힘이나 수단으로 지나치게 가격을 높이는 행위는 법으로 제재를 가할 수밖에 없다.

이러한 논리 때문에 반독점법은 그 정당성이 인정된다. 그러나 기업의 자유로운 사익 추구를 제한해야 하는 문제점도 등한시할 수는 없다. 따라서 반독점법은 사익과 공익을 잘 조화시켜야 하는 또 다른 과제를 안고 있다. 공익을 우선시하지만 과도한 사익 침해는 또 다른 사회적 문제가 될 수 있기 때문이다.

반독점법은 크게 두 가지 측면에서 공익 달성을 추구하고 있다. 하나는 기업들의 부당한 행위들을 제한하거나 금지하여 과도한 가격 인상을 방지하는 것이고, 다른 하나는 시장구조 자체를 경쟁적으로 만들어 과도한 가격 인상 자체가 원천적으로 불가능하도록 만드는 것이다. 전자는 사후적 제재조치이고, 후자는 사전적 예방조치라고 볼 수 있다. 기업들이 독점력을 행사하거나 담합하여 가격을 과도하게 인상하면 사후적으로 처벌을 받는다. 같은 업종의 기업들이 합병하여 시장을 구조적으로 독점화시키려는 행위는 사전에 금지하고 있다. 따라서 반독점정책은 사후적 처벌조치와 사전적 예방조치를 동시에 동원하여 경쟁이 제한되면서 가격이 과도하게 인상되는 것을 방지하려 하고 있다.

반독점정책은 기업들이 경쟁제한을 통해 상품가격을 과도하게 높이는 것을 금지할 뿐만 아니라 생산비 절감도 그 방법의 정당성에 관심을 가지고 있다. 생산비 절감은 여러 가지 수단으로 가능하다. 기술혁신, 부품가격 인하, 인건비 인하 등을 통해 생산비를 낮출 수 있다. 기술혁신에 의한 비용 절감은 반독점정책의 관심사항에서 벗어나 있다. 그러나 부품가격 인하나 인건비 인하는 반독점정책의 관심사항이 될 수 있다.

기업들이 구매독점력을 이용하여 부품가격을 무리하게 인하하는 것은 공익에 반하는 행위가 될 수 있다. 부품가격이 공정한 경쟁을 통해 이루어진 가격이 아닐 수 있기 때문이다. 이때는 부품공급자가 부당하게 피해를 볼 수 있다. 부품가격이 구매자의 우월적 지위에 의해 비경쟁적으로 정해지면 이 과정을 통한 비용 절감은 정당한 것으로 볼 수 없다.

인건비도 기업의 구매독점력에 의해 과도하게 낮아진다면 반독점정책의 대상이 될 수 있다. 하지만 오늘날은 노조를 통해 기업의 구매독점력에 대항할 수 있는 장치가 마련되어 있기 때문에 이 분야는 반독점정책의 대상이 되지 않고 있다.

기업이 판매독점력(monopoly power)을 행사하든 구매독점력(monopsony power)을 행사하든 이런 행위는 사익을 추구하는 행위로서 공익과는 배치될 수 있다. 공익 확보를 위해서는 이런 사익 추구 행위에 제재를 가할 수밖에 없지만, 공정거래정책은 정당한 사익 추구는 보장하는 선에서 공익을 지향해야 하는 지혜를 가져야 한다.

3. 반독점 3대 성문법

공정거래정책의 법적 출발은 미국의 3대 반독점법(Antitrust Laws)이라고 할 수 있다. 미국의 반독점 3대 성문법은 1890년에 제정된 Sherman Act, 1914년에 제정된 Clayton Act와 Federal Trade Commission Act이다.

Sherman법은 제1조와 제2조가 핵심 조항이다. 제1조는 거래를 제한하기 위한 계약(contracts), 연합(combinations), 음모(conspiracies)를 금지하고, 위반자에게는 징역이나 벌금을 부과할 수 있도록 하고 있다. 벌금은 최초에 5,000달러 상한선에서 시작되었으나 그 이후로 계속 상향조정되어 지금은 상한선이 거의 없어졌다. 제2조는 독점, 독점의 시도, 독점을 위한 결합이나 음모를 금지하고 있다. 이는 주와 주 사이에서 이루어지는 거래는 물론 외국과의 거래에도 적용되며, 위반시에는 제1조 위반과 마찬가지의 처벌을 받도록 되어 있다.

제2조 이후에서는 제4조와 제7조가 중요하다고 볼 수 있는데, 제4조는

법무장관이 위법행위에 대해 소송을 제기할 수 있도록 하고 있으며, 제7조는 제1, 2조의 위반으로 피해를 본 민간인으로 하여금 피해액의 3배를 보상받을 수 있는 소송을 제기할 수 있도록 하고 있다.

Sherman법은 1890년에 제정된 후 10여 년 동안은 거의 집행되지 못하였다. 법집행을 맡은 법무장관들은 자금과 인력이 부족하였을 뿐만 아니라 열정도 부족하였고, 한때는 그들이 대기업들의 자문역이기도 하였기 때문이다. 그리고 정부는 위스키 트러스트와 설탕 트러스트 등에 대한 소송에서 대패하기도 하였다. 그러다가 1901년에 루스벨트(Theodore Roosevelt) 대통령이 취임하자 상황이 변하기 시작하였다. 루스벨트 대통령은 독점사건에 대해 민사소송을 용이하게 하고 법무성에 독점 담당 부서를 만들었다. 이후 여러 가지 소송사건이 이어지면서 독점기업이 지켜야 할 원칙들이 세워졌다.

Clayton법과 FTC(Federal Trade Commission)법은 윌슨(Woodrow Wilson) 대통령의 독촉에 의해 1914년에 제정되었다. Clayton법은 Sherman법이 다루지 못한 독점적 행위를 불법화시키고 독점화의 초기부터 이를 억제시키기 위해 만들어진 법이다. 제2조는 경쟁을 위축시키거나 독점을 야기시킬 수 있는 가격차별화를 금지시키고 있고, 제3조는 경쟁을 제한하는 끼워팔기와 배타적 거래를 금지하고 있다. 제4조는 3배 보상제도에 대한 Sherman법 제7조를 대체하는 조항이고, 제5조는 3배 보상소송을 더욱 용이하게 해 주는 조항이다. 제7조는 경쟁제한적인 합병을 금지하고 있으며, 제8조는 경쟁기업들 간의 이사 겸직을 금지하고 있다.

1914년 이전에는 반독점정책을 관장할 전문기관이 없었다. 전문기관이 필요하다는 의견이 끊임없이 제기되었는데, 이 의견은 반독점정책을 비판하는 사람이나 옹호하는 사람이나 마찬가지였다. 이런 기관을 창설할 목적으로 만들어진 법이 FTC법(Federal Trade Commission Act)이다. 이 법에 의해 연방거래위원회(FTC)가 만들어지고, 연방거래위원회에서는 다섯 명의 상근위원이 전문직원들의 보좌를 받으면서 준사법권을 행사하고 있다. FTC법은 제5조가 가장 중요한데, 제5조에서는 불공정한 경쟁수단들을 위법화하면서 어떤 것들이 불공정한 경쟁수단인가에 대한 결정 권한을 FTC와 대법원에 부여하였다.

1914년에 Clayton법과 FTC법이 통과되면서 미국의 반독점정책은 그 골격이 완성되었으며, 그 이후 일련의 개정을 통해 허점을 메우고 예외사항을 구체화시켜 나갔다. 그리고 여러 가지 집행장치들이 마련되었다. 반독점법의 집행은 법무부 독점국(Antitrust Division of the Justice Department)과 연방거래위원회(Federal Trade Commission)가 나누어서 맡고 있다. 집행예산으로 볼 때 두 기관의 비중은 거의 비슷하다고 볼 수 있다.

반독점국은 반독점법의 집행과 조사가 주기능이다. 반면에 FTC는 연구기능과 더불어 신고사건을 수사하고 기소하는 기능을 가지고 있다. FTC에서는 불법행위에 대해 별도 재판관이 판결하여 5인위원회로 하여금 중지명령을 내리도록 권유한다. 본래는 위법사건에 대한 FTC의 처리 과정이 간단하게 이루어지도록 고안되었으나 실제로는 법무부의 처리 과정보다 복잡하고 평균적으로 시간도 더 오래 걸리고 있다. 그리고 한 사건에 대해 두 기관이 동시에 소송을 제기할 수도 있는데, 이런 중복접근은 양 기관의 조정 문제를 야기시키기도 하지만, 한 기관이 소홀히 한 부분을 다른 기관이 보완해 주도록 하려는 의도를 가지고 있다.

반독점법은 예외부문도 많다. 법이 처음 제정될 당시의 예외부문은 법 개정과 더불어 많이 변해 왔는데, 주요 예외부문은 노동조합, 농협, 수출협회, 규제산업 등이다. 이런 부문은 나름대로의 특수성 때문에 반독점법 자체 또는 그 산업과 관련된 별도 법에 의해 반독점법을 적용하지 않도록 하고 있다.

Ⅱ. 한국의 공정거래정책

1. 도입 과정

한국에서는 1980년 12월 23일 「독점규제 및 공정거래에 관한 법률」이 임시입법회의를 통과하고 동년 12월 31일 공표됨으로써 독점금지정책이 정식으로 도입되었다.[1)] 미국의 Sherman법이 1890년에 제정되었으니 꼭 90년의 차이가 난다. 한국에서 독점금지정책이 도입되는 과정에는 수많은 우여곡절이 있었다. 이 과정을 정병휴(1984)는 독점금지정책의 모색기, 도입기, 확립기로 나누어 자세히 설명하고 있다.[2)]

독점금지정책은 주로 독과점적인 대기업들의 경제활동에 제재를 가하는 정책이기 때문에 이 정책의 도입 과정에서는 특히 재벌들의 저항이 컸다. 1964년부터 독점금지정책은 수차에 걸쳐 입법이 시도되었으나 번번이 실패하다가 1980년의 신군부 쿠데타하에 국회를 대신하고 있던 임시입법회의에서 「독점규제 및 공정거래에 관한 법률」이라는 명칭으로 빛을 보게 되었다. 말하자면, 좋은 법이 사생아로 태어난 셈이다.

정병휴(1984)는 공정거래정책의 발전 과정을 이 정책의 도입이 처음으로 시도된 1964년부터 「물가안정 및 공정거래에 관한 법률」이 제정된 1975년까지를 독점금지정책의 모색기로, 1975년부터 「독점규제 및 공정거래에 관한 법률」이 제정된 1980년까지를 독점금지정책의 도입기로, 1980년 이후를 독점금지정책의 확립기로 구분하고 있다.

1) 공정거래법은 국회에서 제정된 것이 아니고 1980년 정국혼란기에 국회를 해산하고 임시로 만들어진 입법기관인 임시입법회의에서 제정되었다.
2) 정병휴(1984), 「독점금지정책의 전개와 과제」.

1975년에 제정된 「물가안정 및 공정거래에 관한 법률」은 독점금지법이라기보다 가격규제에 주안점을 둔 법이다. 우리나라에서는 이 법이 독점금지법으로 가기 위한 과도기적인 법이 되었다. 그런데 이 법조차도 1964년부터 여러 명칭으로 4번에 걸쳐 국회에 제출되었으나 번번이 국회에 상정조차 되지 못하고 자동 폐기되었다. 1974년부터 다시 심각하게 대두된 물가 상승과 더불어 독과점 폐해에 대한 논의가 본격화되었다. 이에 따라 정부는 1973년부터 시행중인 「물가안정에 관한 법률」과 1975년에 작성한 「공정거래법 입법요강」을 절충하여 「물가안정 및 공정거래에 관한 법률」을 입안하고 이를 국회에 제출하였다. 이 법안은 약간 수정되어 1975년 12월 18일 국회를 통과하고 12월 31일에 확정, 공표되었다.

그러나 소수 대기업에 의한 경제력집중의 심화, 많은 시장의 독과점화, 가격의 직접 규제 등은 고도 성장의 폐해로 등장하였다. 자원배분의 효율성과 소득분배의 형평성이 심각하게 왜곡되어 갔다. 따라서 정부는 경제운용의 틀을 정부주도에서 민간주도로 전환하고 경쟁원리를 도입하여 시장기능을 활성화시키는 방향으로 새롭게 정립해 나가기로 하였다. 이에 따라 1979년부터 「물가안정 및 공정거래에 관한 법률」을 개정하고 독점금지정책을 본격적으로 제도화하는 문제를 검토하기 시작하였으며, 드디어 1980년에 한국의 독점금지법인 「독점규제 및 공정거래에 관한 법률」이 제정되었다.

「독점규제 및 공정거래에 관한 법률」은 세칭 공정거래법이라 불리고 있는데, 이 법에는 독점 금지에 관한 사항들이 총괄적으로 나열되어 있다. 아주 완성도가 높은 독점금지법이라고 볼 수 있다. 그러나 초기에는 집행기구가 매우 미흡한 상태였다. 이 법을 위반한 사항에 대한 결정과 처분은 경제기획원 장관 소관이고, 이에 앞서 위반사건을 심의 · 의결하는 기구는 경제기획원에 설치된 공정거래위원회였다. 말하자면, 공정거래위원회는 경제기획원 내의 하부 조직이었다. 위원은 상임 3인과 비상임 2인으로 구성되는데, 위원장은 경제기획원 장관이 겸임할 수 있었다. 그리고 법위반사건에 대한 조사를 소관 업무로 하는 공정거래실을 두고 있었다.

2. 현행 제도

공정거래법은 1980년에 처음 제정된 이후 수많은 개정을 거치면서 법내용과 주무관서의 위상이 크게 변해 왔다. 현 공정거래법의 주요 내용은, ① 시장지배적 지위의 남용 금지, ② 기업결합의 제한, ③ 경제력집중의 억제, ④ 부당한 공동행위의 금지, ⑤ 불공정거래행위의 규제, ⑥ 사업자단체의 통제, ⑦ 재판매가격 유지행위의 규제, ⑧ 부당한 국제계약의 체결 제한 등으로 구성되어 있는데, 이들 중 경제력집중의 억제는 1986년 제1차 개정 때 새롭게 삽입된 조항이다. 그 밖의 조항은 구체적 내용에서는 다소의 변화가 있었지만 핵심 내용은 거의 모두 1980년 법제정시 도입되었던 것들이다.

주무관서도 그 구성과 위상에 큰 변화가 있었다. 1980년 법제정시에는 공정거래위원회가 경제기획원 내부 조직이었다. 그러나 현재는 국무총리 소속의 독립위원회이고, 위원장은 장관급으로 되어 있다. 공정거래위원회는 위원장, 부위원장, 3인의 상임위원, 4인의 비상임위원 등 모두 9인의 위원으로 구성된다. 역할과 기능은 정책집행기관이면서 위반사건에 대해 1심 판결을 담당하는 준사법기관이다.

공정거래법 위반사항은 위원회의 직권조사로 인지될 수도 있고, 신고로 인지될 수도 있다. 인지된 사실은 위원회의 조사와 사전심사를 거쳐 위반의 경중에 따라 적절한 조치가 내려진다. 조사 결과 공정거래법에 위반된다는 사실이 인정되지 않거나 위반 여부를 확인할 수 없는 경우에는 심의절차 종료, 무혐의, 주의촉구, 종결처리, 조사중지 등의 조치를 내린다. 법위반이 인정되는 경우에도 위반 정도가 경미할 때는 경고나 시정권고조치를 내린다. 그러나 법위반이 인정되고 위반 정도가 무거울 때는 그 정도에 따라 시정명령, 과징금 납부명령, 고발 등의 조치가 내려진다.

시정명령 이전까지의 조치들은 위원회에 상정하지 않고 심사관의 전결로도 가능하다. 그러나 시정명령, 과징금 납부명령, 고발 등은 위원회의 소회의나 전원회의에 상정하여야 한다. 위원회는 상정된 사건을 심의 · 의결함으로써 법위반사건에 대해 최종심판을 한다. 심결내용에 불복하기 위해서는 피심인이 이의신청을 제기하거나 서울고등법원에 행정소송을 제기할 수 있다.

Ⅲ. 선진국의 공정거래정책

1. 미국의 공정거래정책

미국의 독점금지정책은 Sherman법, Clayton법, FTC법 등 3개의 성문법에 기초하고 있다. 그리고 연방거래위원회(Federal Trade Commission)와 법무부(Department of Justice)의 독점금지국(Division of Antitrust)이 상호 보완 및 상호 경쟁적으로 법집행을 담당하고 있다.

연방거래위원회는 대통령이 임명하고 상원이 인준하는 임기 7년의 위원 5명으로 구성된다. 위원장은 위원 중 한 사람을 대통령이 임명한다. 동일정당에 속하는 위원은 3명을 초과할 수 없다. 그리고 동일한 대통령에 의하여 다수의 위원이 한꺼번에 임명되지 않도록 하기 위하여 교차임기제를 적용하고 있다. 이 제도를 더욱 확실히 보장하기 위해 위원 개인 임기가 아니라 위원의 직에 대한 임기를 정하고 그 임기의 만료일을 차별화하고 있다. 따라서 임기 중에 사임하는 경우 그 후임자는 전임자의 잔여임기만을 재임한다. 따라서 다수 위원들의 신규 임명이 한꺼번에 행하여지는 경우는 발생

하지 않는다. 이런 장치는 연방거래위원회의 조직과 운영의 독립성을 보장하기 위한 것이다.[3)]

연방거래위원회는 대통령의 지휘권으로부터 독립된 행정위원회로서 Sherman법, Clayton법, FTC법의 집행권한을 가지며, 법위반사건에 대해서 심사 · 심판할 권한 및 규제규칙을 제정할 권한 등을 갖는 준사법 · 준입법 기관이다. 연방거래위원회의 사건처리는 행정절차에 따라 이루어진다. 위반사건을 심사한 결과 법적 조치가 필요하다고 판단될 때는 피심인에게 심판개시 결정을 통지한다. 만약 피심인이 시정조치명령에 대해 연방거래위원회와의 교섭에 의해 합의에 이르면 동의명령(consent order)을 내리는 것으로 사건은 종결된다.

그러나 피심인이 연방거래위원회의 심사 결과를 받아들이지 않는 경우에는 정식 심판절차가 진행되어 심사관이 원고측이 되고 피심인이 피고측이 되어 대심구조 속에서 심판관인 행정법판사가 가결정을 내린다. 피심인이 여기에 대해 이의를 제기하지 않는 경우 그대로 최종심결이 된다. 그러나 이의신청을 하는 경우에는 연방거래위원회가 가결정을 재검토하여 최종심결을 한다. 피심인이 최종심결에 불복할 때에는 연방고등법원에 심결취소소송을 제기할 수 있다.[4)]

법무부는 Sherman법과 Clayton법의 집행권한을 가지며, 법무부의 반트러스트국이 형사소송과 민사소송의 집행을 담당한다. 형사사건으로 취급할 때에는 조사와 기소를 일관하여 실시할 수 있는데 강력한 조사권한을 가진다. 형사사건으로 제재할 때 법인에 대해서는 벌금형을, 개인(임원, 대표자)에 대해서는 금고형과 벌금형을 부과할 수 있다. 민사사건으로 취급할 때에는 민사절차법에 근거하여 조사를 실시할 수 있다. 민사사건은 반트러스트국이 관할법원에 제소하여 법원의 판결에 따라 사건을 처리한다.

3) 신현윤(2006), 임영철(2007).
4) 신현윤(2006).

2. EU의 공정거래정책

EU는 단일국가가 아니고 여러 나라들의 연합이다. 따라서 EU의 공정거래정책은 단일국가의 법령이 아니라 유럽경제공동체조약(EC조약 또는 로마조약)에 포함된 경쟁 관련 규정에 그 근거를 두고 있다. EC조약의 제81조와 제82조가 공정거래정책 관련 조항이다. 제81조는 경쟁제한적 협정을 원칙적으로 금지하는 규정이고, 제82조는 시장지배적 지위의 남용을 금지하는 규정이다.

EU가 유럽 통합을 지향하는 것인바 EC조약의 경쟁 관련 조항은 유럽 통합을 실현하기 위한 주요 수단인 시장통합에 큰 비중을 두고 있다. 시장통합은 나라마다 분할된 시장을 EU 전체로 통합하고, EU 역내 회원국 간에 상품과 서비스가 자유롭게 이전하는 것을 의미하기 때문에, EU경쟁법의 핵심은 상품과 서비스의 역내 자유이전을 방해하는 기업행위나 회원국 정부의 행위를 규제하는 데 있다. 이와 같이 EU경쟁법은 유럽 통합의 수단으로 경쟁을 중시하는 반면, 미국경쟁법은 경제발전 그 자체를 위해 경쟁을 중시한다는 데 차이가 있다.[5)]

EU경쟁법의 집행을 담당하는 기관은 유럽위원회이다. 유럽연합(EU)은 이사회(Council), 유럽위원회(Commission), 유럽법원(European Court of Justice), 유럽의회(European Parliament)로 구성되는데, 공정거래정책의 담당기관은 유럽위원회이다. 유럽위원회는 신고나 직권으로 경쟁법 위반사건을 조사한다. 조사가 시작되면 사실조사와 정식 절차를 거쳐 법위반행위에 대한 조치 결정이 내려지는데, 배제조치명령과 과징금이 부과된다.

EU에는 여러 회원이 있고, 각 회원국도 나름대로 경쟁법을 가지고 공정거래정책을 시행하고 있다. 회원국 내의 거래에만 영향을 미치는 사안은 회

5) 신현윤(2006).

원국의 경쟁법이 독자적으로 적용된다. 그러나 회원국 간의 거래에 영향을 미치는 사안은 회원국 경쟁법과 EU경쟁법 중 어느 법을 우선하여 적용할 것인지에 대해 많은 논의가 있어 왔다. 여기에 대해서는 확정된 원칙이 정해지지 않고 있으며, 사안의 성격에 따라 EU법의 우위가 적용될 때도 있고 그렇지 않을 때도 있다.

3. 일본의 공정거래정책

일본의 공정거래정책은 「사적 독점의 규제 및 공정거래의 확보에 관한 법률」에 근거하고 있다. 우리의 공정거래법은 이 법을 많이 참고하여 정한 법이다. 일본의 공정거래법은 제2차 세계대전 패망 후 점령군인 미국에 의해 1947년에 제정되었는데, 미국 반트러스트법의 영향을 많이 받았다. 제정 당시에는 대규모 기업의 분할, 합병허가제, 공동행위의 원칙적 금지 등 미국의 반트러스트법보다 오히려 더 엄격한 내용을 담고 있었다.

그 이후 여러 번의 개정을 거치면서 극단적 규정은 폐지되고 일본의 실정에 맞게 다듬어져 나갔다. 일본은 전통적으로 산업정책을 중시하였기 때문에 경쟁법의 집행은 다른 선진국들에 비해 미약한 편이었고, 가격담합과 불공정거래의 처벌에 치중해 있었다.

일본의 공정거래정책 집행부서는 공정거래위원회(일본식으로는 公正取引委員會)이다. 이 위원회는 미국의 연방거래위원회를 모방하여 만들어진 것인데, 행정조직상으로는 총리대신 소관이나 의사결정은 독립성이 보장되어 있다. 위원회는 임기 5년의 위원장과 4명의 위원으로 구성된다. 위원장은 내각 총리대신이 중의원과 참의원의 동의를 받아 임명한다.

위반사건에 대한 법적 조치는 권고심결, 동의심결, 심판심결로 구분할 수 있다. 사건에 대한 심사 결과 법위반이 있다고 인정되면 시정조치를 권고하고, 권고가 수락되면 이것으로 사건이 종료된다(권고심결). 권고가 거절된 경우에는 심판절차를 개시하는데, 피심인이 신청한 구체적 배제조치안을 위원회가 받아들이면 심판절차를 중단하고 사건을 종결한다(동의심결). 그 밖의 경우에는 심판절차를 거쳐 심결한다(심판심결).[6] 피심인이 심판심결에 불복하는 경우는 도쿄고등재판소에 심결취소소송을 제기할 수 있다. 그러나 실제로 소송이 제기되는 경우는 매우 드물다.

일본도 공정거래위원회가 전속고발권을 가지고 있는데, 형사고발에 매우 소극적이어서 실제로 고발한 사건은 매우 적다. 또한 일본에는 미국의 금지청구소송절차와 같이 정부기관이 소추하는 민사소송절차는 존재하지 않는다.[7] 그리고 독점금지법 판례가 매우 적기 때문에 공정거래위원회가 상당히 자유롭게 재량권을 행사하면서 가이드라인을 작성할 수 있다.

Ⅳ. 주요 쟁점과 개선방향

1. 시장경제의 본질과 공정거래정책

시장경제에 대한 신뢰는 아마도 오늘날보다 더 높은 때는 없었을 것이다. 시장경제를 대체할 수 있었던 계획경제가 한때는 지구의 절반을 뒤덮고 있었다. 그러나 시장경제와 계획경제 사이의 우월경쟁은 이미 끝이 났다. 전 세계는 이제 시장경제에 대한 믿음에 몰입되어 있다.

시장경제는 경쟁을 바탕으로 하고, 경쟁은 자유경쟁과 공정경쟁(free and fair competition)을 전제로 하고 있다. 자유경쟁과 공정경쟁이 보장되지 않으

6) 신현윤(2006).
7) 신광식(2006).

면 진정한 시장경제가 성립될 수도 없고, 시장경제가 성공할 수도 없다. 그러나 자유경쟁과 공정경쟁을 확보하는 것은 결코 쉬운 일이 아니다. 그래서 정부가 나서서 실시하는 정책이 소위 말하는 반독점정책(Antitrust Policy)이다. 자유경쟁과 공정경쟁을 저해하는 가장 큰 요인이 독점이기 때문이다.

오늘날 거의 모든 선진국이 반독점정책을 도입하고 있다. 나라 사정에 따라 그 명칭과 구체적 내용에는 다소 차이가 있지만 시장이 구조적으로 독점화되거나 기업이 독점적 행위를 해서는 안 된다는 기본 기조는 일치한다. 나라의 규모, 형태에 불문하고 시장경제는 경쟁을 바탕으로 해야 하기 때문이다. 미국, 일본 등과 같이 경제규모가 큰 선진국, 선진국들의 연합체인 EU, 캐나다, 호주 등과 같이 경제규모가 작은 선진국 등이 모두 반독점정책을 운용하면서 시장경제의 성과를 최대화시키려고 노력하고 있다.

반독점정책은 경쟁을 지향하면서 그 경쟁은 자유롭고 공정해야 한다는 명제를 설정하고 있다. 자유경쟁은 경쟁당사자를 구속하는 어떤 요인도 없어야 한다는 의미이고, 공정경쟁은 경쟁당사자 간의 경쟁조건이 동등해야 한다는 의미이다. 경쟁당사자 간의 경쟁조건이 동등하면서 외부로부터 어떤 간섭 없이 기업 간에 자유롭게 경쟁이 이루어진다면 자유공정경쟁이 보장되는 경쟁이라고 볼 수 있다.

그런데 자유경쟁과 공정경쟁은 서로 충돌할 수 있는 여지가 있다. 개별 기업은 처한 상황이 각기 다르기 때문에 경쟁당사자 간의 경쟁조건이 동등하지 않을 때가 많다. 이 경우 공정경쟁을 확보한다는 명분하에 정부의 개입이 이루어진다. 그런데 정부의 개입은 기업활동을 구속하는 효과가 나타나기 때문에 자유경쟁을 저해하는 결과를 초래할 수 있다. 말하자면, 공정경쟁을 확보하기 위해 정부가 나서면 자유경쟁이 침해를 받을 수 있다. 반면에 자유경쟁을 보장하기 위해 정부가 물러서면 공정경쟁이 확보되지 않을 수 있다.

자유경쟁을 구속하는 요인은 주로 정부로부터 나오는 반면, 공정경쟁을 구속하는 요인은 기업 스스로에게서 나오는 경우가 많다. 기업들은 사업 환경이 각기 다르기 때문이다. 어떤 기업은 유리한 조건에서 사업을 할 수 있고, 어떤 기업은 매우 불리한 입장에 직면할 수 있다. 이때는 공정경쟁이 확보되지 않을 수 있다.

더 나아가서는 경쟁 스스로가 공정경쟁의 틀을 무너뜨릴 수도 있다. 공정한 경쟁을 거쳐 특정 기업이 시장지배적 지위를 확보하거나 우월적 지위를 확보하면 경쟁의 결과 공정경쟁의 틀이 무너지는 아이러니가 발생할 수 있다.

경쟁이 경쟁을 중단시켜 버릴 수도 있다. 경쟁을 거치면 어느 때인가 승자가 나타날 수도 있기 때문이다. 비록 공정한 경쟁이 지속되었을지라도 승자가 나타나서 시장을 지배하는 지위에 나설 수 있고, 더 나아가서는 승자가 시장을 완전히 독점해 버릴 수도 있다.

반독점법의 입장에서는 이런 상황을 그대로 방치해 둘 수 없다. 이런 시장에도 다시 경쟁이 작동하도록 하거나, 적어도 승자에 의한 독점적 횡포가 나타나지 않도록 하는 것이 반독점법의 임무이기 때문이다.

여하튼 시장에서는 항상 경쟁이 이루어져야 한다. 자유경쟁과 공정경쟁이 적절히 조화를 이루면서 경쟁이 지속되어야 시장경제의 성과가 최대화될 수 있다. 정책당국은 개입과 방임을 적절히 조정하여 시장에서 자유롭고 공정한 경쟁이 영원히 작동될 수 있도록 하여야 한다.

그런데 정부는 반독점과 경쟁촉진을 구분해야 한다. 정부가 적극적으로 나서서 경쟁을 촉진하는 경우는 자유경쟁을 저해할 가능성이 매우 크기 때문이다. 따라서 정부는 경쟁을 촉진하려는 적극적 역할보다 독점적 요인을 제기하는 소극적 역할에 치중해야 한다.

정부가 기업들로 하여금 경쟁하도록 유도하는 것은 또 다른 부작용을 야기할 수 있다. 따라서 정부는 반독점의 입장에만 충실해야 한다. 즉, 독점적 요인이나 요소에만 개입하여 이를 제거하는 것에만 한정해야 한다. 이런 점에서 경쟁촉진의 개념과 반독점의 개념은 구분해야 한다. 정부는 경쟁촉진의 입장보다 반독점의 입장에 충실하는 것이 중요하다. 독점을 방지하면 시장은 경쟁으로 갈 수밖에 없기 때문이다.

정부의 타 부처 정책은 공정거래정책과 마찰을 일으키는 경우가 많다. 대표적인 사례가 행정규제와 산업정책이다. 행정규제는 특정 산업을 정부가 직접 관리하는 정책이다. 진입과 퇴출뿐만 아니라 가격까지도 정부가 개입하는 경우가 있다. 정보통신산업, 주류산업, 에너지산업, 금융산업 등은 대표적 사례이다. 그런데 정부의 행정규제는 공정거래정책과는 정면으로 배치된다. 행정규제하에서는 자유로운 경쟁이 성립될 수 없기 때문이다. 따라서 공정거래위원회는 정부의 타 부처와 소통하여 가능한 한 행정규제를 최소화시키는 일에 적극 나서야 한다.

또한 정부는 산업정책에 역점을 두기도 한다. 산업정책은 특정 산업을 지원 · 육성하려는 정책과 중소기업 육성정책 등이 대표적인데, 이 정책 역시 자유경쟁을 제한하는 정책이 될 수 있다. 왜냐하면, 정부가 기업의 행동을 통제하기 때문이다. 경제가 성숙해질수록 산업정책은 최소화시켜야 한다. 그리고 산업정책도 가능한 한 시장기능을 통해 달성될 수 있도록 접근해야 한다. 말하자면, 산업정책도 시장기능에 바탕을 두고 공정거래정책과 적절히 조화를 이루어야 그 효과를 최대화시킬 수 있다.

2. 경제환경의 급변

공정거래정책은 원래 제조업 중심으로 출현하고 발전하였다. 그러나 오늘날의 산업구조는 제조업의 비중이 점점 줄어들고 있다. 선진국일수록 더욱 그러하다. 서비스업, 금융업, IT산업 등이 점점 더 큰 비중을 차지하고 있다. 이런 산업은 시장획정이나 시장경쟁의 의미가 제조업과는 많이 다르다. 따라서 공정거래정책은 시행이 예전처럼 간단하지 않다. 이런 산업에서도 공정거래정책이 유효하게 작동하기 위해서는 정책모형이 더욱 정교하게 개발되어야 한다.

정보통신시대와 더불어 거래의 사이버화가 급속도로 진행되고 있다. 말하자면, 시장의 개념이 바뀌고 있다. 사이버 공간을 통한 거래 비중이 점점 증가하는데, 이런 상황은 제조업 상품이 과거처럼 오프라인 시장에서 거래될 때와는 완전히 다른 상황이다. 시장의 획정이나 경쟁당사자의 개념, 시장구조의 파악 등이 매우 어려워지고 있다.

거기다가 유통기업이 대규모화하고 있다. 이런 상황에서는 판매독점뿐만 아니라 구매독점이 새로운 독점 문제가 될 수 있다. 그뿐만 아니라 제조업부문도 생산방식이 급변하여 하청산업의 비중이 매우 커지고 있다. 특히, 조립을 담당하는 대규모 기업에는 수많은 소규모의 하청업체가 연계되어 있다. 이런 제조공정에서는 대규모 구매업자에 의한 구매독점력이 심각한 독점 문제로 대두되고 있다.

과거 반독점정책은 판매독점에 초점이 맞추어졌고, 판매독점을 기준으로 공정거래정책이 개발되고 발전해 왔다. 이제는 구매독점이 새로운 경제문제가 되고 있다. 특히, 하도급거래에서는 구매독점의 폐해가 매우 커지고 있다. 우리나라에서는 하도급법을 별도로 만들어 구매독점력의 문제를 별도로 다루기도 한다. 그러나 하도급법은 반독점적 접근이라기보다 거래당사자 간의 사적 다툼에 더 큰 비중을 두는 경향이 있다. 이제는 하도급시장도 구매독점력을 기준으로 반독점정책으로 접근해야 할 단계라고 볼 수 있다.

오늘날의 경제는 개방경제이다. 경제에서는 국가 간의 경계가 매우 얇아지고 있다. EU에서는 경제에 한해서는 국경이 없어지고 있다. 우리나라도 경제성장과 더불어 개방화가 급속도로 진전되어 왔다. 개방화의 정도가 높아지면 시장획정이 매우 어려워진다. 국내기업이 국내시장에서 독점적 지위에 있더라도 개방의 정도가 높으면 독점 문제가 나타나지 않을 수 있기 때문이다.

개방화가 높으면 국내시장이 시장구조와 관계없이 경합시장(contestable market)으로 바뀔 수 있다.[8] 말하자면, 국내시장에서 외국기업에 의한 진입과 퇴출이 완전히 자유로워지면 국내시장은 겉모습의 시장구조와는 상관없이 경쟁이 매우 높아질 수 있다. 이런 시장에서는 독점의 문제가 새롭게 정의되어야 한다. 예컨대, 국내의 담배시장은 KT&G에 의한 독점시장이다. 그러나 외국산 담배가 자유롭게 국내시장에 들어올 수 있기 때문에 이 시장을 독점시장이라고 보기는 어렵다. 담배시장은 일종의 경합시장이다.

그러나 외국기업이 국내기업과 완전히 똑같은 조건에서 국내에서 영업하는 것은 아니다. 어느 정도의 진입장벽은 존재한다고 볼 수 있다. 이 경우 국내시장의 시장구조와 경쟁 정도를 어떻게 파악하느냐가 공정거래정책의 주요 이슈가 될 수 있다. 개방화의 정도를 어떻게 보느냐에 따라 국내시장의 시장구조와 시장행동은 그 의미가 달라질 수 있다. 이와 같이 개방화가 진전되면 공정거래정책의 운용도 더욱 정교해져야 한다.

3. 주무부서의 위상과 역할

공정거래정책의 주무관서는 거의 모든 나라에서 위원회로 되어 있다. 우리나라는 '공정거래위원회'라는 총리 산하의 정부기관이 공정거래정책의 집행을 총괄하고 있다. 위원회 조직으로 만들어진 주된 이유는 독립성과 중립성을 보장하기 위해서이다.

공정거래위원회는 기업에 대해 막강한 힘을 행사할 수 있는 기관이다. 그래서 공정거래위원회는 국세청, 검찰청 등과 더불어 권력기관으로 분류되기도 한다. 이런 정부 부서가 정치권력에 의해 영향을 받는다면 정책집행이 자유로울 수 없다. 따라서 공정거래위원회는 행정부의 한 부서이지만 그

8) 경합시장은 진입과 퇴출이 자유로운 시장을 의미하며, 이런 시장은 진입 가능 기업(potential entrants)에 의한 경쟁압력이 매우 높다. 최정표(2011), p. 34 참조.

성격상 정치권력이나 타 부처로부터의 독립과 중립이 매우 중요시되는 기관이다.

기업이 정치권력의 눈치를 보고 정치권력에 의해 영향을 받는다면 자유공정경쟁은 확보될 수 없다. 그리고 건강한 시장경제도 창달될 수 없다. 마찬가지로 공정거래위원회가 권력의 힘에 의해 영향을 받는다면 공정거래정책이 제대로 추진될 수 없다. 따라서 공정거래위원회는 독립성과 중립성의 확보가 가장 중요한 덕목이다. 정치권력으로부터도 중립적이고, 재벌로부터도 중립적이어야 한다. 그리고 어떤 이해관계자로부터도 중립적이어야 한다.

공정거래위원회가 시장상황에 대해 가장 중시하는 경제변수가 가격이다. 가격이 자유롭고 공정한 경쟁을 통해 정해진 것이냐가 공정거래위원회의 주 관심사항이다. 어떤 이유에서든 경쟁이 억제되면 가격은 오르기 마련이다. 그래서인지 국가경제에 물가압력이 나타날 때는 공정거래위원회가 도마 위에 오르곤 한다. 그런데 공정거래위원회는 물가단속기관이 아니다. 가격이란 오를 때도 있고 내릴 때도 있어야 한다. 오를 이유가 있을 때는 올라야 한다. 그것이 시장이기 때문이다.

물가가 오른다고 공정위가 나서는 것은 장기적으로 공정위의 신뢰를 떨어뜨리는 일이다. 공정위는 시장의 경쟁질서를 정상화시키는 기관이다. 자유롭고 공정한 경쟁을 통해 가격이 정해지는지를 주시하면서, 경쟁을 억제시키거나 제한하는 요인이 있는지를 단속하는 기관이다. 말하자면, 시장경제의 파수꾼이다. 물가단속기관이라는 오명을 받아서는 안 된다. 공정위는 물가가 아니라 독점을 단속하는 기관이다.

공정위는 매우 특수한 정부기관이다. 행정기능과 사법기능을 동시에 수행하는 정부기관이기 때문이다. 공정거래법 위반행위에 대해 조사와 심사도 공정위가 하고, 심결도 공정위가 한다. 말하자면, 수사도 하고 판결도 하는 기관이다. 수사와 판결은 독립되는 것이 원칙이다. 그러나 공정위는 공정거래법 위반사건에 대해 1심 판결을 한다. 따라서 공정위의 심결에 불복할 때는 고등법원의 행정심판인 2심으로 간다. 말하자면, 공정위는 경제검찰이면서 경제법원이기도 하다.

이런 공정위의 특수한 기능은 비판받기도 한다. 동일 위원장하에서 심사와 심결이 동시에 이루어지기 때문에 각 기능의 독립성에 문제가 있다고 보기 때문이다. 그런데 선진국도 공정위의 이런 위상은 거의 비슷하다. 그러나 운영에서는 각 기능을 독립시켜 기능별로 독립성을 확립할 수 있도록 세세한 배려를 하고 있다. 우리나라도 이 점은 앞으로 개선해 나가야 할 여지가 있다.

이 문제를 해결할 수 있는 한 가지 방법은 위원회의 구성과 운영을 개선하는 것이다. 현재는 9인위원회로 구성되고, 그 안에는 위원장, 부위원장, 상임위원, 비상임위원이라는 하이어라키(hierarchy)가 만들어져 있다. 이것은 위원 개개인의 독립성을 보장할 수 있는 장치가 아니다. 9인위원회의 운영 자체가 위원장의 지배하에 놓일 여지가 많다. 위원장을 정점으로 하는 하이어라키가 만들어져 있기 때문이다. 법위반사건의 심사 과정이 위원장의 지시하에 있는데 심결 과정까지 위원장의 지배하에 있으면 심사와 심결이 독립될 여지가 매우 적어진다.

우선 위원의 수를 조정할 필요가 있다. 우리나라는 9인위원회인 데 비해 미국이나 일본 등은 5인위원회이다. 부위원장제도는 없다. 위원장과 4명의 독립된 위원으로 구성된다. 그리고 모두가 상임위원이다.

우리도 미국이나 일본처럼 5인위원회제도를 채택하면서 전원을 상임위원으로 하는 제도를 검토해 볼 필요가 있다. 위원장 외에 4인의 상임위원을 임명하여 5인위원회를 구성하면 효율적이고 독립적인 위원회가 될 것이다. 그리고 위원과 위원장의 선출방식도 개선할 필요가 있다. 부위원장은 따로 둘 필요가 없다.

외부로부터 상임위원을 선임하는 것도 매우 중요한 요소이다. 내부 인사들은 위원장으로부터의 독립이 완벽하지 않을 수 있기 때문이다. 외부 위원은 위원장으로부터 독립적일 여지가 더 많다. 따라서 외부 상임위원의 선임은 위원회 구성에서 매우 중요한 요소이다.

Chapter 2

독점력과 공정거래정책

Ⅰ. 독점력의 의미와 독점력 행사의 폐해

1. 독점력과 러너지수

독점력(monopoly power)은 가격을 올릴 수 있는 기업의 힘이다. 기업이 독점력을 가지면 이윤을 증대시키기 위해 공급량을 줄이면서 가격을 높이려고 한다. 경쟁시장에서는 기업이 이런 힘을 행사할 수 없다. 경쟁이 완벽한 상태인 완전경쟁시장에서 특정 기업이 이런 힘을 행사하면 그 기업은 모든 고객을 경쟁기업에게 빼앗겨 버리기 때문이다. 그러나 기업이 조금이라도 독점력을 가지게 되면 가격을 올리려는 유혹에 빠진다. 그런데 가격을 올리기 위해서는 공급량을 줄여야 한다. 따라서 기업이 독점력을 가지면 공급량은 줄고 가격은 오른다.

독점력은 시장지배력(market power)이라고도 한다. 시장가격을 좌우할 수 있는 힘이라는 의미이다. 완전경쟁시장이 아닌 한 기업은 어느 정도의 독점력을 가지기 마련이다. 기업이 독점력을 많이 가진 시장은 독점도가 높은 시장이라고 구분한다. 말하자면, 독점력의 크기를 독점도라고 한다.

독점도는 러너지수(Lerner Index)로 측정된다. 러너지수(L)는 $L=\dfrac{P-MC}{P}$로 정의된다. P는 상품가격이고, MC는 한계생산비이다. 러너지수는 가격이 한계비용과 얼마만큼 괴리가 나도록 높이 책정되었는지를 나타내는 지수이다. 이 지수값이 클수록 그 시장은 독점도가 높고, 그 시장의 기업들은 높은 독점력을 행사한다고 볼 수 있다.

러너지수값의 범위는 $0 \leq L < 1$이다. 독점력이 높을수록 이 값은 1을 향해 커져 갈 것이다. 반대로 완전경쟁시장에서처럼 $P=MC$가 되도록 가격이 정해지면 $L=0$이 된다. 독점력이 하나도 없는 시장이다.

그림 2-1 독점도의 측정

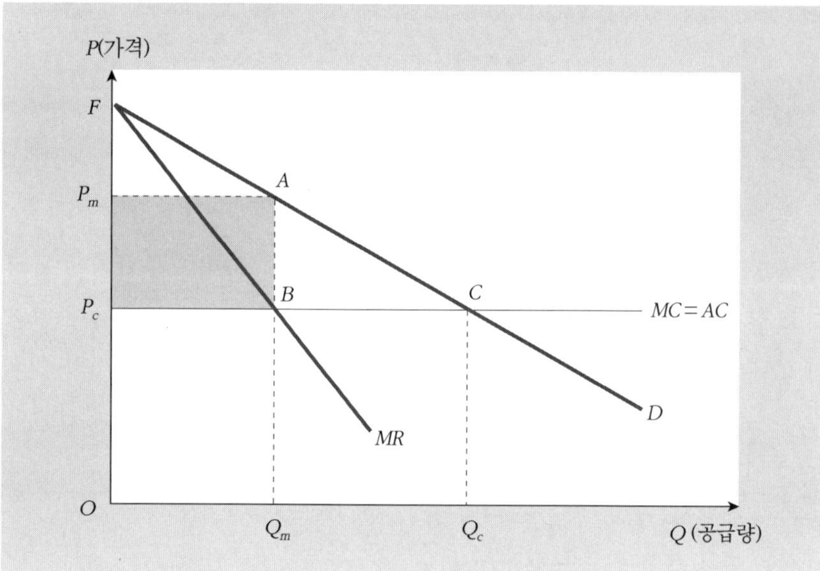

이와 같은 논리를 〈그림 2-1〉을 통해 살펴보면 독점력의 의미가 더욱 분명해진다. 〈그림 2-1〉에서 *D*는 수요곡선, *MR*은 한계수입곡선, *MC*는 한계비용곡선, *AC*는 평균비용곡선이다. 분석의 편의를 위해 *MC*는 일정한 값이라고 가정하면, $MC=AC$가 성립된다. 완전경쟁시장이 아닌 한 기업에 대한 수요곡선(*D*)은 우하향하는 기울기를 갖고, 그 아래에 한계수입곡선(*MR*)이 위치한다.

〈그림 2-1〉에서 기업은 이윤을 최대화시키기 위해서 $MR=MC$ 조건이 충족되는 *B*점을 기준으로 Q_m만큼을 생산 공급할 것이다. 이때 기업은 가격을 수요곡선상의 *A*점에서 정하기 때문에 판매가격은 OP_m이 된다. 그리고 초과이윤은 $\square P_mABP_c$의 면적과 일치한다. 이 이윤은 극대화된 초과이윤이다.

이 기업이 독점이윤을 벌기 위해 어느 정도의 독점력을 행사하였는지 러너지수를 계산해 보면 $L=(OP_m-OP_c)/OP_m$이 된다. 즉, 한계비용을 초과하는 가격이 전체 가격에서 차지하는 비중이다. 이 값은 총매출액($\square P_mAQ_mO$)에서 초과이윤($\square P_mABP_c$)이 차지하는 비중과 일치한다.

만약 이 기업이 외부로부터의 경쟁압력으로 독점력을 전혀 행사할 수 없다면(진입장벽이 하나도 없어서 잠재기업의 신규 진입이 완전히 자유롭다면) 가격은 P_c 수준까지 낮아질 수 있다. 이 가격에서는 공급량이 Q_c까지 확장된다. 즉, 수요곡선상의 C점에서 가격과 공급량이 정해질 것이다. 이 점에서는 $OP_c=MC$이기 때문에 $L=0$이 된다. 즉, 완전경쟁시장의 균형과 일치한다. 독점도가 0이다.

독점기업이라고 항상 A점에서 가격을 책정하는 것은 아니다. 이론적으로 이윤을 극대화시키는 가격은 A점이지만 현실적으로는 그보다 아래 점에서 정할 수도 있다. 극단적으로는 완전경쟁시장과 일치하는 C점에서 가격을 정할 수도 있다. 그런데 약간의 독점력을 행사하면서 C점보다 위에서 가격을 정하면 $L>0$이 된다. C점보다 더 높아질수록 L의 값은 커진다.

공정거래법은 독점력을 가진 사업자가 독점력을 과도하게 행사해서 가격을 C점보다 무리하게 높은 점에서 정할 때 이를 제재하고 있다. 우리나라 공정거래법에서는 이런 힘을 가진 사업자를 시장지배적 사업자(시지사업자)로 규정하고, 그 힘을 남용하여 여러 가지 폐해를 발생시킬 때 이를 제재하도록 하고 있다(법 제2장).

시지사업자라고 해도 그 힘을 남용하지 않아 러너지수의 값이 크지 않으면 제재의 대상이 되지 않는다. 이것은 독점력을 가진 사업자와 독점력을 행사하는 사업자가 다를 수 있다는 것을 의미한다. 독점금지정책의 제1원칙은 구조적 접근으로서 독점력을 가지는 사업자가 아예 나타나지 않도록 시장구조 자체를 처음부터 경쟁체제로 만드는 것이다. 그러나 시장규모나 생산기술의 요인 때문에 이것이 불가능할 때는 시장이 구조적으로 독과점화되는 것을 인정하고, 대신 기업들이 독점력을 행사하지 못하도록 하는 행동적 접근을 택한다. 이런 접근이 시장지배적 지위남용 방지정책이다. 이것은 독과점 기업들로 하여금 독점력을 행사하지 못하도록 하는 정책이다.

2. 독점력, 기업이윤, 소비자후생, 효율성

독점력을 가진 기업은 이윤을 극대화시키기 위해 그 독점력을 활용하기 마련이다. 〈그림 2-1〉에서 이미 논의하였던 것처럼 독점기업은 생산량을 줄이면서 가격을 높게 책정할 것이다. 독점기업이 이런 가격설정을 하면 소비자후생은 줄어들기 마련이다.

〈그림 2-1〉에서 이 기업이 독점력을 하나도 행사하지 못하는 완전경쟁기업과 같다면 판매량과 가격은 C점에서 정해진다. 이때는 독점력을 전혀 행사하지 못하였기 때문에 가격은 P_c이고, 판매량은 Q_c가 된다. 러너지수값은 0($L=(P-MC)/P=(OP_c-OP_c)/OP_c$)이 된다. 이때의 소비자잉여는 $\triangle FCP_c$의 면적과 일치한다.

그런데 독점력 때문에 가격이 P_m에서 정해지고, 판매량이 Q_m에서 정해지면 소비자잉여는 FAP_m의 면적이 된다. 독점력으로 인해 소비자잉여는 FCP_c에서 FAP_m으로 줄어들었다. 말하자면, 소비자잉여는 P_mACP_c의 면적만큼 줄어든 셈이다. 이 면적 중 P_mABP_c의 면적은 소비자잉여였던 부분이 독점기업의 초과이윤으로 변해 버린 면적이다. 그런데 줄어든 소비자잉여 중 ACB의 면적은 생산자의 이윤으로도 가지 않고 완전히 증발해 없어져 버렸다. 이 부분은 독점으로 인한 사중적 후생손실(dead-weight welfare loss)이며, 이를 독점의 사회적 비용(social cost of monopoly)이라고 한다. 사회가 누려야 할 후생이 독점 때문에 완전히 사라져 버린 후생이다.

이와 같이 독점은 사회후생(social welfare)을 감소시킨다. 이 때문에 독점은 독점기업에게는 좋아도 사회에는 나쁜 것이다. 이것이 독점력을 확보한 기업이 그 독점력을 행사하지 못하도록 하는 이유이다. 따라서 국가가 독점력 행사를 금지시키고 있는 것이다. 우리나라 공정거래법도 독점력을 확보한 시장지배적 사업자가 독점적 지위를 남용하지 못하도록 금지시키고 있다.

독점은 사회후생 축소 외에 효율성을 훼손시키는 비용도 발생시킨다고 본다. 독점기업은 독점력을 이용해 이윤을 많이 내기 때문에 기업경영을 느슨하게 하는 경향이 있다. 이윤이 높아지면 공정거래당국의 주시를 받기 때문에 불요불급한 부문에 과도하게 비용을 지출하는 비효율성이 존재한다.[1] 이는 독점이윤을 숨기는 행태라고 볼 수 있다. 예컨대, 독점기업이 임직원의 복지후생에 과도한 비용을 지출하거나 생산비 절감 노력을 게을리하거나 하는 일이 발생한다.

독점기업은 독점지위를 계속 유지하기 위해서도 불필요한 비용을 지출한다. 대정부 로비도 하고, 사회여론을 우호적으로 유도하기 위한 홍보비 등도 지출한다. 이런 것도 독점기업의 비효율성으로 지적되고 있다. 독점기업의 비효율성은 독점의 또 다른 형태의 사회적 비용이 된다. 어떤 이유에서든 독점기업의 비효율성이 높아지면 〈그림 2-1〉에서 생산비곡선이 위로 이동할 것이다. 이렇게 되면 독점기업은 또다시 가격을 인상시키려고 할 것이다. 독점은 이러한 문제점이 있기 때문에 정부가 나서서 금지하고 규제하는 것이다.

1) 이런 비효율성을 *X*-비효율성(*X*-inefficiency)이라고 한다.

Ⅱ. 독점력의 확보 및 행사의 방지

1. 시장지배적 지위남용 금지와 독점력 행사의 금지

기업들이 아예 독점력을 확보하지 못하도록 하는 것이 가장 이상적인 독점금지정책(antitrust policy)이지만 현실적으로 이렇게 하는 데는 한계가 많다. 따라서 공정거래법은 독점력을 가진 기업이 그 독점력을 행사하지 못하도록 하는 규제를 실시하고 있다. 이 규제는 독점기업의 독점적 행동을 규제하는 행위규제로서 우리나라 공정거래법의 시장지배적 지위남용 금지 조항이 여기에 해당한다.

공정거래법에서는 제1사업자의 시장점유율이 50% 이상이거나 3사 집중률이 75% 이상인 시장의 사업자를 시장지배적 사업자로 추정하고 있다.[2) 이런 지위에 있는 사업자는 자기 시장에서 어느 정도의 독점력을 확보하고 있다고 본다. 시장지배적 사업자는 자기의 독점력을 행사할 수도 있고, 행사하지 않을 수도 있다. 공정거래법은 행사하는 경우를 5가지로 규정하여 이런 행위를 처벌하고 있다.

독점력을 행사하는 행위는 가격에 직접 영향을 미치면서 독점력을 행사하는 행위와 가격 이외의 사업활동을 통해 독점력을 행사하는 행위로 구분할 수 있다. 그런데 가격 이외의 사업활동도 궁극적으로는 독점가격을 유지하기 위한 행위이다. 말하자면, 독점기업은 직 · 간접적인 수단을 동원하여 독점가격을 설정 · 유지함으로써 독점이윤을 확보하려고 한다.

공정거래법은 1차적으로 시장지배적 사업자가 부당한 독점가격을 부과

2) 공정거래법 제4조.

하는 것을 금지하고 있다. 공정거래법 제3조의2 제1항 제1호는 "시장지배적 사업자가 가격을 부당하게 결정 · 유지 또는 변경하는 행위"를 하지 못하도록 하고 있다. 이것은 과도한 독점가격을 책정하지 못하도록 하는 규정이다.

같은 법조항 제2, 3, 4, 5호에서는 판매량을 부당하게 조절하는 행위, 다른 사업자의 사업활동을 방해하는 행위, 경쟁사업자의 신규 진입을 방해하는 행위, 경쟁사업자를 배제하거나 소비자의 이익을 해치는 행위 등을 금지하고 있다. 이런 행위는 시장경쟁을 제한하는 행위이다. 그런데 시장경쟁이 제한되면 가격이 오르기 마련이다. 또는 가격이 내려가는 것을 막는다.

독점사업자가 궁극적으로 추구하는 것은 높은 독점가격을 책정하고 유지하면서 높은 독점이윤을 버는 것인데, 경쟁을 제한하는 수단을 동원해도 이 목적을 달성할 수 있다. 공정거래법은 시장지배적 사업자가 여러 수단을 동원하여 경쟁을 제한하면서 독점이윤을 추구하는 것도 금지하고 있다. 이와 같이 공정거래법의 시장지배적 지위남용 금지 조항은 독점사업자의 직접적인 가격통제행위뿐만 아니라 간접적으로 가격을 통제할 수 있는 행위까지 금지하는 데 초점이 맞추어져 있다.

2. 시장지배적 지위남용 금지 규정의 변천 과정

독점자에 의한 독점력 행사를 금지시키기 위한 법규정은 「공정거래법」 제2장의 시장지배적 지위남용 금지 조항이다. 1980년 공정거래법 제정 당시는 제2장이 제3조부터 제6조까지 4개 조로 구성되었고, 그 내용도 비교적 단순하였다. 그러나 수 차례의 개정을 거친 후인 2009년의 법규정에 의하면 제2장은 제3조의2가 추가되어 5개 조로 구성되었고, 그 내용도 많이 달라져 있다.

1980년의 법규정에서는 제3조에 5가지의 시장지배적 지위남용행위를 나열하면서 시장지배적 사업자는 이런 행위를 해서는 안 된다고 규정하였다. 이 규정은 1999년의 법개정시 거의 그대로 제3조의2로 옮겨 왔으며, 대신 제3조에는 독과점적 시장구조를 개선하기 위해 공정위가 시장구조정책을 시행해야 한다는 내용이 새롭게 추가되었다.

시장지배적 사업자에게 금지된 5가지의 시장지배적 지위남용행위는 가격을 부당하게 정하는 행위, 판매량을 통제하는 행위, 타 사업자를 방해하는 행위, 신규 진입을 방해하는 행위, 소비자의 이익을 저해하는 행위 등이다. 이런 행위들은 독점자가 저지를 수 있는 대표적인 독점력 행사 행위이기 때문에 공정거래법은 이런 행위들을 구체적으로 나열하여 금지하고 있다. 이런 행위들이 궁극적으로 지향하는 것은 판매량을 줄이고 가격을 높이는 것이다. 상품의 품질을 떨어뜨릴 수도 있는데, 이것도 생산비를 낮추어 궁극적으로는 가격 인상의 효과를 가져오기 위한 것이다. 어떤 수단과 방법을 동원하든 독점력이 궁극적으로 지향하는 것은 가격의 인상이기 때문에 가격 인상을 야기시킬 수 있는 행위들은 금지대상이 되지 않을 수 없다.

1980년의 법 제4조에서는 둘 이상의 시장지배적 사업자가 동조적으로 가격을 인상시키는 행위에 대해 공정위가 감시할 수 있도록 하고 있었다. 그러나 이 조항은 1986년 법개정시 삭제되고, 1990년 법개정시 시장지배적 사업자의 지정 · 고시제도로 대체하였다. 1990년의 법개정시에는 그 동안 막연하게 정의하였던 시장지배적 사업자를 시장점유율 50% 이상이거나 3사집중률이 75% 이상인 사업자(10% 미만 사업자는 제외)로 구체화시키고 있다(당시 법 제2조 제7호). 그리고 공정위는 이런 사업자를 지정하여 고시하도록 하고 있다(당시 법 제4조). 따라서 시장지배적 사업자는 상시적으로 공정위의 감시를 받을 수밖에 없게 되었다.

그러나 1999년 법개정시 제4조의 규정은 시장지배적 사업자 추정제도로 대체되었다. 시장지배적 사업자를 지정 · 고시하는 대신 시장점유율이 50% 이상이거나 3사 집중률이 75% 이상인 사업자(10% 미만 사업자는 제외)를 시장지배적 사업자로 추정하여 이들이 시장지배적 지위를 남용하는지 감시하도록 하고 있다. 따라서 시장지배적 사업자로 지정되지 않았더라도 위 조건에 해당하는 사업자는 시장지배적 지위남용에 대해 처벌을 받을 수 있다.

공정거래법의 시장지배적 지위남용 금지 규정은 기본적으로 독점자(monopolists)가 독점력(monopoly power)을 행사하지 못하도록 하기 위한 규정이다. 그런데 어떤 사업자를 독점자로 보느냐, 또 어떤 행위를 독점력 행사로 보느냐는 법집행상 매우 어려운 문제가 아닐 수 없다. 공정거래법에서 처음에는 독점자를 시장에서 압도적 지위를 확보하고 있는 사업자라고 포괄적으로 규정하였고(1980~1990년), 그 다음에는 일정 요건을 기준으로 독점사업자를 구체적으로 지정하였고(1990~1999년), 현재는 일정 요건을 기준으로 독점사업자를 추정하고 있다(1999년~). 그리고 독점적 행위는 제3조(1980~1999년), 또는 제3조의2(1999년~)에 5가지로 열거해 두고 있다. 따라서 시장지배적 사업자로 추정된 사업자가 열거된 5가지 행위를 행할 때는 독점자가 독점력을 행사한 것으로 간주되어 법위반으로 처벌받는다.

3. 시장지배적 지위남용행위의 처리 현황

시장지배적 지위남용행위는 공정거래법 위반행위 중 가장 무겁게 처벌받는 법위반행위이다. 그런데 공정위는 그 동안 이 법규의 적용에 비교적 소극적이었다. 〈표 2-1〉에서 보는 것처럼 2006년까지는 이 법규의 위반으로 과징금 이상 처벌된 건수가 매우 저조하였다. 그 이유는 공정위가 심결의 편의상 제3조의2 위반 대신 제23조(불공정거래행위)를 많이 적용해 왔기 때문이다.

제3조의2 위반은 제23조 위반에 비해 형벌이 더 무겁다. 따라서 제23조 위반으로 처리하면 그만큼 피심인의 불만은 적어질 수 있다. 거기다가 공정위는 시장지배적 지위를 입증할 부담도 없어진다. 제3조의2 위반으로 엄하게 처리해야 할 위반사건도 제23조 위반으로 처리되는 경향이 있어 왔다. 그래서인지 1980~2009년 기간 중 시장지배적 지위남용사건은 공정위의 총처

표 2-1 시장지배적 지위남용행위에 대한 과징금 부과 현황(1996~2009년)

(단위: 백만 원)

연도	건수	과징금 금액
1996	1	1,014
1998	3	1,308
1999	1	962
2001	2	5,663
2006	1	32,490
2007	25	24,176
2008	1	26,616
2009	2	288,225
합계	36	380,454

자료: 공정거래위원회, 『통계연보』, 2010, p. 37.

리사건 중 1%에 불과하다. 그러나 과징금 액수로는 공정위의 총과징금 부과 액수 중 15.4%에 이르고 있다. 위반건수는 적어도 부과 과징금 액수는 매우 높다. 이것은 시장지배적 지위남용행위가 그만큼 무겁게 처벌되기 때문이다.

시장지배적 지위남용행위의 5개 유형 중에는 사업활동 방해행위가 가장 많았다. 〈표 2-2〉에 의하면 1981~2009년 기간의 총 80개 위반사건 중 사업활동 방해행위가 45%인 36건으로 가장 많고, 그 다음은 소비자이익 저해행위로 38.8%인 31건이다. 그 이외 위반 유형은 비교적 적은 편이다.

그러나 이러한 통계는 독점자가 이런 행위에 더 관심이 많고 이런 행위로부터 더 많은 이익을 얻는다는 의미는 아니다. 독점적 행위 중 소비자의 피해가 크고 독점자에게 많은 이익이 될 수 있는 행위는 가격남용과 출고조절이다. 말하자면, 판매량을 줄여 가격을 높게 받는 독점행위가 독점자의 이윤을 직접 증대시킬 수 있는 행위이다.

그러나 이런 행위는 발견과 입증이 쉽지 않다. 혜택을 보는 자는 소수 독점자인 데 비해 피해자는 불특정 다수이기 때문이다. 거기다가 개개 소비

표 2-2 시장지배적 지위남용행위의 위반 유형별 처리 현황(1981~2009년)

위반 유형	위반 건수(%)
가격남용	9(11.3)
출고조절	3(3.8)
사업활동 방해	36(45)
신규 진입 제한	1(1.3)
소비자이익 저해	31(38.8)
합계	80(100.0)

자료: 공정거래위원회, 『통계연보』.

자의 피해는 인지가 쉽지 않을 정도로 적을 수도 있다. 따라서 독점자는 가격남용과 출고조절에 더 많은 유혹을 가질 수 있다. 그렇지만 이런 행위로 처벌받은 건수는 12건에 불과하다. 그 이유는 공정위의 처벌 의지와 불법행위 입증의 어려움과 관련이 있다고 볼 수 있다.

독점력 행사를 효과적으로 방지하기 위해서는 제3조의2 제1항 제1호의 가격남용행위를 철저히 단속해야 한다. 독점력을 가지면 가격을 올리기 마련이기 때문이다. 독점자가 정한 가격이 독점력을 행사한 가격인지 입증하기는 쉽지 않다. 그러나 공정위는 제3조의2 제1항 제1호 위반행위의 적발에 적극적으로 나서야 한다.

4. 기업결합의 제한과 독점력 확보의 금지

독점금지를 위한 원천적 처방은 시장구조가 독점화되지 못하도록 하는 것이다. 시장구조 자체가 경쟁적이면 그 시장의 기업들은 독점력을 행사하기 어렵다. 경쟁적 시장구조란 여러 기업들이 존재하면서 이들이 서로 경쟁하는 시장을 의미한다. 그런데 이런 기업들이 서로 합해지면 그 시장은 구조적으로 독점화된다.

두 개 이상의 기업이 서로 합해 하나의 경영권하에 귀속되는 현상을 기업결합이라고 하는데, 기업결합은 세 가지 유형으로 구분하기도 한다. 첫째는 수평결합(horizontal integration)으로 동일 업종의 기업이 결합하는 유형이다. 둘째는 수직결합(vertical integration)으로 생산공정상 수직관계에 있는 기업들이 결합하는 유형이다. 셋째는 혼합결합(conglomerate integration)으로 아무런 관계가 없는 기업들이 결합하는 유형이다. 세 가지 유형 중 특히 수평적 기업결합은 시장을 구조적으로 독점화시킬 우려가 매우 크다. 그 밖의 기업결합도 경우에 따라 시장경쟁을 제한할 가능성이 있다. 따라서 공정거래법은 시장구조가 독점화되는 것을 방지하기 위하여 경쟁제한적 기업결합을 금지하고 있다.

기업들은 경쟁기업을 흡수하여 그 시장을 독점화하려고 한다. 이것은 이윤을 증대시키기 위한 강력한 수단이기 때문이다. 따라서 기업들은 독점력을 증대시키는 기업결합에 많은 매력을 느낀다. 그리고 이를 시도한다.

기업들은 겉으로는 효율성 증대를 위해 기업결합을 추진한다고 내세우지만 내심으로는 독점력 확보에 더 많은 관심을 가진다. 따라서 공정거래정책이 실효를 거두기 위해서는 독점력 확보단계인 기업결합에 더 큰 관심을 가져야 한다. 독점력 확보를 차단하면 독점력 행사는 원천적으로 불가능해지기 때문이다.

공정거래법 제7조는 금지되는 기업결합을 구체적으로 정해 놓고 있다. 법 제7조 제1항에서는 기업결합의 개념을 명시적으로 규정하고 있으며, 동조 제4항에서는 금지되는 기업결합의 기준을 매우 구체적으로 규정해 놓고 있다. 두 개 이상의 기업이 하나의 경영지배하에 귀속되면서 그 시장의 경쟁을 실질적으로 제한할 우려가 있을 때, 이런 기업결합은 경쟁제한적 기업결합으로 규정되어 금지의 대상이 되고 있다.

5. 기업결합 제한 규정의 변천 과정

공정거래정책이 처음 도입되었던 1980년의 공정거래법 규정에 의하면 기업결합은 정부에 신고하여야 하고(법 제8조, 2004년 개정 이후로는 법 제12조), 정부는 일정한 거래분야에서 경쟁을 실질적으로 제한하는 기업결합은 금지하고 있다(법 제7조 제1항). 그리고 강요나 불공정한 방법으로 기업결합을 하는 것도 금지하고 있다(법 제7조 제4항).

이때 기업결합은 타 회사의 주식을 취득하는 것, 타 회사의 임원을 겸임하는 것, 타 회사와 합병하는 것, 타 회사의 영업을 양수하는 것, 새로운 회사를 설립하는 것 등이라고 정의하고 있다(법 제7조 제1항 제1~5호). 공정거래법은 이러한 기업결합 중 특정 시장에서 경쟁을 실질적으로 제한하는 경쟁제한적 기업결합은 금지하고 있다. 그런데 1980년 법규정에서는 어떤 기업결합이 경쟁을 실질적으로 제한하는지에 대해서는 구체적으로 정의해 두지 않고 있다.

수 차례에 걸친 공정거래법의 개정과 더불어 기업결합 제한 규정도 그 구체적 내용은 계속 바뀌어 왔다. 1996년 개정에서는 경쟁을 실질적으로 제한할 것으로 추정되는 요건을 신설하였다(법 제7조 제4항). 즉, 경쟁제한성의 기준을 제시해 놓았다. 기업결합 당사자의 시장점유율 합계가 시장지배적 사업자의 구성요건에 해당하면서, 당해 거래분야에서 제1위가 되고, 결합회사와 그 다음 회사의 시장점유율 차이가 결합회사 점유율의 25% 이상 될 때 이런 기업결합은 경쟁을 실질적으로 제한한다고 추정하였다. 그리고 중소기업의 점유율이 2/3 이상인 시장에서 대규모 기업이 행하는 기업결합이면서 대규모 기업의 시장점유율이 5% 이상 되는 경우도 경쟁을 실질적으로 제한하는 것으로 추정하였다. 1999년의 개정에서는 경쟁제한성이 있더라도 효율성 증대의 효과가 경쟁제한 피해보다 큰 기업결합이나 회생이 불가능한 회사와의 기업결합은 허용할 수 있도록 하였다(법 제7조 제2항).

공정거래법 초기에는 기업결합 제한 규정이 다소 애매한 상황이었으나 여러 번의 법개정을 거치면서 이 규정은 매우 구체화되었다. 기업결합의 개념도 더욱 구체화되었고, 신고대상이 되는 기업결합의 요건도 구체화되었고, 경쟁을 실질적으로 제한하는 것으로 추정하는 요건도 구체화되었다. 이처럼 공정거래법은 금지되는 기업결합을 비교적 구체적으로 규정해 두고 있다.

6. 기업결합사건의 처리 현황

공정거래위원회가 1981~2009년 기간 중 처리한 총 18,046건의 법위반사건 중 기업결합 위반사건은 698건으로 전체 사건의 3.9%이다. 시장지배적 지위남용에 이어 두 번째로 처리실적이 적은 편이다. 그 이유는 기업결합 자체가 적었을 뿐만 아니라 법위반이 될 만한 기업결합도 적었기 때문이다.

기업결합에 관한 법위반사건을 위반 유형별로 구분해 보면 기업결합 신고 위반이 596건으로 전체 위반 건수의 92.8%이고, 경쟁제한적 기업결합은 46건으로 7.2%에 불과하다. 대부분의 법위반사건이 신고 관련 규정을 위반한 사건이고, 경쟁을 실질적으로 제한하는 기업결합으로 공정위의 제재를 받은 기업결합은 46건에 불과하다.

법위반사건들이 어떻게 처리되었는지를 정리해 보면 〈표 2-3〉과 같다. 전체 처리건수의 56.2%인 361건이 과태료 처분을 받았다. 이 사건들은 대부분이 기업결합 신고위반사건들이다. 그 다음은 경고조치로 36.4%인 234건이다. 시정명령을 받은 위반사건은 7.2%인 46건이다. 이들은 대부분이 경쟁제한성 기업결합으로 경쟁제한성을 해소하라는 시정명령을 받았다. 그러나 시정명령과 더불어 과징금까지 부과된 위반사건은 하나도 없다.

경쟁제한적 기업결합은 경쟁제한성을 해소시키라는 구조적 시정조치와 가격 인상을 제한하는 행태적 시정조치를 받아 왔다. 구조적 조치는 기업결합 자체를 아예 불허하거나 자산의 일부를 매각시키는 조건으로 기업

표 2-3 기업결합 신고위반사건의 조치 유형별 현황(1981~2009년)

조치 유형	건수	비율(%)
과태료	234	36.4
경고	361	56.2
시정명령(과징금)	46	7.2
고발	1	0.2
합계	642	100.0

자료: 공정거래위원회, 『통계연보』.

결합을 허용하는 조치이다. 자산의 매각조치는 결합 후 시장을 지배하는 위치에 서지 못하도록 하기 위한 것이다. 행태적 조치는 결합 후에 독점력이 강화될 경우 그 독점력을 행사하지 못하도록 하는 조치이다. 주로 가격상한선을 두는 등 독점가격을 책정하지 못하도록 하는 조치가 취해졌다.

기업결합 신고위반에는 과태료 부과조치가 취해졌는데 의도적이지 않고 단순한 실수일 때는 과태료를 감면하는 대신 의도성이 있다고 판단될 때는 오히려 과태료를 가중시키는 접근을 해 왔다. 따라서 2007년에는 과태료 부과 건수가 50건이었는 데 비해 2008년과 2009년에는 각각 23건과 20건으로 대폭 줄어들었다(공정거래위원회, 『통계연보』).

Ⅲ. 한국경제의 구조적 특성

1. 한국경제의 전반적 시장구조

우리나라는 1981년에 처음으로 공정거래정책이 도입된 이래로 시장구조도 많이 개선되었다. 산업별 시장집중 추이를 나타낸 〈그림 2-2〉에 의하면 1980년대 초에는 시장집중(3사 집중률)이 매우 높은 편이었다. 대부분의 산업이 독점 내지 강과점(tight oligopoly)이었다고 볼 수 있다. 그 이후 전반적 시장구조는 개선되어 집중률이 꾸준히 낮아져 왔다. 단지 1997년의 외환위기 직후에 잠시 상승하는 모습을 보였으나 그 이후에 다시 하락하고 있다. 외환위기 직후에는 산업구조 조정정책에 의해 인수 · 합병이 많이 일어나고

그림 2-2 산업집중도 변화 추이(1981~2008년)

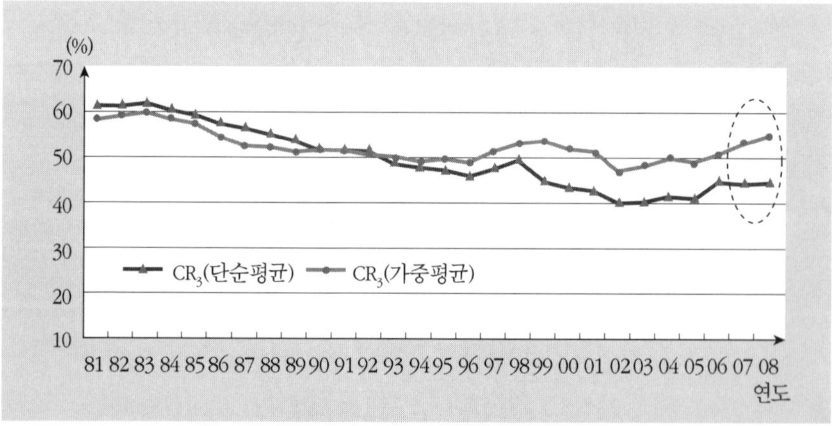

자료: 공정거래위원회 보도자료, 2010. 12. 22, p. 2.

표 2-4 광공업부문 품목기준 시장구조 현황(2004~2006년)

연도		2004	2005	2006
품목수		1,853	1,889	1,888
업체수		108,694	110,678	112,216
CR_3	가중평균	0.611	0.611	0.607
	단순평균	0.595	0.591	0.589
HHI	가중평균	0.255	0.249	0.244
	단순평균	0.240	0.240	0.237

자료: 공정거래위원회, 「시장구조조사」, 2008. 10, p. 56.

중소기업들이 많이 도산하였기 때문에 집중률이 상승하였다. 그러나 2002년 이후부터는 다시 증가 추세로 돌아서고 있다.

1990년대부터는 가중평균 CR_3가 단순평균 CR_3보다 꾸준히 높게 나타나고 있다. 그리고 가중평균값이 빠른 속도로 증가하고 있다. 이것은 시장규모가 큰 산업(정유, 자동차, IT 등)의 독과점화가 더욱 심화되고 있음을 의미한다. 2008년 기준으로 CR_3의 단순평균값은 45.5%이고, 가중평균값은 55.3%이다. 이 수치는 우리나라 산업이 전반적으로 독과점 정도가 매우 높을 뿐만 아니라 큰 산업일수록 독과점 정도가 더 높다.

우리나라의 광업과 제조업부문의 주요 품목 1,800여 개 시장을 분석한 결과에 의하면 〈표 2-4〉에서처럼 3사 집중률(CR_3)이 평균적으로 60% 전후이고, HHI도 0.24 전후로 비교적 높은 편이다. HHI가 0.18 이상이면 집중률이 높은 것으로 보고 있는데, 상위 3개사가 시장의 60% 이상을 차지하면서 HHI가 0.24 이상이면 우리 경제는 전반적으로 독과점화가 매우 높은 편이라고 판단할 수 있다. 그런데 2004~2006년 기간에는 이런 집중현상이 줄어들고 있다. 그런데 약간의 감소현상을 보이기는 하지만 큰 변화라고 보기는 어렵다. 거기다가 CR_3와 HHI 모두 가중평균값이 단순평균값보다 더 높다. 이것

표 2-5 광공업부문의 시장집중 현황(2004~2006년)

연도			2004	2005	2006
$CR_1 \geq 0.5$	품목수 비중		0.300	0.233	0.214
	출하액 비중		0.238	0.237	0.238
$CR_1 < 0.5$	CR_3 ~0.3	품목수 비중	0.242	0.238	0.254
		출하액 비중	0.183	0.179	0.183
	CR_3 0.3~0.5	품목수 비중	0.143	0.158	0.134
		출하액 비중	0.222	0.236	0.231
	CR_3 0.5~0.75	품목수 비중	0.156	0.145	0.164
		출하액 비중	0.244	0.232	0.238
	CR_3 0.75~1	품목수 비중	0.159	0.227	0.234
		출하액 비중	0.116	0.116	0.110
품목(수)			1,853	1,889	1,888
출하액(10억 원)			757,070	816,370	876,450

자료: 공정거래위원회, 「시장구조조사」, 2008. 10, p. 59.

은 시장규모가 큰 상품일수록 시장집중현상이 더 높다는 것을 의미한다.

〈표 2-5〉에서는 시장지배적 품목의 비중을 살펴보기 위해 상위 1개 기업의 집중률이 50% 이상인 시장과 그 이하인 시장으로 구분하여 광공업부문의 시장집중현상을 살펴보았다. 공정거래법에서는 1개사 점유율이 50% 이상이거나 CR_3가 75% 이상인 시장에서의 사업자를 시장지배적 사업자로 정의하고 있다. 말하자면, 이런 시장에서의 사업자는 독점사업자로 보고 있다. 〈표 2-5〉에서는 $CR_1 \geq 0.5$인 시장의 비중도 높은 편인데, 여기에다 $CR_1 < 0.5$이지만 $CR_3 \geq 0.75$인 시장까지 합치면 품목기준으로는 46%까지가 이런 시장이다. 출하액기준으로는 35%이다. 3개년 사이에는 큰 변화도 없었다. 말하자면, 우리나라의 제조업 상품시장에서 품목기준으로는 46%의 시장이, 출하액기준으로는 35%의 시장이 독점형 시장이다.

그런데 특이한 현상은 $CR_1 \geq 0.5$인 품목수는 감소하는 반면 $CR_1 < 0.5$이면

표 2-6 광공업부문의 산업기준 CR_3 현황(2006년)

구분	~0.6	0.6~0.7	0.7~0.8	0.8~0.9	0.9~1.0	합계
산업수	360 (76.4)	25 (5.3)	22 (4.7)	21 (4.5)	43 (9.1)	471 (100)
기업수	85,461 (93.8)	2,557 (2.8)	1,862 (2.0)	745 (0.8)	482 (0.5)	91,107 (100)
출하액 (10억 원)	494,443 (55.9)	70,477 (8.0)	179,502 (20.3)	48,073 (5.4)	91,433 (10.3)	883,927 (100)
HHI 평균	0.19	0.20	0.27	0.37	0.59	0.238 (평균)

주: ( ) 안의 값은 % 비율.
자료: 공정거래위원회, 「시장구조조사」, 2008. 10, pp. 119~139.

서 $CR_3 \geq 0.75$인 품목의 수는 증가하고 있다. 그러나 이들을 합하면 그 비중은 변하지 않고 있다. 말하자면, 한 기업이 50% 이상의 절대적 점유율을 차지하는 시장은 줄어들었지만, CR_3가 75% 이상인 시장은 오히려 늘어나고 있다. 말하자면, 한 기업에 의한 독점화 현상은 줄어들었지만 소수기업에 의한 과점화 현상은 증가하였다. 따라서 집중률이 높은 과점시장에서 독점적 시장행동이 나타나지 않도록 하는 공정거래정책이 매우 중요시되고 있다.

〈표 2-5〉에서는 $CR_1 < 0.5$이면서 $CR_3 < 0.3$인 시장이 가장 경쟁적 시장인데, 품목수로는 이런 시장의 비중이 24% 전후에 불과하다. 그나마 출하액 기준으로는 18% 정도로 이보다 더 낮아지고 있다. 그 차이는 시장규모가 작은 시장이 경쟁적이라는 것을 나타낸다.

〈표 2-6〉은 우리나라 광공업부문의 471개 주요 산업을 대상으로 시장집중현상을 분석한 자료이다. CR_3가 0.6 이하인 산업은 360개로 전체의 76.4%이다. 기업수로는 94%에 이르고 있다. 그러나 출하액으로는 56%에 머물고 있다. CR_3가 0.6 이하로 비교적 경쟁적 시장구조라고 볼 수 있는 부문이 겨우

절반 조금 넘는 편이다. 그러나 이런 산업에서도 HHI가 평균 0.19로 비교적 높은 편이다. 따라서 이런 산업들도 대부분이 소수 기업들에 의한 과점적 구조로 되어 있다고 볼 수 있다. CR_3가 0.9 이상으로 매우 독점적인 시장은 산업수로는 9%이고 매출액으로는 10%이다.

이상의 분석 결과를 종합하면 우리나라의 제조업부문은 집중도가 높은 과점적 시장구조가 대세를 이루고 있는데, 이런 과점도 시장 형태는 경쟁적이 될 수 있지만, 기업들은 비경쟁적 과점으로 유도하려고 노력한다. 따라서 우리나라의 공정거래정책은, 과점적 시장구조의 시장행동에 많은 관심을 가져야 한다. 시장구조 자체를 경쟁적으로 만들기는 어렵기 때문에 그들의 독점력 행사를 막고, 경쟁적 시장행동이 나타날 수 있도록 공정거래정책이 추진되어야 한다.

2. 독과점산업과 독점력의 행사

독과점산업의 기업들이 독점력을 행사할 수 있는 과정은 여러 가지이다. 우선 순수독점기업은 그 시장에 기업이 하나뿐이기 때문에 스스로 얼마든지 독점력을 행사할 수 있다. 즉, 판매량 감소만 감수하면 얼마든지 높은 독점가격을 책정할 수 있다. 따라서 독점력을 통해 이윤극대화를 달성할 수 있다.

과점시장은 강과점(tight oligopoly)과 약과점(loose oligopoly)으로 구분해 볼 수 있다. 강과점은 구조적으로는 과점이지만 독점적 주도기업(dominant firm)이 존재하는 과점이다. 약과점은 주도기업은 없고 과점기업들이 거의 비슷한 위상을 확보하고 있는 과점이다.

주도기업이 존재하는 강과점에서는 주도기업이 가격을 선도하고 나머지는 이를 따라가는 가격선도현상(price leadership)이 많다. 이런 시장에서는 주도기업이 독점력을 행사하기 쉽다. 주도기업은 독점이라는 부담을 지지 않기 위해 추종기업들과 공존하는 전략을 추구하면서도 가능한 한 독점적 가격을 추구할 것이기 때문이다. 이런 시장에서는 독점력이 행사될 가능성이 높다.

약과점에서는 과점기업들끼리 경쟁할 가능성이 높다. 각 기업의 위상이 거의 비슷하기 때문에 주도자(leader)와 추종자(followers)가 구분되기 어렵다. 따라서 각자 독립적으로 가격정책을 구사할 것이고 가격경쟁이 일어날 가능성이 높다. 이런 시장에서 확실하게 독점력을 행사하려면 카르텔이 만들어져야 한다. 기업들이 경쟁하지 않기로 합의하면 시장가격은 높아질 것이다.

한국에는 독과점시장이 많으면서 강과점이 매우 많다. 따라서 주도기업이 가격을 선도하고 나머지는 이를 따라가면서 독점력을 행사할 가능성이 높다. 공정위는 이런 현상을 주시해야 한다. 주도기업에 의해 독점력이 행사되면서 시장이 조정되면 독점의 폐해가 커질 수 있다.

약과점에서도 경쟁을 자제하려는 경향이 많다. 주로 묵시적 담합을 통해 가격경쟁을 자제하면서 독점력을 행사한다. 이처럼 약과점이라고 방심할 수는 없다. 공정위는 약과점시장도 그 시장의 특성을 충분히 분석하여 독점력 행사를 방지해야 한다.

1. 시장지배적 지위남용행위의 주요 심결사건

1) MS의 시장지배적 지위남용행위(사건번호: 2002경촉0453, 2005경촉0375)

MS(Microsoft Corporation)는 〈표 2-7〉에서 보는 것처럼 PC 운영제체시장과 PC 서버운영체제시장에서 공정거래법상 시장지배적 사업자에 해당한다. 말하자면, MS는 이 두 시장에서 명실공히 독점사업자이다.

이런 MS가 PC 운영체제시장에서 윈도우미디어플레이어와 메신저 프로그램을 결합판매하고, PC 서버운영체제에서 미디어서버 프로그램을 결합판매하였기 때문에 시장지배적 지위를 남용한 혐의로 공정거래위원회의 제재를 받았다. 법위반내용은 공정거래법 제3조의2 제1항 제3호인 '다른 사업자의 사업활동을 부당하게 방해한 행위'와 동조항 5호 '부당하게 경쟁사업자를 배제하기 위하여 거래하거나 소비자의 이익을 현저히 저해할 우려가 있는 행위'를 한 혐의이다. 여기에 법제23조 제1항 제3호, '부당하게 경쟁사업자의 고객을 자기와 거래하도록 유인하거나 강제한 행위'를 한 혐의도 첨가되었다.

MS는 자기가 공급하는 독점상품인 PC 운영체제와 PC 서버운영체제에 윈도우미디어플레이어, 메신저 프로그램, 미디어서버 프로그램 등을 끼워팔므로써 이 상품들의 경쟁사업자를 시장에서 부당하게 축출한 혐의를 받았다. MS는 특정 상품(PC 운영체제 등)의 독점력을 이용하여 타 상품(MS메신저 등) 시장에서의 시장경쟁을 제한하였기 때문에 공정거래법을 위반하였다고 본 것이다. 이렇게 끼워팔기 하는 상황에서는 타 상품시장에서 어떤

표 2-7 PC 운영체제 및 PC 서버운영체제 국내시장 점유율(2003년)

(단위: %)

구분	PC 운영체제	PC 서버운영체제
윈도우(MS)	99.3	79.1
리눅스	0.23	10.4
MacOS	0.50	-
유닉스	-	5.7
기타	-	4.8
CR_3	100.0	95.2

자료: 공정거래위원회, 『심결집』.

회사도 MS와 공정하게 경쟁하기 어렵다. 따라서 공정거래법은 이런 행위를 독점적 지위의 남용으로 간주하여 처벌하였다.

MS는 시정명령과 함께 총 324억 9,000만 원의 과징금을 부과받았다.[3] 시장지배적 지위남용행위로 처벌받은 대표적 사건이다. 그러나 이 심결이 MS의 독점적 시장지배 문제를 해결해 주지는 못할 것이다. MS의 독점 문제는 세계 각국이 안고 있는 경쟁정책의 골칫거리이다.

2) 퀄컴의 시장지배적 지위남용행위(사건번호: 2009지석0329)

퀄컴은 1985년에 설립된 회사로서 1989년에 CDMA 통신기술을 최초로 개발하였고, CDMA 이동통신의 원천기술 보유자이다. 이 기술이 이동통신 표준으로 선정되면서 퀄컴은 세계의 거의 모든 지역에서 CDMA 모뎀칩의 독점적 지위를 확보하고 있다. 우리나라에서도 1993년부터 이동통신 표준으로 선정되었고 퀄컴이 독점적 지위를 확보하고 있다.

〈표 2-8〉에서 보는 것처럼 퀄컴은 국내시장에서 완벽한 시장지배적 사

3) 제재를 받은 회사는 MS Corporation과 한국MS유한회사이다.

표 2-8 CDMA 모뎀칩 관련 퀄컴의 시장점유율

(단위: %)

연도	2002	2003	2004	2005	2006	2007	2008
한국	99.9	99.7	98.6	99.2	100	100	99.4
세계	–	–	96.2	98.5	96.7	97.8	–

자료: 공정거래위원회 의결서.

업자이다. 퀄컴은 라이선싱을 할 때 경쟁사의 모뎀칩을 사용하는 휴대폰에 대해서는 차별적으로 높은 로열티를 부과하고, 국내 휴대폰제조사에게 칩 수요량의 대부분을 퀄컴으로부터 구매하는 것을 조건으로 리베이트를 제공하였고, CDMA 특허기술 라이선싱 계약서에 특허권 소멸 후에도 현재 로열티의 50%를 납부하도록 하는 규정을 포함시키는 등 시장지배력을 남용한 혐의를 받았다. 퀄컴의 이런 행위는 VIA(대만), EoNex(한국) 등 퀄컴의 경쟁사업자가 국내 모뎀칩 시장에 진출하는 것을 제한하였고, 이로 인해 10여 년 동안 퀄컴이 독점적 시장지위를 유지할 수 있었다.

퀄컴의 이런 행위는 공정거래법 제3조의2 제1항 제3호(다른 사업자의 사업활동을 부당하게 방해하는 행위)와 제5호(부당하게 경쟁사업자를 배제하기 위하여 거래하거나…)를 위반한 행위로 간주되어 공정위의 제재를 받았다.[4] 차별적으로 로열티를 부과한 행위는 다른 사업자의 사업활동을 부당하게 방해한 행위가 되었고, 조건부로 리베이트를 제공한 행위는 부당하게 경쟁사업자를 배제하기 위해 거래한 행위가 되었다.

공정위는 시정명령과 함께 총 2,731억 9,700만 원의 과징금을 부과하였다.[5] 공정위 역사상 최고의 과징금이었다. 공정위의 조치는 앞으로 국내 모

4) 이런 행위는 제23조 제1항 제1호와 제4호를 위반한 혐의도 받았다.
5) 제재를 받은 피심인회사는 퀄컴Inc., 한국퀄컴(주), 퀄컴CDMA테크놀로지코리아 등 3개 회사이다.

델칩/IRF칩 시장에 신규 진입이 추진되어 상품이 다양해지고 가격경쟁이 높아질 것으로 기대하고 있다. 따라서 휴대폰시장에서도 제품이 다양해지고 가격이 하락할 것으로 기대하고 있다. 그러나 퀄컴은 세계시장의 압도적 독점자이기 때문에 세계 각국의 경쟁당국이 한꺼번에 강하게 나서지 않는 한 퀄컴의 독점 문제는 쉽게 풀리지 않을 것이다.

2. 기업결합 금지의 주요 심결사건

1) 현대자동차(주)와 기아자동차(주)의 기업결합사건(사건번호: 9901기결0126)

기아자동차는 1998년 당시 순자산이 −5조 4,516억 원으로 자체 회생이 불가능한 상태였다. 주채권은행인 산업은행은 기아를 국제공개입찰에 부쳤으나 2차에 걸쳐 유찰이 되고 3차 입찰에서 현대자동차에 낙찰되었다(1998년 10월 19일). 이에 현대자동차는 주식취득계획을 1999년 1월 18일 공정위에 신고하였다.

공정위는 당시 자동차시장의 시장구조인 〈표 2-9〉를 심사한 결과 공정거래법 제7조 제4항 제1호에 의해 이 기업결합은 경쟁을 실질적으로 제한하는 것으로 추정하였다. 거기다가 신규 진입도 어렵고 해외경쟁의 도입도 어렵다는 점까지 고려할 때 이 기업결합은 각 상품시장에서 경쟁을 실질적으

표 2-9 기업결합 당시 자동차산업의 시장구조(1998년)

(단위: %)

구분	승용차		버스		트럭	
현대	39.1	55.6	58.3	74.2	50.3	94.6
기아	16.5		15.9		44.3	
대우		36.8		25.8		4.6
시장규모(대)		1,620,000		160,000		170,000

자료: 공정거래위원회 의결서; 자동차공업협회(1998).

로 제한하는 행위라고 판단하였다.

공정위는 예외 인정 가능성을 검토하였다. 1차적으로 법정관리 상태인 기아는 기업결합 이외에는 회생할 수 있는 다른 방법이 없다고 판단하였다. 2차적으로는 이 기업결합이 적정 규모를 지향하는 기업결합으로 결합 후에 여러 가지 효율성 증대 효과가 발생할 수 있다고 판단하였다. 3차적으로는 이 기업결합은 국제경쟁력 강화효과를 가져와 수출을 증대시킬 것이라고 판단하였다.

이러한 검토 결과 이 기업결합은 산업합리화 효과 또는 국제경쟁력 강화효과가 클 수 있다고 판단하였다. 그리고 결합 후에도 승용차시장에서는 타 회사들의 점유율이 44.4%, 버스시장에서는 25.8%가 되기 때문에 결합기업이 완전한 시장지배력을 가져오기는 어렵다고 보았다. 거기다가 승용차와 버스는 수출 비중이 68.4%와 54.4%나 되기 때문에 국내시장에서의 경쟁제한성은 크지 않을 수도 있다고 판단하였다. 그러나 트럭시장의 경우는 기업결합이 시장점유율을 94.6%까지 끌어올려 경쟁제한성이 매우 높다. 트럭은 수출 비중도 24.5%에 불과하다.

결론적으로 승용차 및 버스시장은 산업합리화 및 국제경쟁력 강화효과가 경쟁제한의 폐해보다 크다고 보아 기업결합 제한의 예외사항에 해당된다고 하였다(당시 법의 제7조 제1항 단서). 공정위는 예외사항에 해당되지 않는다고 본 트럭시장에 한하여 행태규제명령을 부과하면서 현대차와 기아차의 기업결합을 승인하였다.

당시 외환위기와 재계 9위였던 기아차의 부도로 한국경제는 극도로 어려운 상황에 처하였으며 현대차의 기아차 인수 이외는 기아차 문제를 해결할 뾰족한 방법이 없었다는 정부의 정책적 판단도 무시할 수 없었을 것이다. 어쨌든 현대차와 기아차의 기업결합은 결과적으로 한국의 자동차시장을 독점시장으로 만드는 결과로 귀결되었다. 거기다가 대우차마저도 부도를 맞으면서 현대 · 기아의 독점적 지위는 더욱 강화되었다. 현대, 기아, 대우에 의한 3사 경쟁체제의 한국 자동차시장은 이 기업결합으로 현대 · 기아의 독점체제로 바뀌게 되었다. 이런 결과는 공정위 입장에서도 충분히 예견하였겠지만 경쟁정책이 산업정책을 앞서지 못하였다는 아쉬움을 갖게 하는 기업결합건이다.

2) SK텔레콤과 신세기통신의 기업결합사건(사건번호: 2000기결0129)

SKT는 1999년 12월 21일 포항제철이 소유하고 있던 신세기통신 주식 51.19%를 취득하기로 계약 체결하고 같은 해 12월 23일 공정위에 기업결합을 신고하였다. 〈표 2-10〉에서 보여 주는 것처럼 이 기업결합은 SKT를 이 시장에서 압도적 1위를 만들어 주는 기업결합이 된다. 따라서 공정위는 실질적으로 경쟁제한성이 존재하는 기업결합으로 판단하였다. 그리고 예외 인정 조건도 검토한 결과 신세기통신은 회생이 불가할 정도로 부실한 회사도 아니고 기업결합으로부터 얻을 수 있는 효율성 증대 효과가 경쟁제한으로 인한 폐해보다 크다고 볼 수도 없다고 결론지었다. 따라서 2가지 예외 인정 모두 이 기업결합에는 해당하지 않는다. 따라서 이 기업결합은 위법이다.

그러나 공정위는 '한시적 시장점유율 제한조치'라는 기상천외한 조건을 붙이면서 기업결합을 승인하였다. 이 조건은 합병기업이 가입자기준 시장점유율을 2001년 6월30일까지 50% 미만이 되도록 해야 하며, SKT로부터 공급받는 셀룰러 단말기를 2000. 1. 1 ~ 2005. 12. 31 기간 동안 연간 120만 대 이하로 유지해야 한다는 내용이었다. 〈표 2-10〉에서 보는 것처럼 기업결합

표 2-10 이동통신시장의 1999년도 시장구조(가입자수 기준)

(단위: %)

시장규모(만 명)	SKT	신세기	KT(KTF)	한솔	LGT	CR_3	HHI
2,342	43.1	13.7	18.1	11.6	13.1	0.751	0.235

자료: 정보통신부; 공정거래위원회.

표 2-11 이동통신시장의 HHI 국제비교

구분	1999	2003
한국	0.2626	0.4146
북미	0.2485	0.2252
서유럽	0.4404	0.3759
아시아 경쟁국	0.3479	0.3043

자료: Merrill Lynch, "Global Wireless Matrix 4Q03"; 정보통신부, 「유무선서비스 가입자 현황」.

후에는 시장점유율이 당장 56.8%로 증가하는데, 이것을 억지로 50% 미만으로 낮추라는 것이다. 그럴바에야 아예 합병을 인정하지 않는 것이 옳은 접근이다. 기업으로 하여금 거꾸로 가라는 시정명령을 내린 것이다. 이런 시정명령은 세계 어디에서도 찾기 어려울 것이다.

이 기업결합으로 한국의 이동통신시장은 단번에 매우 비경쟁적 구조로 바뀌어 버렸다. 〈표 2-11〉에서 보는 것처럼 합병 이전에는 외국과 비교하여 한국의 이동통신시장이 비교적 경쟁적 구조였다. 그러나 합병 이후에는 가장 비경쟁적 구조로 바뀌어 버렸다.

SKT는 2001년 6월 공정위의 규제조건을 이행한 이후 시장점유율을 50% 이상으로 증가시켰다. SKT는 이동통신시장의 압도적 사업자가 되었고, SKT로의 시장쏠림 현상이 발생하였다. 공정위의 잘못된 결정은 아직까지 공정위의 원죄로 남아 있다. 그리고 이동통신시장은 기업들의 비경쟁적 시장행태로 인해 지탄을 받고 있을 뿐만 아니라 경쟁정책의 골칫거리로 남아 있다. 한 번의 잘못된 심결은 그 후유증과 사회적 비용이 얼마나 큰지를 보여주는 중요한 사례로 남아 있다.

3. 시장구조정책의 활성화

독점력은 독점적 시장구조에서 생겨난다. 시장에 경쟁기업이 많으면 그 시장의 기업들은 독점력을 가지기 어렵다. 그러나 기업수가 적고 큰 기업들에 의한 집중도가 높으면 이들 기업은 독점력을 행사하려고 한다. 〈표 2-12〉에서 보는 것처럼 우리나라는 독과점적 구조가 고착화되어 있는 산업이 많을 뿐만 아니라 이들 산업에서의 시장집중률도 매우 높은 편이다.

따라서 독점방지를 위한 1차적 접근은 시장구조가 독점화되지 못하도록 하는 것이다. 이런 정책을 시장구조정책이라고 할 수 있는데, 우리나라

표 2-12 시장지배력 남용의 가능성이 있는 독과점구조 고착산업(2008년)

(단위: %, 억 원)

산업	시장집중도 (CR_3)	영업 이익률	연구개발 투자비율	해외 개방도	내수 집중도	중간규모 출하액
정유	81.8	13.8	0.1	31.8	67.3	5,580
승용차	90.5	25.4	2.8	37.3	80.5	15,960
담배	99.7	50.3	1.8	19.6	89.4	3,570
라면	83.6	30.8	0.9	23.8	67.7	30
맥주	100.0	62.6	0.6	19.9	84.1	3,010
커피	83.7	29.8	0.9	23.8	67.9	70
설탕	100.0	30.1	0.9	23.8	81.0	3,320
판유리	99.7	32.4	1.0	26.2	76.8	680
화약	97.8	41.3	1.6	33.7	69.2	40
조미료	99.3	33.0	0.9	23.8	80.4	70
46개 독과점 산업 평균	92.9	32.5	1.7	27.4	67.8	1,025
광업 · 제조업 전체 평균	45.5	30.2	2.0	30.2	32.1	154

자료: 공정거래위원회 보도자료, 2010. 12. 22, p. 5.

도 1996년 공정거래법 개정시 제3조에 시장구조정책을 적극적으로 시행할 수 있는 근거를 마련하였다. 이 규정을 법 제3조에 도입하는 바람에 시장지배적 지위남용 금지규정은 법 제3조의2로 밀렸다. 제3조는 공정위가 독과점 시장의 구조개선과 경쟁촉진을 위하여 적극적으로 정책을 수립하고 시행하여야 한다고 규정하고 있다.

시장구조가 독점화되지 못하도록 하는 대표적 정책수단은 기업분할명령, 기업합병 제한, 진입장벽의 철폐 등이다. 우리나라 공정거래법에는 기업분할명령제도가 없다. 이 제도는 미국의 반독점법에 도입되어 있는 제도인데, 미국에서도 이 제도가 실제로 실시된 경우는 매우 드물다. 기업을 쪼개는 것은 결코 간단한 일이 아니기 때문이다. 시장구조정책으로 적극 활용할 수 있는 수단은 기업분할명령보다 기업결합 제한제도와 진입제한 철폐라고 할 수 있다.

시장을 독점화시키는 가장 강력한 수단은 기업결합이다. 정책당국은 시장경쟁을 제한할 우려가 있는 기업결합에 대해서는 매우 엄격한 접근이 필요하다. 오늘날 기업의 M&A는 경제활동의 매우 중요한 한 영역이고 매우 많이 이루어지고 있는 경제현상이다. 그리고 긍정적인 기능도 많다. 그러나 경쟁제한 가능성이 매우 뚜렷한 M&A에 대해서는 정책당국의 냉정한 조치가 필요하다.

기업결합 제한제도는 소극적 접근에 불과하고 시장을 구조적으로 경쟁화시키기 위해서는 신규 진입이 쉽게 이루어지도록 하는 적극적 접근이 매우 중요하다. 말하자면, 진입장벽이 되는 제반 요인들을 과감히 철폐하여 잠재기업(potential entrants)이 쉽게 기존 기업(incumbent firms)과 경쟁할 수 있도록 해야 한다. 기존 기업들이 신규 진입의 위협에 놓이면 비록 현재의 시장구조가 독과점화되어 있을지라도 독점력을 행사하기는 어렵고, 실제로 진입이 이루어지면 시장은 더욱 경쟁화될 것이다. 경합시장이론(contestable market theory)은 이 원리를 잘 설명하고 있다. 따라서 공정위는 정부의 타 부처와 협력하여 각 업종에 산재해 있는 각종 인·허가 제도 등 제도적 진입 장벽을 과감히 철폐하여야 한다.

기업결합이 없더라도 특정 기업이 급속도로 성장하면 그 시장은 독점적 구조로 바뀔 수 있다. 그렇다고 자연적인 기업성장을 강제로 억제할 수는 없다. 거기다가 우리나라는 기업분할제도가 없기 때문에 급속도로 성장하는 기업이 독점기업으로 부상해도 이 시장을 구조적으로 다시 경쟁화시킬 수 있는 수단은 별로 없다. 그러나 이런 기업이 독점력을 행사하는 것은 방지해야 한다. 이를 위해서는 주요 산업을 대상으로 시장구조가 어떻게 변하고 있는지 상시적으로 모니터링할 필요가 있다.

시장상황은 항상 변화한다. 어떤 시장은 더욱 독점화되고, 어떤 시장은 경쟁화된다. 따라서 공정위는 시장구조정책을 효율적으로 집행하기 위해 주기적으로 일관성 있게 시장구조를 조사하고 그 자료를 공표하여야 한다. 공정거래법 제3조 제3항에는 공정위가 이런 정책을 수행할 수 있도록 하는 근거 조항이 만들어져 있다. 각 사업자의 점유율 변화를 주기적으로 관찰하면 독점화가 심화될 가능성이 있는 산업은 사전에 인지할 수 있다. 경쟁당국은 시장규모가 크면서 시장집중률이 빠르게 증가하는 산업에 대해서는 신규진입정책을 추진하는 등 시장구조정책으로 적극 대응할 필요가 있다.

주기적인 관찰 결과 구조적으로 독점화가 뚜렷하게 진행되고 있으면서 독점력 행사 가능성까지 포착되면 경쟁당국은 독점력 행사 여부를 실제로 조사해야 한다. 그리고 독점력 행사를 사전에 차단해야 한다. 사후적으로 처벌하는 것보다는 사전에 예방하는 것이 더 상급의 정책이다. 따라서 시장구조의 주기적 관찰과 공표는 매우 중요한 시장구조정책이 될 수 있다.

4. 독점력 행사의 주기적 관찰

독점력을 확보해도 그 독점력을 행사하지 않으면 독점의 폐해는 나타나지 않는다. 하나의 기업만이 영업하는 순수독점시장이라도 그 기업이 독점력을 전혀 행사하지 않는다면 가격은 낮아지고 판매량은 많아질 것이다. 독점의 폐해도 나타나지 않을 것이다. 말하자면, 시장지배적 지위를 남용하지 않은 것이 된다.

기업이 실제로 독점력을 행사하고 있는지 여부를 찾아 내는 것은 결코 쉬운 일이 아니다. 현실적으로는 독점력을 가진 기업이 가격을 인상할 때 정책당국은 이를 추적하여 시장지배력을 남용한 혐의가 있을 때 위법처리하고 있다. 그러나 가격을 인상하지 않더라도 현재의 가격이 과도하게 높은 독점가격일 수 있다. 말하자면, 독점력 행사의 결과로 현재의 가격이 유지되고 있을 수도 있다. 이런 상황도 시장지배력 남용의 결과일 수 있다.

생산비가 낮아지거나 국제가격이 낮아지면 가격도 내려가야 한다. 그러나 독점력을 가진 기업은 이런 상황에서도 현재의 가격을 그대로 유지할 때가 있다. 이런 경우도 현재 유지되고 있는 가격이 과도한 독점가격일 수 있다. 이 가격도 시장지배적 지위남용의 결과인지 관찰해야 한다.

그런데 현재의 가격 수준이나 가격 인상의 정도가 시장지배적 지위의 남용 결과인지 실제로 입증하기는 매우 어렵다. 이 때문에 법3조의2 제1항 제1호 위반으로 처벌된 사건은 매우 드물다. 그 행위 자체가 없어서가 아니라 그 행위를 찾아 내고 입증하기가 어려워서일 것이다. 경쟁당국은 독점력 행사 여부를 인지하고 찾아 낼 수 있는 정교한 기술을 개발해야 한다. 이를 위해서는 독점력 행사 우려가 있는 산업의 가격구조를 주기적으로 관찰할 필요가 있다. 가격과 생산비의 차이가 어떻게 움직이고 있는지, 국내가격과 국제가격의 차이는 어떻게 움직이고 있는지 등을 주기적으로 조사 · 관찰하는 것은 독점력 행사 여부를 파악할 수 있는 기초적 접근이 된다. 과도하게 높은 초과이윤을 버는 시장은 기업이 독점력을 행사하고 있을 개연성이 높다. 국제가격에 비해 국내가격이 과도하게 높은 경우에도 독점력을 행사하고 있을 가능성이 높다.

정책당국은 독과점시장에 대해 가격, 생산비구조, 국제가격 등등을 주기적으로 관찰하면 독점력 행사 여부를 가능한 한 빨리 찾아 낼 수 있다. 그리고 독점력을 행사하고 있다는 증거가 분명하거나 그럴 개연성이 높다면 직접 조사를 실시해야 한다. 경쟁당국은 처벌기능 못지않게 사전조사기능도 매우 중요하다. 사전조사는 예방효과가 있기 때문이다.

5. 수요독점과 하도급의 문제

우리나라는 대기업과 중소기업 사이의 거래상 불균형 문제가 심각한데, 이 문제는 경제 문제이면서 사회 문제이고 정치 문제일 정도로 정부의 중요 관심사항이 되고 있다. 주로 대기업과 중소기업 사이의 하도급 문제가 핵심 사항이다. 하도급 거래관계에서 구매자인 대기업이 판매자인 중소기업에게 여러 가지 횡포를 부리는 문제가 하도급 문제이다. 이 문제를 해결하기 위해 정부는 「하도급거래 공정화에 관한 법률」을 만들어 공정위로 하여금 이 업무를 담당하도록 하고 있다.

그런데 하도급 문제도 그 핵심은 독점력의 문제이다. 원사업자인 대기업은 수급사업자인 중소기업에 비해 구매독점력(monopsony power)을 가지는 것이 일반적이다. 구매집중률이 높거나 구매자가 수요독점자(monopsonist)가 될 때 이런 시장은 구매독점시장이고 구매자가 거래에서 일방적인 힘을 행사하기 쉽다. 하도급시장이 이런 시장이다. 이처럼 하도급의 문제도 그 본질은 독점 문제이다.

「하도급법」의 제4조는 구매자(원사업자)가 부당하게 구매대금을 낮게 결정하지 못하도록 하고 있다. 이것은 구매자가 구매독점력을 행사하지 못하게 하는 규정이다. 따라서 이 조항의 위반사건은 공정거래법 3조의2 제1항 위반으로 다룰 수도 있다. 공정거래법은 판매독점자뿐만 아니라 구매독점자도 시장지배적 사업자로 규정하고 있다(공정거래법 제2조 제7호). 따라서 하도급 문제를 적극적으로 해결할 수 있는 하나의 방법은 하도급 문제를 공정거래법 제3조의2로 다루는 것일 수 있다.

법 제3조의2를 더욱 넓게 활용하는 것은 시장에서 독점력 행사를 방지하는 중요한 수단이 될 수 있다. 공정거래법 제23조 위반도 가능하면 제3조의2를 적용하고, 하도급법의 위반도 가능하면 공정거래법 제3조의2로 접근할 필요가 있다. 특히, 하도급시장과 같은 수요집중시장에서 법 제3조의2를 적극 활용하는 것은 원사업자의 수요독점력 행사를 방지할 수 있는 중요한 정책적 접근이 될 수 있다.

Chapter 3

담합과 공정거래정책

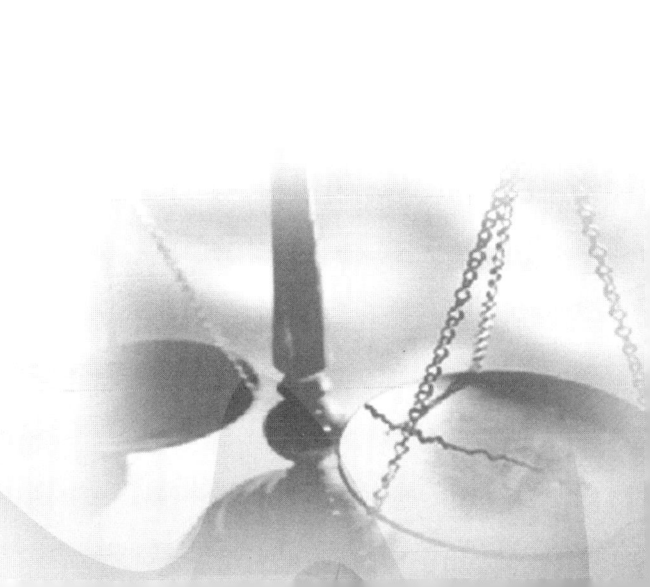

Ⅰ. 담합의 원리와 폐해

1. 독점력의 확보 및 행사

담합(collusion)은 두 개 이상 기업들이 이윤을 높이기 위해 서로 협조하여 공동으로 가격을 정하고 시장을 나누어 가지는 것을 말한다. 즉, 사업자들이 공동으로 독점력을 확보하고 공동으로 독점력을 행사하는 것이 담합이다. 이렇게 만들어진 기업들의 협조체제를 카르텔(cartel)이라고 한다. 이런 담합이 형성되면 가격은 높아지고 시장거래량은 줄어들기 때문에 소비자후생과 사회후생은 감소하고 기업이윤은 증대한다. 말하자면, 담합은 시장을 독점화시키는 현상이다.

〈그림 3-1〉에서 왼쪽 그림은 시장에 있는 대표기업의 판매량 결정원리를 나타내고, 오른쪽 그림은 시장 전체의 판매량과 가격결정원리를 나타낸다. 시장 내의 여러 기업들이 담합하여 카르텔을 형성하면 어떤 현상이 나타나는지를 잘 보여 주는 그림이다. 담합을 하지 않는다면 시장균형은 수요곡선과 공급곡선이 교차하는 E^*이며, 이때의 가격과 거래량은 각각 P^*와 Q^*이다. 이 가격하에서 시장 내 개별 기업은 이윤을 극대화시키기 위해 A점을 기준으로 q^*만큼 판매한다. 이것은 시장에서 경쟁이 이루어지고 있을 때의 시장균형과 기업균형이다.

만약 이 시장의 기업들이 담합하여 카르텔을 형성한다면 시장이 독점화되기 때문에 카르텔 이윤을 극대화시키기 위해 $MR=MC$ 조건이 충족되는 M점을 기준으로 시장판매량은 Q_m이 될 것이다. 이 판매량에서의 가격은 E_m을 기준으로 P_m까지 높아질 것이다. 말하자면, 카르텔은 가격을 P_m에서 정할 때 이윤을 최대화시킬 수 있으며, 이 가격을 유지하기 위해 판매량은 Q_m

그림 3-1 담합형성의 원리

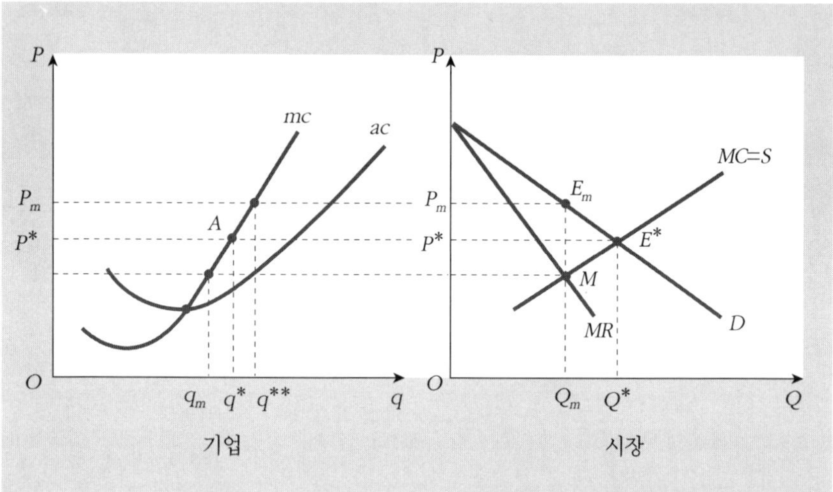

으로 제한해야 한다.

카르텔을 구성하는 개별 기업은 카르텔을 유지하기 위해 각자의 판매량을 줄여야 한다. 〈그림 3-1〉에서는 카르텔로 인해 감소된 시장판매량이 Q_m인데, 시장판매량을 Q_m에 맞추기 위해서는 각 기업이 생산량을 q^*에서 q_m으로 줄여야 한다. $MC(=S)$는 개별 기업의 mc들을 수평적으로 합계해서 도출된 것이기 때문이다. 즉, 개별 기업들이 q_m만큼 생산 공급하면 시장공급량이 Q_m으로 유지되어 P_m이라는 담합가격을 유지시킬 수 있다. 이때 개별 기업은 경쟁시에 비해 생산량을 q^*에서 q_m으로 줄여야 한다.

경쟁하에서는 E^*에서 균형이 이루어졌는데 담합 때문에 M점에서 균형이 이루어지면 시장공급량은 Q^*에서 Q_m으로 줄어들고 가격은 P^*에서 P_m으로 높아진다. 이렇게 되면 ME_mE^* 면적만큼의 사중적 후생손실(dead-weight welfare loss)이 발생하고, 이것은 담합으로 인한 사회적 비용(social cost of collusion)이 된다. 담합으로 인해 가격이 오르고 거래량이 줄어들어 사회후생이 감소하였다.

그런데 카르텔 구성원 간의 결속력이 견고하지 않으면 이런 담합은 깨어질 가능성이 매우 높다. 〈그림 3-1〉에서 담합가격이 P_m으로 정해지면 개별 기업은 이 가격에서 q^{**}만큼 생산하는 것이 가장 유리하다. 개별 기업 입장에서는 이 생산량에서 $P_m=mr=mc$라는 이윤극대화 조건이 충족되기 때문이다. 개별 기업이 이런 유혹에 빠져 담합생산량인 q_m을 지키지 않고 생산량을 q^{**}으로 증가시키면 시장공급량은 더 이상 Q_m으로 유지되지 않고 증가해 버린다. 시장공급이 Q_m을 초과하면 시장에서 담합가격 P_m은 더 이상 유지될 수 없다. 따라서 담합은 깨어지게 된다.

담합에 참여한 한 기업이 이런 유혹에 빠져 비밀리에 생산량을 q_m에서 q^{**}로 증가시켜도 한 동안은 담합이 유지될 수 있다. 그러나 시간이 흐르면 이런 기업의 수가 늘어나고 각자의 비밀행동도 노출되기 때문에 궁극적으로는 담합이 깨어질 수밖에 없다. 따라서 카르텔 구성원들은 이런 일이 발생하지 않도록 항상 서로를 단속한다.

2. 담합의 특성

카르텔은 만들어지기가 어렵다. 당사자 간의 수많은 이해관계를 조정해야 할 뿐만 아니라 현행법상 불법이기 때문이다. 비밀리에 이런 이해관계를 조정하면서 카르텔을 만들어 내기란 결코 쉽지 않다. 그런데 카르텔은 만들어져도 깨어지기 쉬운 특성을 가지고 있다. 카르텔의 각 구성원은 카르텔 합의를 어기는 것이 자기에게 더 유리하기 때문에 배신자가 나오기 마련이다. 배신자가 나오기 시작하면 그 카르텔은 더 이상 유지될 수 없다. 공정거래 당국이 카르텔의 이런 특성을 잘 이용하면 담합방지정책을 더 효과적으로 수행할 수 있다.

카르텔이 만들어지기 어려운 이유를 다시 정리하면, 첫째 그 행위가 불법이기 때문이다. 불법행위는 비밀리에 이루어져야 하는데, 비밀행위는 그만큼 어려움이 있는 것이다. 둘째, 참여기업들 간의 복잡한 이해관계를 조정하는 것도 쉽지 않다. 카르텔을 성립시키기 위해서는 우선 개별 기업들의 판매량을 축소 조정해야 하는데, 이 과정은 결코 쉬운 일이 아니다. 이런 이유들 때문에 기업들이 카르텔을 만드는 것은 쉽지 않다.

어려운 과정을 거쳐 카르텔이 만들어졌다고 해도 그 카르텔은 오래 지속되기 어렵다. 기업들은 이기적으로 자기 이윤만을 극대화시키려고 하는데, 기업의 이런 목표와 카르텔의 유지조건은 마찰을 일으키기 때문이다. 개별 기업은 이기적으로 자기 이윤만을 극대화시키려고 담합가격을 몰래 낮추거나 판매량을 증대시키려고 한다. 어떤 기업이 이런 행위를 하면 카르텔은 유지되기 어렵다. 다른 기업들도 카르텔 합의를 더 이상 지키려고 하지 않을 것이기 때문이다. 이처럼 담합은 깨어지기 쉬운 특성을 가지고 있다.

카르텔이 깨지고 다시 경쟁체제에 돌입하면 기업들은 이윤을 내기 어렵다. 기업들은 경쟁의 고통을 오래 감내하려고 하지 않는다. 따라서 기업들은 다시 카르텔을 모색한다. 이와 같이 카르텔은 형성과 붕괴를 되풀이하는 특성을 가지고 있다. 만들면 깨지고, 깨지면 다시 만들고 하는 것이 카르텔이다.

카르텔은 다음과 같은 조건이 충족되는 시장일수록 만들어지기 쉽다. 수요가 비탄력적인 시장일수록, 카르텔에 대한 정부의 처벌이 엄하지 않을수록, 시장 내에 기업의 수가 적을수록, 주도기업이 존재하면서 시장집중률이 높을수록, 시장 내에 사업자단체가 존재할수록, 구성기업들이 비슷한 상품을 생산할수록 카르텔의 형성은 비교적 용이해진다.

수요가 비탄력적이면 가격을 올릴 때 수요가 적게 감소한다. 카르텔을 만들어 가격을 올려도 수요가 적게 줄어들면 구성기업들의 불만은 크지 않을 것이기 때문에 카르텔을 만드는 것은 그만큼 쉬워진다. 카르텔에 대한 정부의 처벌이 엄하지 않으면 정부의 눈치를 덜 보고 카르텔을 만들 수 있기 때문에, 시장 내에 기업의 수가 적으면 카르텔을 위한 기업 간의 이해관계 조정이 그만큼 쉬워지기 때문에, 주도기업이 존재하면서 시장집중률이 높으면 주도기업이 쉽게 카르텔을 주도할 수 있기 때문에 카르텔을 만드는 것은 그만큼 용이해진다. 사업자단체가 존재하면 그 사업자단체가 카르텔을 주도할 수 있기 때문에 카르텔 구성은 쉬워진다. 카르텔 구성 기업들이 제품차별화가 없는 동질적인 상품을 생산하면 하나의 카르텔 가격으로 합의하기가 그만큼 쉬워진다. 상품차별성을 고려할 필요가 없기 때문이다.

이런 조건이 갖추어진 시장은 카르텔이 만들어지기 쉬운 만큼 유지시키는 것도 비교적 용이하다고 볼 수 있다. 우리나라에는 이런 조건을 충족시키는 시장이 비교적 많은 편이다.

Ⅱ. 공정거래법상의 담합방지규정

1. 사업자의 담합행위

사업자는 둘 이상이 공동으로 경쟁을 제한하는 어떠한 행위도 해서는 안 된다. 이런 행위가 담합인데, 공정거래법은 제19조에서 이런 행위를 부당공동행위로 규정하면서 어떤 행위가 여기에 해당하는지 매우 구체적으로 열거하고 있다. 가격에 직접 영향을 미치는 공동행위뿐만 아니라 가격 이외 영역에서의 공동행위까지도 열거하고 있다. 가격 이외 영역에서의 공동행위도 궁극적으로는 가격에 영향을 미칠 수 있기 때문이다. 따라서 사업자들이 직접은 물론 간접적으로도 가격에 영향을 미칠 수 있는 행위를 공동으로 수행하는 것은 부당공동행위에 해당한다.

가격에 영향을 미친다는 것은 가격을 올리는 행위이거나 내려가는 것을 방해하는 행위를 의미한다. 이런 행위들은 경쟁을 제한하는 행위에 해당한다. 이런 효과가 나타날 수 있는 행위를 사업자들이 공동으로 수행하는 것은 모두가 부당공동행위에 해당한다고 볼 수 있다.

사업자들의 경쟁은 가격경쟁과 비가격경쟁으로 구분할 수 있다. 가격경쟁을 제한하는 공동행위는 당연히 부당공동행위에 해당되며, 비가격경쟁을 제한하는 공동행위도 부당공동행위가 된다. 비가격경쟁을 제한하는 공동행위는 주로 서비스나 품질에 영향을 미치는 공동행위이다. 가격은 변하지 않더라도 서비스나 품질이 나빠지면 이것도 결국은 가격이 높아진 것이나 마찬가지 효과이기 때문이다.

요약하면, 사업자들이 공동으로 수행한 행위가 소비자후생을 떨어뜨리는 효과가 분명하면 이런 행위는 부당공동행위로 규정할 수 있다. 부당공동행위는 시장을 독점화시키는 행위이기 때문에 부당공동행위의 효과는 독점화의 효과와 마찬가지이다. 따라서 이런 행위는 독점력 행사를 금지하는 것과 같은 논리에서 금지하는 것이 당연하다.

이론적으로 담합이 나쁘다는 것은 분명하다. 그러나 현실적으로 복수의 기업 사이에 실제로 담합이 있었는지를 찾아 내고 이를 입증하는 것은 간단하지 않다. 따라서 공정위에서 실제로 적발하여 처벌하는 부당공동행위는 실제로 행해진 공동행위의 극히 일부에 지나지 않을 것이다.

2. 사업자단체의 담합행위

동 업종의 사업자들은 사업자단체를 만들고 있다. 대부분의 업종에서 사업자들은 무슨무슨 협회 등의 명칭으로 사업자단체를 만들어 협조체제를 구축하고 있다. 사업자단체가 결정하는 사항은 회원사업자들에게 구속력이 있다. 따라서 사업자단체가 결정해서 회원사업자들로 하여금 시행하도록 하는 사항은 회원사업자들 간의 공동행위와 마찬가지 효과를 가진다. 결정사항을 회원사들이 공동으로 수행하기 때문이다.

회원들의 공동이익을 추구하기 위해 사업자단체가 주도하는 단체행동이 때로는 부당한 공동행위로 나타날 수도 있다. 따라서 공정거래법은 제26조 제1항 제1호에서 사업자단체는 법 제19조 제1항 각 호의 부당공동행위에 해당하는 행위를 하지 못하도록 규정하고 있다. 이것은 사업자단체를 통해 이루어지는 담합행위를 금지하기 위한 것이다.

동 업종의 사업자들이 사업자단체를 만드는 것은 그 자체가 담합을 매우 용이하게 할 수 있다. 사업자단체의 행위 그 자체가 공동행위이기 때문이다. 따라서 공정거래법은 사업자단체의 행위 중 경쟁을 제한하는 부당한 공동행위를 별도로 정하여 이를 금지시키고 있는 것이다. 즉, 사업자단체는 사업자의 부당공동행위에 해당하는 행위를 할 수 없다.

그런데 한국과 같은 연고주의 사회에서는 사업자단체가 경쟁을 제한시킬 우려가 매우 높다. 사업자단체는 일종의 친목단체인데, 경쟁사업자들이 이 단체를 통해 서로 소통하고 교류하면 궁극적으로는 서로의 이익을 증대시키는 방향으로 가기 마련이다. 공동의 이익을 증가시킬 수 있는 가장 강력한 수단은 경쟁억제이다. 따라서 사업자단체는 담합의 유혹에 빠지기 쉽다. 때로는 사업자단체가 담합을 주도하기도 한다. 이런 이유 때문에 사업자단체에 대해서는 별도의 법규정을 두고 있는 것이다. 사업자단체의 결성 자체를 금지시키지 못하는 한 사업자단체를 통한 부당공동행위는 정책당국이 항상 주시해야 할 사항이다.

3. 담합방지규정의 변천 과정

1) 부당공동행위 제한규정의 변천 과정

1980년 공정거래법이 처음 제정될 당시에는 담합규제가 법 제11조에 규정되어 있었으며 공동행위의 등록제가 실시되었다. 법 제11조는 등록해야 할 공동행위 여섯 종류를 나열하고, 정부는 등록받은 여섯 종류의 공동행위를 심사한 후 부당공동행위에 해당된다고 판단하면 이의 등록을 거부하거나 내용을 변경하여 등록할 수 있게 하였다. 말하자면, 공동행위의 등록허가제가 실시되었다. 이것은 정부가 허가하면 담합행위도 얼마든지 가능하다는 것을 의미한다.

그러나 현재의 담합금지규정은 매우 엄격하다. 과거 법 제11조의 규정은 1992년 공정거래법이 개정되면서 법 제19조로 옮겨 갔으며, 등록제는 폐지되고 금지제가 도입되었다. 법 제19조 제1항에 나열된 부당한 공동행위는 금지하는 것으로 하였다. 그런 행위를 하는 것 자체가 위법이다. 그리고 부당한 공동행위의 범위도 훨씬 넓어졌다. 따라서 가격이나 거래조건에 직·간접적으로 영향을 미칠 수 있는 공동행위는 거의 모두 금지된다고 볼 수 있다.

담합행위는 은밀하게 이루어지기 때문에 증거를 포착하기가 매우 어렵다. 따라서 공정거래법 제19조 제5항에는 추정규정을 두고 있다. 명시적인 증거가 없더라도 정황 증거상 담합행위로 볼 수밖에 없을 경우에도 이를 부당한 공동행위로 추정할 수 있다고 하였다. 담합 없이는 그런 결과가 나타날 수 없다고 판단되면 그런 행위도 부당한 공동행위로 볼 수 있다는 규정이다. 담합행위는 반독점정책의 핵심 사항인 만큼 이처럼 금지규정이 폭넓게 확대되었다.

2) 사업자단체에 의한 부당공동행위 규정의 변천 과정

사업자단체는 주로 동종의 사업자들이 협회 등의 이름으로 공동의 이익을 추구하기 위해 만든 단체이다. 이런 단체는 구성원들을 위해 공동행위를 주도할 가능성이 높기 때문에 공정거래법은 별도의 규정으로 사업자단체에 의한 부당공동행위를 금지시키고 있다.

1980년의 공정거래법은 제18조 제1항 제1호에서 사업자단체에 의한 부당한 공동행위를 금지하고 있었다. 당시에는 법 제11조 제1항에서 등록대상인 공동행위를 나열하고 있었는데, 법 제18조 제1항 제1호는 사업자단체도 경쟁을 실질적으로 제한하는 이런 행위를 해서는 안 된다고 규정하고 있었다. 말하자면, 사업자단체는 등록대상이 되는 공동행위 중 일정한 거래분야에서 경쟁을 실질적으로 제한하는 행위는 할 수 없다. 이런 행위들은 사업자단체가 단독으로 행해도 이것은 부당공동행위에 해당된다. 그 이유는 사업자단체 자체가 여러 사업자들로 구성되어 있기 때문이다.

1999년에 개정된 공정거래법부터는 사업자단체에 의한 부당공동행위의 금지가 법 제26조 제1항 제1호로 옮겨 갔다. 법의 구성과 논리는 1980년의 규정과 마찬가지이다. 둘 이상 사업자들이 공동으로 행한 부당공동행위에 해당하는 행위들을 사업자단체가 단독으로 행해도 이것은 부당공동행위에 해당된다. 사업자단체는 구성원의 공동이익을 위해 활동할지라도 시장경쟁을 제한하는 행위를 해서는 안 된다는 의미이다.

4. 담합위반사건의 처리 현황

공정위의 부당공동행위 관련 처리사건은 1,394건으로 1981~2009년 기간 총처리사건 18,046건 중 7.7%를 차지하고 있다(공정거래위원회, 『통계연보』). 불공정거래행위(71.8%), 사업자단체 금지행위(11.0%)에 이어 세 번째로 많은 법위반 유형이다. 이 중 경고 이상의 시정조치를 받은 사건은 727건이다.

표 3-1 부당공동행위 사건(경고 이상)의 위반 유형별 분포(1981~2009년)

위반 유형	위반 건수(%)
가격의 공동결정 유지	538(74.3)
판매조건 제한	25(3.4)
생산출고 제한	17(2.3)
거래지역 상대방 제한	56(7.7)
종류 규격 제한	4(0.6)
공동회사 설립	26(3.6)
사업활동 제한	40(5.5)
입찰담합	21(2.9)
합계	727(100)

자료: 공정거래위원회, 『통계연보』, 2010.

시정조치를 받은 727건을 위반 유형별로 정리해 보면 〈표 3-1〉과 같다. 법 제19조 제1항 위반인 가격의 공동결정 유지사건이 538건(74%)으로 가장 많다. 그 다음은 거래지역 상대방 제한(7.7%), 사업활동 제한(5.5%) 등의 순이다. 부당공동행위 중 가격의 공동결정 유지가 가장 높았다는 것은 가격담합이 가장 많았다는 것을 의미한다. 기업들은 역시 가격담합에 가장 관심이 많았다. 가격경쟁이 기업들을 가장 괴롭히는 일이라는 것을 알 수 있다.

시정조치 유형별 분포를 살펴보면 〈표 3-2〉와 같다. 시정조치를 받은 727건 중 시정명령을 받은 사건이 428건으로 가장 많고, 이 중 225건은 과징금도 부과받았다. 고발당한 건수는 43건으로 비교적 적은데, 전속고발권을 가진 공정위가 담합사건의 고발에 매우 소극적이었다는 것을 알 수 있다.

법 제26조 사업자단체 금지행위의 위반사건은 2,016건으로 1981~2008년 기간 총위반사건의 11%이며, 71.8%인 불공정거래행위 위반사건에 이어 두 번째로 많은 공정거래법 위반 유형이다. 이 중 1,475건이 시정조치를 받았고, 1,475건 중 882(59.8%)건이 사업자단체가 행한 경쟁제한적인 부당공동행

표 3-2 부당공동행위의 조치 유형별 분포(1981~2009년)

조치 유형	조치 건수(%)
경고	208(28.6)
시정권고	48(6.6)
시정명령	428(58.9), 225건은 과징금 병과
고발	43(5.9), 29건은 과징금 병과
합계	727

자료: 공정거래위원회, 『통계연보』, 2010.

위로 처벌을 받았다. 사업자들이 직접 행한 부당공동행위로 처벌받은 727건보다 오히려 더 많은 수치이다. 이처럼 사업자단체는 단체의 구성원들로 하여금 공동으로 경쟁제한적인 행위를 하도록 주도한다고 볼 수 있다.

Ⅲ. 담합의 한국적 특성

1. 연고주의 문화와 담합의 관행화

한국의 기업문화에서는 담합이 비교적 용이하다고 볼 수 있다. 그 이유는 첫째 사업자들이 담합의 위해성과 불법성에 대한 이해가 부족하고, 둘째 경쟁기업 간에 이해관계를 조정할 수 있는 연결고리가 쉽게 만들어질 수 있기 때문이다.

한국 사람들의 전통과 문화 속에는 경쟁은 싸움이며 싸움은 나쁘다는 인식이 뿌리 깊게 자리잡고 있다. 시장에서도 마찬가지이다. 시장에서 기업

간에 경쟁하는 것도 싸움이라는 인식이 있다. 따라서 사업자들이 치열하게 경쟁하는 것을 좋지 않은 시각으로 보는 경향이 있다. 오히려 경쟁사업자 간에 오순도순 사이좋게 지내는 것이 미덕인 것처럼 생각하기도 한다.

경쟁사업자가 서로 이해관계를 적절히 조정하면서 사이좋게 지내는 것은 바로 담합이다. 이런 담합은 부당공동행위이다. 따라서 처벌대상이 될 수 있다. 그런데 소비자들조차도 사업자들이 서로 사이좋게 지내는 것이 미덕인 것처럼 착각할 때가 있다. 소비자들이 이럴진대 사업자들 입장에서는 매우 당연한 것이 아닐 수 없다. 서로가 사이좋게 시장을 조정해 나가는 것이 그들은 공정한 거래라고 생각한다. 따라서 많은 사업자들이 공정위의 조사에서 부당공동행위 혐의를 받았을 때 억울해 한다. 서로 이해관계를 조정해 나가면서 시장을 잘 유지시키고 있는데 왜 처벌대상이 되느냐는 것이다. 우리나라의 사업자들은 이처럼 담합에 대한 이해가 매우 부족한 실정이다.

경쟁에 대한 이해 부족은 정치에 대한 인식에서도 나타난다. 여당과 야당은 서로 경쟁자이다. 정치소비자인 국민에게 서로 잘 보이기 위해 경쟁한다. 따라서 여당과 야당이 싸우는 것은 당연하다. 그 싸움은 국민들에게 잘 보이기 위한 것이다. 여당과 야당이 싸우지 않으면 야당이 어떻게 여당을 견제할 수 있겠는가? 따라서 여당과 야당은 반드시 싸워야 한다. 그것이 바로 경쟁이다. 국민들은 여기에 대해 오해가 없어야 한다.

문제는 싸움이 경쟁의 룰을 벗어나는 데 있다. 예컨대, 국회에 폭력이 난무한다거나 겉으로는 싸우는 척하면서 막후에서는 희희낙락 서로 이권을 챙겨 가는 그런 행태가 문제이다. 여당과 야당이 담합하면 국민에게 오히려 큰 피해가 될 수 있다.

국회에서 여당과 야당이 국민에게 잘 보이기 위해 치열하게 싸우듯이 사업자들도 소비자에게 잘 보이기 위해 치열하게 싸워야 한다. 가격도 낮추어야 하고, 품질과 서비스도 높여야 한다. 이것이 바로 경쟁이다. 룰을 지키는 범위 내에서는 치열하게 싸워야 한다. 이를 막는 것은 경쟁제한이다.

사업자들이 싸우지 말고 적당히 잘 지내자고 서로 타협하는 것은 담합이고 부당공동행위이다. 우리나라는 사업자는 물론 소비자조차도 여기에 대한 이해가 부족해 거의 모든 업종에서 담합이 관행화되어 있는 실정이다.

거기다가 우리나라는 경쟁사업자를 연결시키는 고리도 많다. 우리나라는 학연, 지연, 혈연 등이 매우 중요시되는 전통적인 연고사회이기 때문이다. 경쟁사업자 간에는 동향인 사람도 있고 학교 동창관계인 사람도 있다. 그리고 친인척인 사람도 있다. 이들은 쉽게 만나서 쉽게 협조하는 체제로 이행할 수 있다. 고향 선 · 후배나 학교 선 · 후배만큼 동질의식을 느끼면서 서로 돕는 관계로 이행되기 쉬운 연결고리는 없다.

시장에서 치열하게 경쟁해야 할 입장에 있는 경쟁회사 간부들이 이런 관계로 서로 연결되어 있다면 두 회사가 담합으로 이어지기는 매우 쉽다. 이들이 서로 우호적인 협조체제를 구축하면 서로에게 혜택이 되기 때문이다. 따라서 이들은 서로 힘을 합쳐 부당공동행위로 갈 가능성이 매우 높다.

2. 시장구조의 과점화와 협조적 시장조정

한국에는 과점시장이 많다. 경제규모가 크면 각 산업에 많은 기업이 존재하고 경쟁이 많이 이루어진다. 미국과 같이 큰 나라는 이런 경우에 해당한다. 그러나 한국경제는 경제규모로 볼 때 각 산업에 많은 기업이 존재하기 어렵다. 특히, 기술발달과 더불어 대규모 기업일수록 규모의 경제를 누릴 수 있기 때문에 각 산업은 소수의 대규모 기업들이 국내수요를 거의 다 충족시켜 줄 수 있다. 이런 산업은 소수의 기업이 시장을 지배하는 과점시장이 될 수밖에 없으며 우리나라는 이런 산업이 많다.

과점시장은 경쟁의 여지도 많고 담합의 여지도 많다. 기업들이 도전적인 전략을 구사하면 서로 치열하게 경쟁할 수 있고, 협조적인 전략을 구사하면 담합으로 흘러갈 수 있다. 기업수가 적고 주도기업이 부상되는 과점시

표 3-3 주요 독과점시장 현황(2008년)

(단위: %, 억 원)

산업	시장집중도(CR_3, %)
정유	81.8
승용차	90.5
담배	99.7
라면	83.6
맥주	100.0
커피	83.7
설탕	100.0
판유리	99.7
화약	97.8
조미료	99.3
46개 독과점산업 평균	92.9
광업 · 제조업 전체 평균	45.5

자료: 공정거래위원회 보도자료, 2010. 12. 22.

장은 비경쟁적으로 갈 가능성이 높다. 주도기업이 타 기업들을 포용하면서 시장을 적절히 조정해 나갈 수 있기 때문이다. 그리고 기업수가 적으면 이해관계의 조정도 그만큼 쉬워지기 때문이다. 반면에 기업수가 많고 각자 비슷한 규모이면 서로 주도기업으로 부상하기 위해 경쟁할 가능성이 많다. 기업수가 많으면 이해관계의 조정도 그만큼 어려워지고, 규모가 비슷하면 서로 싸울 상대가 될 수 있기 때문이다. 이런 과점은 경쟁으로 갈 여지가 많다.

우리나라에는 기업수가 적으면서 주도기업이 존재하는 과점시장이 많다. 〈표 3-3〉에 의하면 중요 품목들에서 시장집중이 매우 높다. 시장집중이 높은 46개 품목의 CR_3는 92.9%에 이른다. 또 〈표 2-5〉에서 이미 살펴본 것처럼 제1위 기업의 점유율이 50% 이상인 시장도 매우 많은 편이다. 이런 과점에서는 경쟁보다는 비경쟁적으로 시장이 조정될 가능성이 높다.

Ⅳ. 주요 심결사건과 담합방지의 실효성 증대 방안

1. 부당공동행위의 주요 심결사건

1) 군납유류 구매입찰에 참가한 5개 정유사의 부당공동행위 (사건번호: 2000공동1086~1088)

SK(주), GS칼텍스, S-Oil, 현대정유, 인천정유 등 5개 정유사는 1998년, 1999년, 2000년도의 군납유류 입찰에서 서로 담합한 혐의로 공정위로부터 1,900여억 원의 과징금을 부과받았다. 공정위의 조사에 협조하지 않은 SK, 현대정유, 인천정유는 검찰에 고발되는 조치까지 받았다. 이 사건은 우리나라의 대표적 담합사건 중 하나이다.

정유 5개사는 군납유류 구매입찰에 참가하면서 관련 임원들이 수 차례에 걸쳐 사전 모임을 갖고 전체 입찰유종에 대해 유종별 낙찰예정 업체, 낙찰예정 업체의 투찰가, 들러리 업체와 들러리 가격, 투찰물량 등을 합의하여 응찰하였다. 공정위는 이런 행위에 대해 공정거래법 제19조 제1항 제1호 위반으로 시정명령, 과징금 부과, 고발 등의 조치를 취하였다.

이 사건은 명시적 담합이고 경성담합이다. 그리고 3개년에 걸쳐 연속적으로 행해진 담합이었다. 따라서 엄한 처벌이 불가피한 담합이었다. 공정위는 3개사에는 각기 475억여 원, 2개사에는 각기 238억여 원의 과징금을 부과하였다.

2) LPG 공급회사의 부당공동행위(사건번호: 2009카조2593)

E1과 SK가스는 LPG를 수입하여 국내에 판매하는 LPG 수입업체이다. 그리고 정유사들은 원유의 정제 과정에서 일정 비율로 생산되는 부산물인

표 3-4 LPG업계의 기업별 시장점유율(2003~2008년)

(단위: 천 톤, %)

회사	2003	2004	2005	2006	2007	2008
E1	17.5	17.9	18.1	19.9	20.9	22.9
SK가스	25.8	26.2	27.2	27.6	27.9	28.7
SK에너지	20.8	20.1	19.8	18.8	18.5	18.3
GS칼텍스	18.5	18.1	17.4	17.3	18.4	17.3
현대오일뱅크	7.7	7.2	7.0	6.5	6.0	5.1
S-Oil	10.2	10.6	10.5	9.9	8.3	7.6
총판매량	6,896	6,922	7,141	7,313	7,652	8,098

자료: 공정거래위원회, 『심결집』.

LPG를 국내시장에 판매하고 있다. 따라서 국내의 정유 4사와 수입 2사가 LPG의 공급업체인데, 이들은 2003년부터 2008년까지 6개년에 걸쳐 LPG의 충전소 공급가격을 담합한 혐의로 무려 6,690억여 원의 과징금을 부과받았다.

LPG업계의 시장구조는 〈표 3-4〉와 같다. 1위 업체는 SK가스이고, 2위 업체는 E1이다. 수입 2사가 LPG시장의 1, 2위 업체이고, 정유사들은 원유정제의 부산물인 LPG를 공급하는 업체로서 그 다음 순위들을 차지하고 있다. 이 회사들은 담합혐의로 조사를 받았는데, 조사 과정에서 2개 회사가 자진 신고하였다. 공정위는 이들을 공정거래법 제19조 제1항 제1호의 부당공동행위 혐의로 거액의 과징금을 부과하였다. 이 담합은 6년이라는 장기간에 걸쳐 이루어져 왔다. 따라서 과징금은 클 수밖에 없었다.

이 담합에서 SK가스와 SK에너지는 SK그룹의 계열사로서 실제로는 하나의 회사나 마찬가지이다. 공급가격도 완벽하게 일치하고 있다. 동일 그룹의 2개 이상 계열사가 동일 업종에서 영업할 때는 이들이 하나의 최고경영층하에서 운영되는 기업이기 때문에 이들 사이에는 상시적으로 담합이 이루어진다고 볼 수밖에 없다. 공정위는 아직까지 이런 경우에 대해 어떤 지침이나 입장을 밝히지 않고 있다.

현대자동차와 기아자동차도 동일 업종의 2개 회사가 동일 그룹 내에서 영업하는 경우이다. 두 회사는 사실상 하나의 최고경영층하에서 영업하는 회사이다. 따라서 두 회사는 얼마든지 협조할 수 있는 채널을 가지고 있으며 담합 가능성은 항상 열려 있다. 공정위는 이 경우에 대한 지침과 입장을 정해야 할 것이다. 동일 업종의 2개 이상 회사가 단일경영층의 지배를 받을 때 이들 사이의 담합 문제를 어떻게 처리할 것인지는 한국과 같은 재벌 중심 경제에서는 매우 중요한 이슈가 아닐 수 없다.

2. 사업자단체의 주요 심결사건

한국여신전문금융업협회는 1999년 말 기준 49개 회원사를 가진 사업자단체인데, 협회는 정회원인 7개 카드사와 함께 공정거래법 제26조 제1항과 법 제19조 제1항 제8호(기타 다른 사업자의 사업활동 또는 사업내용을 방해하거나 제한함으로써 일정한 거래분야에서 경쟁을 실질적으로 제한하는 행위(2001년 당시 규정))의 위반으로 1억 6,600만 원의 과징금을 부과받았다(사건번호: 2001독점0273).

2000년도의 카드시장 현황은 〈표 3-5〉와 같다. 정부는 카드이용자가 여러 개의 카드를 소지해야 하는 불편을 해소하고 카드 남발을 방지하기 위해 1개의 신용카드로 모든 카드가맹점에서 사용이 가능할 수 있도록 1999년 9월 6일 신용카드 가맹점 공동이용제를 실시하였다. 이에 외환신용카드(주)의 제휴은행인 (주)신한은행이 협회에 가맹점 공동이용망에 참가하기를 요청하였다.

그런데 협회는 과도한 기입비(247억 원)를 요구함으로써 사실상 (주)신한은행의 가맹점 공동이용망 이용을 거부하였다. (주)신한은행은 외환신용카드(주)와의 제휴관계 유지를 통한 사업만 가능하고 독자적인 카드사업은 할 수 없게 되었다. 가맹점도 모집할 수 없고, 고객의 카드사용처도 제한되

표 3-5 2000년 9월 기준 카드시장 현황

회사	점유율(%)	회원 및 제휴은행
비씨카드(주)	35.0	기업, 주택, 농협, 조흥, 한빛, 제일, 서울, 대구, 부산, 하나, 한미, 경남
국민카드(주)	16.7	한미, 농협, 수협, 평화, 씨티
외환카드(주)	5.8	조흥, 주택, 하나, 신한, 제주, 광주, 전북
LG캐피탈(주)	18.8	–
삼성카드(주)	17.0	–
동양카드(주)	0.6	–
(주)다이너스클럽	0.9	–
기타	5.2	–

자료: 공정거래위원회, 『의결집』.

었다. 결국 협회의 (주)신한은행에 대한 가맹점 공동이용망 이용거부행위는 (주)신한은행으로 하여금 가맹점과 고객에 대해 각종 서비스 및 수수료 경쟁을 할 수 없도록 제한한 행위로서 카드시장에서의 경쟁을 실질적으로 제한한 행위가 되었다.

이 행위는 협회라는 사업자단체와 회원이 담합한 공동행위이다. 이 행위로 인해 협회는 1억 6,600만 원, 각 카드사는 5억 원씩의 과징금을 부과받았다.

3. 시장질서에 대한 기업의 올바른 이해

담합은 사업자들을 항상 유혹하는 영업전략이다. 동종 사업자들은 가격경쟁에 빠지면 어느 기업도 이윤을 높일 수 없다. 가능하면 가격경쟁은 피하고 싶어한다. 경쟁을 해도 광고나 서비스 등 비가격경쟁에 한정하려는 경향이 있다. 이처럼 동종 사업자들은 가격경쟁을 자제하려는 기본 속성이 있다. 따라서 언제든지 담합의 유혹에 빠질 수 있다.

기업들을 이런 담합의 유혹에서 구제하는 길은 두 가지 접근이 가능하다. 하나는 담합에 대한 처벌을 매우 엄하게 하는 방법이다. 회사가 거의 문을 닫아야 할 정도로 엄벌을 받는다면 기업들은 담합에 참여하는 것을 주저할 것이다.

두 번째 접근법은 기업들을 교육시켜 시장질서와 시장경쟁에 대해 올바른 시각을 갖도록 하는 것이다. 특히, 우리나라의 기업들은 담합에 대한 이해가 매우 부족한 실정이다. 담합은 얼마나 나쁜 행위이며 결국 발각될 수밖에 없는 영업행위라는 것을 인식하도록 하는 것이 중요하다. 우리나라의 기업들은 담합이 소비자와 국가경제에 얼마나 많은 폐해를 끼치는지에 대한 이해가 매우 부족한 실정이다. 따라서 담합에 대한 죄의식이 없다. 심지어는 경쟁기업끼리 오순도순 사이좋게 지내는 것이 올바른 시장질서라고 오해하는 경향까지 있다. 중소기업들에게는 이런 경향이 더 심하다. 따라서 정책당국은 기업들이 시장질서와 시장경쟁에 대해 올바른 이해를 갖도록 홍보하고 교육하는 것이 필요하다.

소비자들도 담합에 대한 이해가 매우 부족한 실정이다. 담합을 하면 소수의 기업은 엄청난 규모의 이익을 보지만 불특정 다수의 개별 소비자는 그 피해 정도를 인식하지 못한다. 따라서 소비자들은 사업자의 담합에 무감각하기 쉽다. 개별 소비자에게는 그 피해가 크지 않을지라도 수많은 소비자의 피해를 모두 합치면 그 피해규모는 엄청나게 클 수 있다. 그리고 담합의 지속기간이 길면 개별 소비자들도 큰 피해를 볼 수 있다. 그러므로 소비자들도 기업의 담합에 대해서는 인식을 달리해야 한다. 담합행위는 매우 중대한 경제범죄이다.

사업자단체에 대해서는 소비자와 기업들이 더 무지한 실정이다. 엄격하게는 사업자단체의 구성 자체가 담합행위일 수 있다. 사업자단체는 구성사업자의 공동이익을 추구하기 위해 만들어지고 구성사업자의 회비로 운영된다. 따라서 사업자단체는 부지불식 간에 경쟁제한적인 행위를 한다. 사업자단체는 회원들이 싸우는 것보다 사이좋게 지내는 것을 원하고 경우에 따라서는 이들 간의 싸움을 조정하는 역할도 한다. 이런 과정에서 사업자단체는 사업자들 간의 경쟁을 제한시키는 행위를 하기 쉽다.

이처럼 사업자단체는 부당공동행위를 주도할 수 있는 운명을 태생적으로 안고 있다. 그리고 이런 행위가 국가경제와 소비자에게 피해를 주고, 법위반이 된다는 사실에 대해서도 무지한 경우가 많다. 사업자단체의 이런 원초적 문제는 교육이나 홍보를 통해 해결할 수밖에 없다.

사업자단체의 구성 자체를 아예 금지시키지 않는 한 사업자단체에 의한 부당공동행위를 원천적으로 해결할 길은 없다. 사업자단체의 행위를 엄격하게 규율하는 수밖에 없다. 사업자단체별로 약관의 내용을 엄격히 통제해서 그 업무범위를 경쟁제한성이 없는 행위에만 국한해야 한다. 그리고 담합 가능성이 높고 규모가 큰 산업의 사업자단체는 상시적으로 감시할 수 있는 체제를 도입해야 한다. 그리고 사업자단체에 의한 경쟁제한행위는 구성사업자와 연대책임을 묻는 제도도 갖추어 나가야 한다.

4. 조사권 강화와 담합추정제도의 활성화

담합은 불법이기 때문에 은밀하게 이루어진다. 따라서 부당공동행위를 찾아 내는 것이 쉽지 않다. 이 점이 정책당국의 큰 고민이다. 담합에 대한 심증은 있지만 물증이 없으면 처벌이 어렵다. 그런데 물증을 찾는 것은 결코 쉬운 일이 아니다. 행위 자체가 비밀리에 이루어지고, 공정위는 강제조사권이 없기 때문이다.

효율적인 조사를 위해서는 공정위의 조사권을 한층 강화시켜야 한다. 그러나 이것은 기업들의 저항이 만만치 않다. 그렇다고 현재의 조사방식을 그대로 두는 것도 옳지 않다. 조사권을 어느 정도는 강화시켜야만 담합사건의 조사가 실효성을 거둘 수 있다.

조사방해행위에 대해서도 처벌을 강화할 필요가 있다. 조사방해행위는 주로 과태료로 처리되는데 그 금액은 매우 적다. 기업 입장에서는 공정위 조사를 방해하여 증거 불충분으로 무혐의 처리를 받으면, 비록 조사방해행위에 대해 과태료를 물더라도 담합에 대한 대규모 과징금은 피할 수 있기 때문에 조사방해가 훨씬 더 유리한 전략일 수 있다. 실제로 기업들은 직원들의 조사방해를 방치하거나 은근히 부추기기도 한다. 공정위는 강제조사권도 없는 상황에서 노골적으로 조사방해까지 받으면 담합행위는 처벌하기가 매우 어려워진다. 따라서 조사방해행위에 대해서는 형사처벌까지도 가능하게 해야 한다.

조사권이 강화된다고 담합행위를 쉽게 찾아 내는 것은 아니다. 담합사건을 인지하는 것 자체가 쉽지 않기 때문이다. 따라서 공정위는 장기적이고 일관성 있는 접근으로 담합을 근절시킬 정책을 찾아야 한다. 그런 방법 중 하나는 담합의 심증이 가는 시장과 사업자를 꾸준히 모니터링하는 것이다. 그 품목의 가격변화와 생산비변화, 국제가격 동향 등을 지속적으로 추적하면서 담합 가능성을 항상 주시할 필요가 있다.

그런 과정에서 담합 혐의가 드러나면 강도 높은 조사를 실시해야 한다. 조사로서 증거를 찾지 못하면 추정 조항을 적용하여 담합을 입증하는 것도 한 방법일 수 있다. 사업자들이 조사와 추정으로 압박을 받으면 감면제도(leniency program)를 활용하기 위해 신고자가 나올 수 있다. 이런 과정을 거치면 담합조사는 한결 효율적으로 이루어질 수 있다.

담합은 증거를 찾기 어렵기 때문에 합의하였다는 것을 추정할 수 있도록 하는 규정까지 두고 있다. 객관적인 정황으로 볼 때 담합한 것이 거의 확실하지만 합의한 물증이 없어 처벌하지 못한다면 담합은 만연될 수 있다. 따라서 추정 조항도 적극적으로 활용될 수 있도록 해야 한다.

그 동안 추정 조항은 매우 엄격하게 사용되어 왔다. 그러나 객관적인 정황으로 담합의 개연성이 매우 높다면 추정 조항도 과감하게 적용할 필요가 있다. 물증에만 의존한다면 담합은 처벌하기가 매우 어렵다. 그리고 비밀리에 담합하는 경향도 늘어날 것이다. 만약 추정 조항의 적용이 활성화된다면 기업들은 담합에 매우 조심스러워할 것이 틀림없다.

전속고발권을 적극 활용하는 것도 담합을 근절시킬 수 있는 한 방법일 수 있다. 증거포착이 어려운 담합 혐의에 대해서는 검찰에 수사를 의뢰하여 담합의 증거를 찾아 내도록 할 필요가 있다. 이는 전속고발권제도를 보완해서 담합사건에 한해서는 공정위 심결 이전에 검찰수사가 이루어질 수 있도록 하는 제도이다.

5. 감면제도의 효율화

담합은 물증확보가 어렵기 때문에 내부고발자를 유도하는 것이 정책의 한 방법이기도 하다. 말하자면, 배신자를 유도하는 것이다. 이를 위해서는 배신자에게 인센티브를 주어야 한다. 이것이 소위 말하는 자진신고자의 감면제도(leniency program)이다. 공정위가 혐의 입증에 어려움이 있을 때 담합 참여자가 확실한 증거를 가지고 자수하면 이 자수자에게는 처벌을 획기적으로 감면해 주는 제도이다.

최근에는 감면혜택이 크기 때문에 자진신고자가 많이 나타나고 큰 규모의 담합사건이 이렇게 해서 처리되는 경우가 많다. 감면제도는 배신자를 유도한다는 측면에서 도덕적으로 껄끄러운 점이 있기는 하지만 담합사건의 입증을 위해서는 불가피한 제도이다. 그리고 매우 유효한 제도이다.

특히, 강제조사권이 없는 상황에서는 감면제도를 많이 활용하는 것이 매우 중요하다. 그리고 감면제도는 담합을 사전에 예방하는 효과도 있고, 이미 만들어진 카르텔을 조기에 붕괴시키는 효과도 있다. 따라서 감면제도는 담합사건 처리에서 매우 유용한 제도이다. 국제경쟁 네트워크의 통계

(2006년 6월)에 의하면 29개국이 이 제도를 시행하고 있다.

우리나라는 1997년에 이 제도를 도입하여 2005년과 2007년에 개정하였다. 2005년부터 2008년 6월까지 적발한 담합사건 중 이 제도를 통해 적발한 사건은 35.4%이고, 부과된 과징금은 65.8%이다. 주로 큰 사건들이 감면제도로 해결되었다는 것을 알 수 있다.

미국에서는 1978년에 처음 이 제도가 시행되었다. 미국에서는 가격담합이 중죄에 해당하기 때문에 매우 강력한 처벌을 받는다. 담합행위 조사에는 FBI가 동원되고 도청까지 허용된다. 그러나 적발이 쉽지 않다. 대부분의 담합은 감면제도를 활용하여 처리되고 있다. 미국에서 1997~2004년 기간에 담합기업체에 부과된 과징금은 총 20억 달러인데, 이 중 90%가 감면제도를 활용하여 처리되었다.

감면제도는 악용될 소지도 있다. 제1위 기업이 담합을 주도하고서도 1순위 자진신고자가 되어 완전한 감면혜택을 받는 경우가 있는데, 이때는 제도의 취지가 크게 훼손될 수 있다. 담합을 주도해 엄청난 이익을 챙긴 후 먼저 자진신고하여 처벌을 면한다면 담합으로 인한 폐해를 교정할 방법이 없다. 물론 이런 기업들이 감면제도로 인해 민사적 책임까지 면제받는 것은 아니기 때문에 공정위 심결 후 민사재판을 통해 소비자들이 보상받는 길은 열려 있지만 오랜 시간과 긴 소송절차를 거쳐 해결된다는 문제점이 있다. 거기다가 소규모 피해자인 불특정 다수의 소비자는 민사소송에 소극적이다. 이 때문에 담합기업이 공정위의 처벌을 피해 가면 다른 방법으로 징벌될 가능성은 매우 낮은 편이다.

거기다가 담합으로 처벌받아야 할 기업들이 자진신고 과정에서도 담합할 가능성이 있다. 자진신고 1순위자는 100% 감면되고, 2순위자는 50% 감면되기 때문에 두 회사가 사후를 기약하면서 적절히 타협하여 1, 2순위자로 자진신고할 가능성도 있다. 이 경우는 감면제도가 담합을 오히려 조장할 위험성도 있다. 이처럼 감면제도는 악용될 여지도 있기 때문에 공정위는 매우 신중하게 사용해야 한다.

2순위제도는 아예 없애버리고 1순위 신고자에게만 혜택을 부여하는 것도 이 제도의 악용을 방지하는 한 방법일 수 있다. 자진신고자는 위법사실을 입증할 만큼 충분한 자료를 제공해야만 자진신고자의 자격을 취득한다. 1순위 신고자가 이런 자격을 취득하면 그 담합의 위법성은 1순위 신고자가 제공한 자료만으로도 충분히 입증될 수 있기 때문에 공정위 입장에서는 사실상 2순위 신고자는 필요하지 않다. 1순위 신고자의 자료만으로도 위법 입증이 충분한데 구태여 2순위를 받아야 할 이유는 없다. 2순위 신고자는 단순히 공정위에 협조하였다는 의미밖에 없다. 미국에서는 1순위 신고자에게만 감면혜택을 부여한다.

그 동안 우리나라의 담합사건 중 과징금이 크면서 감면제도가 활용된 대표적 담합사건은 LPG 담합(사건번호: 2009카조2593, 총과징금: 6,700여억 원), 항공화물운임국제카르텔사건(사건번호: 2009국카3104, 총과징금: 1,200여억 원), 합성수지담합사건(사건번호: 2007제카2869, 2007제카2870, 총과징금: 540여억 원), 엘리베이터담합사건(사건번호: 2008카정1748, 총과징금: 1,400여억 원) 등이다. 이 사건들 중 1순위 신고자들은 모두 대규모의 과징금을 100% 감면받았다.

Chapter 4 불공정거래와 공정거래정책

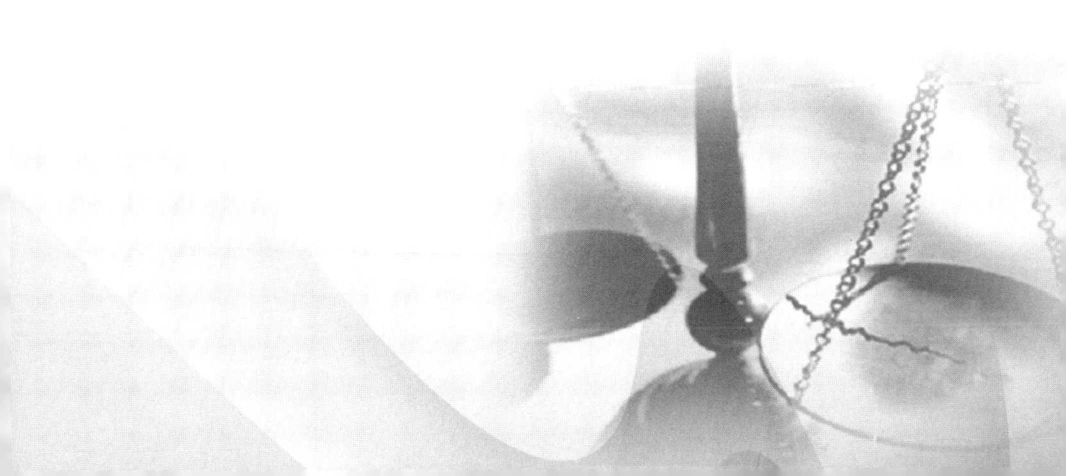

Ⅰ. 불공정거래와 경쟁제한성

1. 수직적 거래관계의 불공정성

시장에서 동업자 간의 관계는 수평적 관계이고 거래당사자 간의 관계는 수직적 관계이다. 예컨대, 빵시장에서 제빵업자 간의 관계는 수평적 관계이고, 제빵업자와 제분업자의 관계, 또는 제빵업자와 소비자의 관계는 수직적 관계이다. 수평적 관계는 경쟁관계이고, 수직적 관계는 대립적 관계이다. 말하자면, 제빵업자 사이에는 서로 더 많은 고객을 확보하려는 경쟁관계가 성립하고, 제빵업자와 소비자 사이에는 서로 자기에게 유리한 거래를 성립시키려는 대립적 관계가 성립한다.

불공정거래는 수직적 거래관계에서 나타나는 현상이다. 수직적 거래관계는 제로섬(zero-sum)적인 이해관계를 가진다. 한쪽에 유리하게 거래가 성립되면 그만큼 다른 쪽은 손해를 볼 수밖에 없기 때문이다. 예컨대, 가격이 높게 정해지면 판매자는 이익을 보는 대신 구매자는 그만큼 손해를 본다. 따라서 판매자와 구매자가 거래를 할 때 어느 한쪽에 일방적으로 유리한 거래가 성립되면 이런 거래는 불공정거래로 간주된다. 가격이 너무 높아도 불공정거래이고, 너무 낮아도 불공정거래이다.

불공정거래가 나타나는 주된 이유는 힘의 불균형이다. 어느 한쪽이 우월적 지위를 확보하고 있으면 힘의 균형은 깨지기 마련이며 그 지위는 남용되기 쉽다. 이런 상황에서 성립되는 거래는 불공정해질 가능성이 매우 높다. 따라서 불공정거래의 가장 큰 원천은 어느 한 쪽의 우월적 지위라고 볼 수 있다.

일반적인 거래관계에서는 판매자의 지위가 구매자보다 우월한 경우가 많다. 판매자(sellers)는 사업자이고 구매자(buyers)는 소비자일 때 더욱 그러하다. 그러나 판매자와 구매자 모두가 사업자일 때는 상황이 반대인 경우도 많다. 부품이나 중간재 시장에서는 판매자와 구매자 모두가 사업자인데, 이 경우에는 구매자가 우월적 지위를 확보하는 경우가 많다. 예컨대, 자동차산업에서 자동차 제조회사는 하청업체인 부품회사들에 비해 우월한 지위를 확보하고 있다. 이 경우는 구매자가 그 지위를 남용하여 부품가격을 과도하게 낮게 책정하기도 한다.

수직적 거래관계에서 힘의 균형을 이루어 공정한 경쟁을 성립시키는 것은 쉽지 않다. 여기에는 여러 가지 요소가 관련되어 있기 때문이다. 상품의 성질, 판매자들 간의 수평적 경쟁구도, 구매자들 간의 수평적 경쟁구도, 거래관행 등등 수많은 요소가 영향을 미친다. 이들 상황이 어떠하냐에 따라 판매자가 유리한 입장에 설 수도 있고, 구매자가 유리한 입장에 설 수도 있다. 그리고 그 입장은 고정되어 있는 것이 아니라 수시로 변화할 수도 있다.

중간재의 불공정거래는 거래당사자의 이해관계에만 영향을 미치는 것이 아니라 그 다음 단계의 소비자후생에도 영향을 미친다. 자동차부품시장에서 구매자가 우월적 지위를 남용하여 부품가격을 낮추고, 이 상황이 자동차가격까지 낮추는 효과를 가져 온다면 최종소비자가 혜택을 누릴 수도 있다. 반대로 부품가격이 높아지면 하청업체들은 혜택을 누리지만 완제품인 자동차가격이 상승하여 최종소비자의 후생은 줄어들 수 있다.

이런 현상은 대형 마트 산업에서도 적나라하게 나타난다. 대형 마트는 대형 구매자이기 때문에 납품가격을 후려쳐 납품업자들의 후생을 낮춘다. 반면에 최종소비자인 마트의 고객들은 싸게 구매할 수 있어 소비자의 후생은 증가한다. 이럴 경우 대형 마트와 납품업자 사이의 불공정한 경쟁을 어떤 시각에서 접근해야 하는지는 쉬운 과제가 아니다. 납품업자의 후생도 증가하고, 최종소비자의 후생도 증가하도록 대형 마트와 납품업자 간에 공정한 거래가 성립하도록 하는 것이 공정거래정책의 목표이다.

판매자가 사업자이고 구매자가 최종소비자일 때는 불공정거래 금지정책의 집행이 비교적 간단하다. 이때는 대부분의 경우 판매자가 우월적 지위를 가진다. 그리고 정책 목표도 소비자후생 증대에 중점을 둔다. 따라서 판매자가 우월적 지위를 행사하거나 불공정한 거래를 주도할 때 주로 불공정거래 문제가 발생하고, 이를 방지하고 개선하려는 데 공정거래정책의 초점이 맞추어지고 있다.

2. 수직적 불공정거래와 수평적 경쟁제한

판매자와 구매자 사이의 수직적 관계에서 불공정거래가 나타나는 이유는, 판매자 간의 수평적 관계에서 경쟁제한요인이 있거나 구매자 간의 수평적 관계에서 경쟁제한요인이 있기 때문이다. 또는 수직적 거래관계에서 우월적 지위에 있는 판매자 또는 구매자가 경쟁을 제한하면서 불공정한 거래를 주도하기 때문이다.

예컨대, 시장점유율이 월등히 높은 판매자는 이미 상당한 크기의 판매독점력(monopoly power)을 확보하고 있기 때문에 일방적으로 유리한 입장에서 구매자와 거래를 성립시킬 수 있다. 이 경우는 가격이 부당하게 높게 책정된다. 마찬가지로 구매자 입장에서도 대량구매자는 상당한 크기의 구매독점력(monopsony power)을 확보하고 있으면서 일방적으로 자기에게 유리한 거래를 성립시킬 수 있다. 이 경우는 가격이 부당하게 낮게 책정된다.

〈그림 4-1〉에서 판매자들은 *X*재를 구매자들에게 판매한다. 그런데 판매자들의 집중률이 매우 높으면 판매경쟁이 제대로 이루어지지 않을 것이기 때문에 *X*재 시장에서는 구매자들에게 불리한 불공정한 거래가 성립될 가능성이 높다.

반대로 구매자들의 집중률이 매우 높으면 구매경쟁이 제대로 이루어지지 않을 것이기 때문에 *X*재 시장에서는 판매자들에게 불리한 불공정한 거

그림 4-1 수직적 거래관계와 수평적 경쟁관계

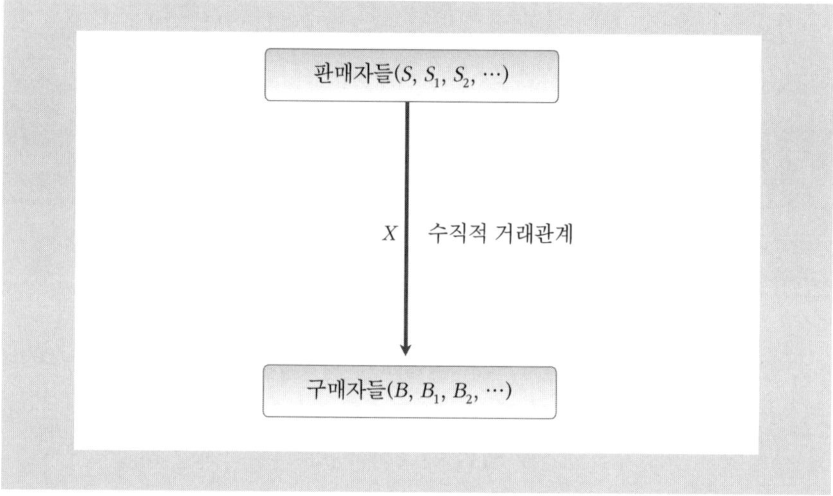

래가 성립될 가능성이 높다.

우월적 지위가 역으로 수평적 경쟁관계에 영향을 미칠 수도 있다. 예컨대, 〈그림 4-1〉에서 판매자들 중 하나인 *S*(seller)가 구매자들 중 하나인 *B*(buyer)에게 *X*재를 판매하는데, *S*가 대재벌의 계열사로서 충분한 자금력을 확보하고 있을 뿐만 아니라 그룹 내 타 계열사로부터 여러 가지 지원까지 받을 수 있다면, *S*는 *X*재 시장에서 경쟁을 제한하면서 시장을 주도할 수 있다. 이렇게 되면 구매자 *B*는 불리한 입장에 놓이면서 불공정거래가 이루어질 수 있다.

이런 현상은 *B*가 우월적 지위를 확보하고 있을 때도 마찬가지이다. 이 경우는 구매자들 사이에 구매경쟁이 이루어지지 않고 *S*가 불리한 입장에 놓이게 된다. 대형 마트가 우월적 지위를 확보하여 마트들 사이에 구매경쟁을 하지 않으면 납품업체들이 피해를 보는 경우는 여기에 해당한다.

〈그림 4-1〉에서 판매자들의 수도 많고 구매자들의 수도 많아 각자 시장 점유율이 낮으면 이론적으로는 공정한 거래가 이루어질 수 있다. 그러나 실제로는 어느 누구도 시장에서 우월한 지위를 가지고 있지 않아야 *S*와 *B* 사이에는 공정한 거래가 이루어질 수 있다. 그런데 현실적으로는 이런 시장상황이 만들어지지 않는다. 따라서 불공정거래와 불완전경쟁은 항상 존재하기 마련이다.

Ⅱ. 공정거래법상의 불공정거래 규정

1. 불공정거래 규정의 변천 과정

1980년 공정거래법 제정 당시에는 법 제15조에 6개의 불공정거래행위를 나열하고 있었다. 6개의 행위는 거래상대방을 차별하는 행위, 경쟁자를 배제하는 행위, 부당한 고객유인행위, 거래상 지위남용행위, 거래상대방의 사업활동을 구속하는 행위, 허위과장광고행위 등이다. 이 당시에는 이런 행위가 곧바로 불법이 되는 것은 아니고, 이런 행위에 해당하는 것 중 공정한 거래를 저해할 우려가 있다고 보아 정부가 불공정거래행위로 지정 고시한 행위만 불법행위에 해당하였다. 따라서 1980년 당시에는 이 규정이 매우 느슨한 규정이었다.

이 조항은 1996년에 대폭 개정되면서 공정거래법 제23조로 옮겨갔다. 그 이후에도 몇 차례의 법개정을 거치면서 이 규정은 보완되어 왔는데, 2009년 현재 불공정거래행위는 법 제23조 제1항에 6개가 나열되어 있고, 나열된 6개 이외에도 공정한 거래를 저해할 우려가 있는 행위를 금지한다는 포괄적인 규정까지 만들어져 있다. 2009년 개정법에 나열된 6개의 불공정행위는 거래를 거절하거나 거래상대방을 차별하는 행위, 경쟁자를 배제하는 행위, 고객을 부당하게 유인하거나 강제하는 행위, 거래상의 지위를 남용하는 행위, 거래상대방의 사업활동을 구속하거나 다른 사업자의 사업활동을 방해하는 행위, 부당지원행위 등이다. 물론 이런 행위들이 부당하게 이루어졌을 때 불법이 된다. 이런 행위가 부당하게 이루어졌다는 것은 공정한 시장경쟁을 제한할 우려가 있는 행위라는 의미이다.

이런 불공정거래행위는 주로 사업자 사이에서 이루어지는 거래에서 많이 나타나는 현상들이다. 사업자와 사업자 사이에서(business to business) 어느 한 쪽의 횡포로 거래상대방이 피해를 보는 행위가 많은데, 그런 행위들을 유형별로 구분해 놓은 것이 법 제23조 제1항의 각 호 규정이라고 볼 수 있다. 이런 행위들은 그 행위의 상방시장(upstream market)이나 하방시장(downstream market)에서 경쟁제한효과가 나타날 가능성이 많다. 따라서 이 규정의 위반 여부는 그 시장뿐만 아니라 전후방시장까지 면밀히 조사하여 판단해야 한다.

2. 불공정거래행위의 이론적 유형[1)]

1) 사업자 간 수직적 거래

제조업부문 상품의 생산 · 공급 과정을 정리하면 〈그림 4-2〉와 같다. 생산원료(raw materials) 소유자는 생산원료를 중간생산물 제조업자에게 판매하고, 중간생산물(intermediate goods) 제조업자는 중간생산물을 최종생산물 제조업자에게 판매한다. 이때 중간생산물은 최종생산물의 생산요소이다. 이때까지의 거래가 이루어지는 시장은 생산요소시장이다.

1) 최정표(2011), 『산업조직 경제학』, 제11장 참조.

그림 4-2 상품의 생산 · 유통 과정

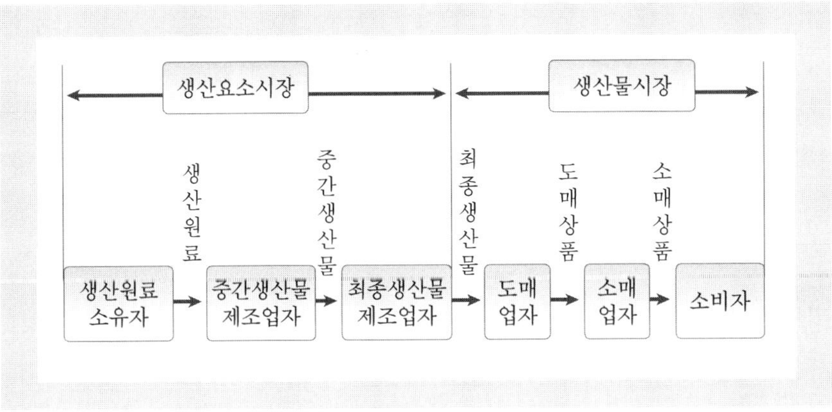

최종생산물(final products) 제조업자는 최종생산물을 도매업자(wholesalers)에게 판매하고, 도매업자는 이 상품을 소매업자(retailers)에게, 소매업자는 소비자(consumers)에게 판매한다. 최종생산물의 거래가 이루어지는 이러한 시장은 생산물시장이다.

이러한 거래 과정에서 대부분의 거래단계는 사업자와 사업자 간의 거래이다. 최종거래단계인 소매업자와 소비자 사이의 거래만이 사업자와 개인의 거래(business to consumers)이고, 나머지 거래는 사업자와 사업자 사이의 수직적 거래이다.

판매자와 구매자들은 시장거래상 수직적으로 연결되어 있기 때문에 이들 사이의 관계를 수직적 관계라 하고, 판매자와 판매자 사이의 관계는 동일 상품을 두고 서로 수평적으로 연결되어 있기 때문에 이들 사이의 관계를 수평적 관계라 한다. 동일 상품의 여러 판매자들은 각자 자기의 판매량을 확대하려는 것이 중요한 사업전략이기 때문에 이들은 서로 경쟁관계에 있기 마련이다. 즉, 판매자들 사이의 수평적 관계는 경쟁적 관계이다.

전통적인 산업조직론의 연구영역은 판매자들 사이의 이러한 수평적 관계가 경쟁을 제한하는 관계인지, 아니면 경쟁을 촉진하는 관계인지를 분석하는 데 모여 있다. 특히, 수평적 관계인 판매자들이 서로 담합하여 경쟁을 자제하려고 하는 행위는 독점행위 또는 반경쟁행위로 취급되어 독점금지정책의 주된 제재대상이 된다.

그러나 판매자들끼리의 수평적 관계뿐만 아니라 판매자와 구매자 사이의 수직적 관계도 시장거래를 비경쟁적으로 유도할 수 있는 요인을 내포하고 있다. 이때의 시장거래는 서로 이해관계를 달리하는 판매자와 구매자 사이의 거래이기 때문에 한쪽에게 유리하도록 거래가 성립되면 다른 한쪽에게는 불리하기 마련이다. 수평적 관계인 판매자들이 담합하는 이유는 판매자들끼리의 경쟁을 제한하여 시장거래를 판매자들에게 유리하게 만들기 위한 것이다. 담합이 없더라도 수직적 관계에서는 판매자가 일방적으로 자기에게 유리한 거래관행이나 거래계약을 구매자에게 강요할 수 있다. 역으로 구매자도 자기에게 유리한 거래계약을 판매자에게 강요할 수 있다. 이와 같이 수직적 거래당사자들 중 어느 한 쪽이 다른 쪽에게 특정 거래유형을 강요하거나, 양쪽이 합의하여 특정 거래유형을 만들어 낼 때 이를 수직적 거래제한(vertical restraints)이라고 한다. 불공정거래행위는 수직적 거래제한으로 나타나는 경우가 대부분이다.

대부분의 상품은 생산업자로부터 유통업자에게 다시 최종소비자에게 판매되는데, 수직적 거래제한은 주로 생산업자와 유통업자 사이에서 이루어지는 것이 일반적이다. 즉, 사업자와 사업자 사이의 거래에서 나타나는 경우가 대부분이다. 그리고 생산업자와 유통업자 사이의 수직적 거래제한은 최종소비자의 구매활동과 후생 수준에 영향을 미친다.

수직적 거래제한의 구체적 형태에는 여러 가지가 있다.[2)] 주로 생산업자

2) 최정표(2009), pp. 250~269 참조.

가 유통업자에게 판매하면서 유통업자의 재판매 과정에 여러 가지 제한을 가하는 형태로 나타난다. 수직적 거래제한행위를 이론적으로 분류해 보면, 먼저 유통업자의 재판매가격에 대해 생산업자가 제한을 가하는 재판매가격유지(resale price maintenance)를 들 수 있고, 그 다음은 가격 이외의 방법으로 유통업자의 영업행위에 생산업자가 제한을 가하는 판매대상 제한(consumers restraints), 배타적 거래(exclusive dealing), 총괄구매계약(requirements contracts), 연계판매(tying and bundling) 등을 들 수 있다.[3] 전자를 수직적 가격제한이라고 하고 후자를 수직적 비가격제한이라고 한다. 전자는 생산자가 유통업자의 가격에 직접 간섭하는 행위이고, 후자는 가격 이외의 영업활동에 개입하는 행위이기 때문이다.

2) 판매대상 제한

생산업자는 자기 상품을 많은 유통업자에게 공급하고 유통업자는 다시 이 상품을 소비자에게 판매한다. 이때 각 유통업자들이 소비자들에게 판매할 수 있는 시장범위를 생산업자가 제한해 버리기도 하는데, 이를 수직적 판매대상 제한(consumers restraint)이라고 한다. 예컨대, *A*라는 생산업자가 *a*, *b*, *c*, …, *n*이라는 유통업자들에게 자기 상품을 공급하면서 *a*의 판매대상, *b*의 판매대상 등을 미리 획정해서 그 상품을 공급할 때 이를 판매대상 제한이라고 한다. 판매대상은 지역적으로 제한될 수도 있고, 소비자 기준으로 제한될 수도 있다. 이렇게 판매대상이 제한되면 *a*는 *b*나 *c* 등에게 할당된 판매대상에게는 판매할 수 없고, *b*도 *a*나 *c* 등에게 할당된 판매대상에게는 판매할 수 없다. 판매지역을 미리 획정해서 상품을 공급할 때 이를 수직적 판매지역 제한이라고 하고, 고객계층을 미리 획정해 상품을 공급할 때 이것을

3) 신광식(1992), 「시장거래의 규제와 경쟁정책」과 이승철(1992), 「불공정거래행위와 경쟁정책」에서는 수직적 거래제한의 형태에 관해 자세한 이론들을 소개하면서 여러 가지 실증분석을 시도하고 있다.

수직적 고객제한이라고 한다.

판매대상 제한이 실시되면 동일회사의 제품들은 같은 판매대상에서는 경쟁할 수 없다. 즉, 동일 브랜드(brand) 내에서의 경쟁은 완전히 배제되기 때문에 각 유통업자들은 그 브랜드에 대해 지역독점력(local monopoly power)을 가지게 된다. 그러나 판매대상 제한이 실시되어도 타 회사 브랜드와의 경쟁은 그대로 이루어진다. 즉, 같은 판매지역이나 고객계층이라도 A회사 제품의 유통업자와 B회사 제품의 유통업자끼리는 여전히 서로 경쟁할 수 있다. 이때 같은 브랜드끼리의 경쟁인 브랜드 내 경쟁은 제한되기 때문에 타 브랜드와의 경쟁인 브랜드 간 경쟁은 오히려 더 치열해질 수도 있다.

생산업자가 대리점과 계약할 때 대리점이 영업할 수 있는 지역이나 고객을 미리 획정해 주는 행위 등이 판매대상 제한이다. 그런데 만약 유통업자들이 스스로 담합을 통해 각자의 시장을 분할 획정한다면 이것은 수직적 판매대상 제한이 아니고 수평적 시장분할(horizontal market division)이 된다. 수평적 시장분할은 동종 사업자끼리의 시장분할이기 때문에 반경쟁적 담합행위라고 볼 수 있다. 그러나 수직적 판매대상 제한은 경쟁제한적 요소와 경쟁촉진적 요소를 동시에 가지고 있는 것이 일반적이다.

상품의 수직적 판매단계는 생산업자가 유통업자에게 판매하는 단계와 다시 유통업자가 소비자에게 판매하는 단계로 구분할 수 있기 때문에 각 단계에서 별도로 수평적 담합이 형성될 수 있다. 즉, 생산업자끼리의 수평적 담합도 있을 수 있고 유통업자끼리의 수평적 담합도 있을 수 있다. 수직적 판매대상 제한은 생산업자끼리의 수평적 담합이나 유통업자끼리의 수평적 담합을 안정적으로 유지시켜 주는 보조수단이 되기도 한다. 즉, 판매대상 제한은 담합당사자들이 담합협정으로부터 몰래 이탈하는 것을 방지해 주는 역할을 한다.

그러나 생산업자끼리의 수평적 담합에 있어서는 판매대상 제한이 담합을 안정화시켜 주는 보조수단이 된다고 보기 어렵다. 어떤 과점산업의 생산업자들이 담합협정을 체결하였을 때 각 생산업자들이 이 담합을 안정적으로 유지시키기 위해 자기 상품의 유통업자들에게 판매대상을 분할해 줄 필요는 없다. 이 생산업자들은 담합협정을 체결하였기 때문에 이미 이윤을 극대화할 수 있는 독점가격을 책정할 수 있는데, 다시 판매대상 제한을 실시하여 개별 유통업자들에게까지 독점력을 확보시켜 줄 필요는 없다.

만약 판매대상 제한을 통해 유통업자들에게까지 지역독점력을 확보시켜 주면 연속독점(successive monopoly)의 문제가 발생하여 유통단계의 소매단계에서도 다시 높은 독점가격이 책정될 것이다. 이렇게 되면 이중독점으로 인해 이 상품에 대한 시장수요가 급격히 감소할 것이기 때문에 생산자에게는 판매대상 제한이 아무런 이득이 되지 못한다. 즉, 생산업자들은 담합협정을 통해 타 회사 상품과의 브랜드 간 경쟁을 제한함으로써 이윤을 극대화시킬 수 있는데, 다시 자기 상품의 브랜드 내 경쟁까지 제한할 필요는 없다. 오히려 자기 상품의 브랜드 내 경쟁은 더욱 증대되어 새로운 시장이 많이 창출될수록 생산업자에게 유리하다.

그런데 유통업자들은 자기들끼리 담합을 형성하고 이 담합을 안정적으로 유지시키기 위해 생산업자에게 판매지역 제한을 실시하도록 압력을 가할 수 있다. 예컨대, 타 브랜드 유통업자들 간에 담합협정이 체결되면 유통단계에서 브랜드 간의 경쟁은 제한될 것이다. 그 다음에는 유통업자들이 동일 브랜드 내에서의 경쟁까지 제한하기 위해 생산업자에게 판매대상 분할을 실시하도록 압력을 가할 것이다.

타 브랜드 간의 유통업자뿐만 아니라 동일 브랜드 내의 유통업자까지 담합에 참여하였을 때도, 신규 진입에 의해 담합이 무너지는 것을 방지하기 위해 유통업자들은 생산업자에게 판매대상 분할을 실시하도록 압력을 가할 수 있다. 그러나 생산업자 입장에서는 이러한 압력에 굴복하는 것이 유리한 것은 아니다. 유통단계에서 독점이 실시되면 소비자들에 의한 시장수요가 감소하기 때문에 유통업자는 독점이윤을 누릴 수 있어도 생산업자는 수요

감소로 인해 오히려 불이익을 보기 때문이다.

생산자는 또다른 이유 때문에 판매대상 제한정책을 추구할 수도 있다. 유통업자들의 적극적인 판매활동은 새로운 시장수요를 창출하기 때문에 생산업자에게 유리하다. 즉, 유통업자가 광고(advertising), 판매 전 특별서비스(presale service), 판매 후 특별서비스(postsale service) 등을 증가시키면 그만큼 시장수요가 증가할 것이기 때문에 생산자 입장에서는 유통업자들에 의한 이러한 판촉활동을 적극 권장할 필요가 있다.

그런데 이러한 판촉활동은 비용을 수반하기 마련이다. 따라서 판촉활동을 많이 하는 유통업자는 판매가격을 그만큼 높일 수밖에 없다. 이렇게 되면 유통업자들의 판촉활동에는 무임승차(free ride) 문제가 발생하게 된다. 예컨대, 유통업자 *A*는 판촉활동을 펼치면서 높은 가격으로 판매하는 반면, 유통업자 *B*는 판촉활동 없이 할인가격으로 판매한다. 이렇게 되면 소비자들은 판촉활동의 서비스는 *A*로부터 받고, 실제 구매는 *B*로부터 하게 된다. 즉, *B*는 *A*의 판촉활동에 무임승차하게 된다.

이러한 무임승차가 일어나면 *A*는 더 이상 적극적인 판촉활동을 하려고 하지 않을 것이다. 생산업자는 *B*에 의한 이러한 무임승차를 방지하고 모든 유통업자들로 하여금 적극적인 판촉활동을 펴도록 유도하기 위해 각 유통업자들에게 판매대상을 할당해 준다. 판매대상이 할당되면 각 유통업자는 자기에게 할당된 대상에게만 사업활동을 할 수 있기 때문에 무임승차 문제가 발생하지 않는다. 각 유통업자는 자기의 판촉활동에 다른 유통업자가 무임승차할 수 없기 때문에 이제는 이러한 판촉활동을 더욱 증가시키게 될 것이다. 생산자는 이런 효과를 노려서 유통업자에게 판매대상 제한정책을 추진할 수 있다.

3) 배타적 거래

생산업자와 유통업자가 거래를 할 때 상대방이 자기 하고만 거래해야 한다는 조건하에 거래하는 것을 배타조건부 거래계약 또는 배타적 거래(exclusive dealing)라고 한다.

예컨대, 생산업자가 유통업자에게 상품을 공급할 때 이 유통업자로 하여금 자기와 경쟁관계에 있는 다른 생산업자로부터는 상품을 구입하지 않는다는 조건하에 이 상품을 공급할 때 이것을 배타적 거래라고 한다. 또 유통업자가 생산업자로부터 상품을 구입할 때 자기와 경쟁관계에 있는 다른 유통업자에게는 이 상품을 공급하지 않는다는 조건하에 이 생산업자로부터 상품을 구입하는 것도 배타적 거래에 해당된다.

때로는 이 두 가지의 배타적 거래가 동시에 실시될 수도 있다. 즉, 생산업자는 유통업자에게 다른 생산업자로부터는 구매하지 못하도록 하고, 동시에 유통업자도 생산업자에게 다른 유통업자에게는 공급하지 못하도록 하는 상호 배타적 거래행위가 성립될 수도 있다. 그러나 일반적으로 배타적 거래라고 할 때는 생산업자가 상품을 공급하면서 공급받는 유통업자로 하여금 다른 생산업자로부터는 경쟁상품을 공급받지 못하도록 하는 거래계약을 의미한다. 예컨대, 가전제품 소매점이 특정 회사의 가전제품을 공급받으면서 다른 회사의 가전제품은 취급하지 않겠다는 조건으로 제품을 공급받으면 이런 것은 배타적 거래가 된다.

생산업자가 유통업자와 배타적 거래를 실시하는 이유는 여러 가지가 있을 수 있다. 첫째, 생산업자가 자기와 거래하는 유통업자들에게 자기 상품만 취급하도록 하면 이 유통업자들은 이 상품의 판매에만 전념할 수밖에 없기 때문에 이 상품의 판매가 더욱 촉진될 수 있다는 것이다. 그러므로 생산업자는 자기와 거래하는 유통업자들에게 자기 브랜드만 취급하도록 강제할 필요성을 가지게 된다. 이것은 판매촉진을 위한 목적으로 시행되는 배타적 거래라고 볼 수 있다.

둘째, 모든 생산업자가 배타적 거래를 실시하면 신규 진입기업은 자기 제품을 판매해 줄 유통업자를 찾기가 매우 어렵게 된다. 신규 진입기업은 스스로 유통업을 병행하거나 아니면 기존의 유통업자들에게 더 좋은 조건을 제시하면서 자기와 거래할 것을 제의할 수밖에 없다. 따라서 신규 진입은 그만큼 어려워진다. 이때의 배타적 거래는 진입장벽(barriers to entry)을 높이는 역할을 한다고 볼 수 있다.

셋째, 어떤 생산업자가 자기만의 독특한 판촉활동으로 잠재고객을 창출할 때 배타적 거래가 실시되지 않으면 다른 생산업자가 여기에 무임승차(free riding)할 수 있다. 이러한 무임승차를 방지하기 위해 배타조건부 거래계약을 실시하기도 한다. 예컨대, A라는 어떤 팩시밀리 제조회사가 팩시밀리의 유용성을 대대적으로 광고하여 많은 팩시밀리 사용자가 새롭게 창출되었다고 할 때 배타적 거래가 실시되지 않았다면, 이 유통업자는 여러 회사의 팩시밀리를 동시에 취급하는데 광고비까지 포함되어 판매가격이 높아진 A회사의 팩시밀리보다는 광고를 하지 않아 가격이 낮고 판매마진이 높은 B라는 회사의 팩시밀리를 새로운 소비자들에게 적극 권장할 것이다. 이렇게 되면 B는 A의 광고에 무임승차하게 되는 것이다. 이를 방지하기 위해 A회사는 유통업자들과 배타적 거래계약을 체결하여 자기 상품만 취급하도록 할 필요가 있다.

넷째, 생산업자들이 자기들의 담합협정을 안정화시키기 위해 배타적 거래를 시행하기도 한다. 유통업자가 여러 회사 제품을 동시에 취급하면, 이 유통업자는 담합협정을 어기면서 낮은 가격으로 상품을 공급해 주고 있는 특정 회사의 상품에 대해서만 판매노력을 집중시킬 수 있다. 따라서 은밀히 담합협정을 위반하면서 싼 가격으로 유통업자들에게 상품을 공급하는 생산업자가 나타나게 된다. 그러나 배타적 거래가 실시되어 각 유통업자가 한 회사의 제품만 취급하면 이러한 현상은 일어날 수 없다. 따라서 담합협정을 체결하고 있는 각 생산업자들은 배타적 거래를 통해 담합협정의 위반을 방지하려고 할 수 있다.

다섯째, 생산업자가 적정 수의 유통업자와 배타적 거래를 실시하면 생산업자의 상품공급비용을 절감시킬 수 있다. 배타적 거래가 없을 때는 각 생산업자가 여러 회사 제품을 동시에 취급하는 수많은 유통업자들에게 소량씩 자기 회사 제품을 공급해야 하기 때문에 상품배달 장소와 횟수 등이 너무 많아진다. 따라서 유통업자에게 상품을 공급하는 비용이 그만큼 높아질 것이다. 그러나 자기 회사 제품만 전문으로 취급하는 적정 수의 유통업자만 유지 · 관리한다면 이들에게 상품을 공급하는 비용을 상당히 절감시킬 수 있을 것이다.

여섯째, 중간재 시장에서 구매회사의 일방적 횡포를 방지하기 위해 부품공급업체가 배타조건부 거래계약을 체결할 수도 있다. 예컨대, 어떤 하도급업체가 많은 기술투자를 통해 아주 우수한 부품을 개발하였는데, 이 부품의 구매회사는 구입선을 다른 곳으로 바꾸겠다는 등의 협박으로 이 부품가격을 낮추려고 할 수 있다. 하도급업체는 이러한 위험성을 방지하기 위해 구매회사와 배타조건부 거래계약을 체결할 수 있다. 역으로 하도급업체가 이 우수부품을 다른 회사에 납품하는 것을 방지하기 위해 구매회사가 배타조건부 거래계약을 주도할 수도 있다.

4) 총괄구매계약

생산업자가 유통업자와 거래할 때 유통업자가 취급하는 품목들 중 그 생산업자가 생산하고 있는 품목은 모두 그 생산업자로부터만 구매해야 한다는 조건으로 거래계약을 체결할 때, 이것을 총괄거래계약 또는 총괄구매계약(requirements contract)이라고 한다. 예컨대, 어떤 정유회사가 주유소에 휘발유를 공급할 때 그 주유소가 취급하는 휘발유 관련 상품들도 그 정유회사로부터 구매해야 한다는 조건하에 휘발유를 공급하면 이것은 총괄구매계약이 된다. 또는 많은 상품을 한꺼번에 취급하는 대규모 잡화도매상이 소규모 소매상에게 물품을 공급하면서 그 소매상이 취급하는 물품을 일괄 자기로부터만 공급받는다는 조건하에 물품을 공급하면 이것도 총괄구매계약이 된다.

총괄구매계약은 유통업자의 구매행위를 제한하는 행위이기 때문에 반경쟁적인 효과를 가진다고 보고 있다. 특히, 생산업자는 유통업자가 자기의 경쟁업자로부터 구매하는 것을 봉쇄한다는 의미에서 반경쟁적인 효과가 크다고 볼 수 있다.

그러나 구매자 측면에서는 여러 가지 효율적인 이점이 있다. 구매자는 이 계약으로 안정적인 공급선을 확보할 수 있고 계약기간 동안 갑작스런 가격 상승을 방지할 수 있다. 시장수요가 불안정한 상품에 대해서는 유통업자가 생산자와 장기적인 공급계약을 맺고 있기 때문에 미리 많은 물건을 확보해 두어야 하는 등의 재고비용을 줄일 수 있다. 생산자 입장에서도 마찬가지로 판매비용을 줄일 수 있고 안정적인 판매가격을 유지할 수 있다.

그러므로 총괄구매계약의 위법성 여부도 이 계약이 구체적으로 시장거래에 어떤 영향을 미치는지에 대해 철저한 조사가 이루어진 후에 판단될 수밖에 없다. 예컨대, 자동차 제조회사가 그 자동차의 유통업자들로 하여금 중요 부품들을 모두 자기 회사로부터만 구매해야 한다고 강요하면, 이것은 분명히 유통업자의 자유로운 구매활동을 제한하기 때문에 반경쟁적이라고 볼 수 있다. 그러나 이 회사가 생산한 자동차에는 이 회사에서 만든 부품들이 가장 적합하다고 하면 이 자동차를 구매한 소비자들에게는 오히려 그 자동차의 성능을 최대로 보장해 줄 수 있다는 의미에서 그 정당성이 인정된다고 볼 수 있다.

5) 연계판매

판매자가 어떤 상품을 판매하면서 다른 상품을 이것과 함께 묶어 판매할 때 이를 연계판매(tying arrangement)라고 한다. 예컨대, 복사기 구매자에게 복사용지까지 동시에 구매하도록 거래계약을 체결하면 이것은 연계판매에 해당한다. 복사용지를 복사기에 연계해서 판매하기 때문이다.

연계판매에는 주상품(tying products)과 종상품(tied products)의 구분이 분명하고 종상품이 주상품에 끼워져 팔리기 때문에 이를 끼워팔기(tie in sale)라고도 한다. 끼워팔기가 시행되면 구매자는 주상품과 종상품으로 구성된 상품묶음을 하나의 구매단위로 해서 단일가격을 지불해야 하기 때문에 종상품을 다른 판매자로부터 경쟁적 조건으로 구매할 수 있는 길이 봉쇄된다.

연계판매는 판매자가 자기와 수직적 거래관계에 있는 구매자의 구매조건을 제약하는 거래계약이기 때문에 수직적 거래제한이기는 하지만, 재판매가격 유지, 판매지역 제한, 배타적 거래, 총괄구매계약 등과는 달리 구매자가 유통업자이기보다는 최종소비자인 경우가 많다. 그리고 연계판매는 구매자가 원하지 않아도 종상품까지 구매할 수밖에 없다는 점에서 일종의 거래강제이다.

연계판매와는 구분되지만 비슷한 성질을 가진 판매형태로 경품제공과 묶어팔기(block booking)를 들 수도 있다. 경품제공은 어떤 상품을 판매하면서 다른 상품을 무료로 제공하는 행위인데, 이때 구매자는 경품을 받아도 되고 받지 않아도 되기 때문에 끼워팔기와는 구분된다. 그러나 본상품의 가격에 실질적으로 경품의 가격도 포함되어 있을 수 있기 때문에 경품제공에 대한 분석은 매우 복잡해진다. 묶어팔기는 오디오세트나 과일바구니처럼 관행적으로 여러 가지 상품을 한 묶음으로 묶어 판매하는 행위를 말하는데, 끼워팔기와 큰 차이가 없다.

판매자가 주상품에 종상품을 끼워파는 데에는 여러 가지 이유가 있을 수 있다. 첫째, 주상품 또는 종상품의 품질을 최대화시키기 위해 끼워팔기를 하기도 한다. 예를 들자면, 기술적으로 복잡한 기계는 그 기계의 제조회사가 만들어 낸 자재가 그 기계에 가장 효율적으로 작동할 수 있다. 이때는 판매자가 자기 회사 제품이 다른 회사가 만들어 낸 자재에 의해 품질이 저하되는 것을 방지하기 위해 끼워팔기를 하는 것이다. 예컨대, IBM컴퓨터가 IBM프린터와 가장 잘 작동한다면 IBM은 컴퓨터에 프린터를 연계해서 판매하게 될 것이다.

둘째, 비용절감을 위해 끼워팔기를 하기도 한다. 예를 들어, 복사기 판매회사는 주기적으로 구매자에게 기술자를 보내 기계를 점검시킨다. 만약 기술자가 기계점검을 위해 방문할 때 복사용지와 복사잉크를 배달해 준다면 배달비용을 절감시킬 수 있다. 이러한 경제성을 활용하기 위해 복사기 판매회사는 복사기에 복사용지와 복사잉크를 연계해서 판매하려고 할 수 있다.

셋째, 주상품의 독점력을 이용하여 종상품의 판매량을 확장하기 위해 끼워팔기를 하기도 한다. 만약 어떤 주류회사가 소주와 포도주를 생산하면서 주상품인 소주시장을 독점적으로 지배하고 있다면, 경쟁적인 상품인 포도주의 판매량을 늘리기 위해 소주에 포도주를 연계시켜 판매하려고 할 수 있다.

넷째, 독점력을 가진 판매자가 가격차별화를 실시하기 위해 끼워팔기를 하기도 한다. 예를 들면, 독점적 복사기 판매업자가 복사기를 절실히 필요로 하는 구매자에게는 절실히 필요로 하지 않는 구매자에게보다 더 높은 가격을 책정하려 할 때, 이 두 부류의 구매자를 구분하기 위해 끼워팔기를 시행할 수 있다. 복사기에 복사잉크를 연계해서 판매하면 잉크의 사용량을 기준으로 두 부류의 구매자를 구분할 수 있고, 거기에 맞추어 가격차별화를 시행할 수 있다. 복사기를 많이 사용하는 구매자는 잉크도 많이 사용해야 하기 때문에 잉크가격을 아주 높게 책정하면 결과적으로 복사기를 많이 사용하는(절실히 필요로 하는) 구매자가 복사기를 더 높은 가격에 구매한 셈이 된다. 이때 종상품인 잉크는 주상품인 복사기의 사용빈도를 측정하는 수단으로 사용된 것이다.

다섯째, 정부의 가격규제를 피하기 위해 끼워팔기를 시행할 수도 있다. 만약 독점기업이 생산하는 독점상품에 대해 가격규제가 실시되면, 이 기업은 규제를 받지 않는 종상품을 규제받는 독점상품에 연계해 판매하면서 주상품의 가격은 규제가격 이하로 낮추고 대신 종상품의 가격을 경쟁가격 이상으로 높게 책정할 수 있다. 이때 판매자는 규제받는 주상품의 가격을 올리지 못하는 대신 규제받지 않는 종상품의 가격은 올릴 수 있기 때문에 이 독점자는 교묘히 가격규제를 피해 갈 수 있게 된다.

3. 공정거래법상의 불공정거래행위 유형

불공정거래행위를 이론적으로 분류하는 것과 법집행을 위해 분류하는 것은 다를 수 있다. 공정거래법(제23조 제1항)은 법집행의 편의를 위해 불공정거래행위를 먼저 6개의 유형으로 나누어 열거하고 있다. 그리고 여기에 해당하지 않아도 공정한 거래를 저해할 우려가 있는 거래행위는 불공정거래행위에 해당한다고 추가적인 규정까지 두고 있다. 먼저 6개의 행위를 세분하여 살펴보면(법 제23조 제1항 각 호), 거래를 거절하거나 상대방을 차별하는 행위, 경쟁자를 배제하는 행위, 경쟁자의 고객을 빼어 오는 행위, 거래상의 지위를 이용하는 행위, 상대방을 구속하는 조건의 거래행위, 다른 사업자를 방해하는 행위 등이다. 물론 이런 행위들이 부당하게 이루어질 때 불공정거래행위에 해당한다는 단서를 달고 있다. 그러므로 이런 행위들은 모두가 불공정거래행위에 해당하는 것은 아니고 부당하게 이루어질 때만 불공정거래행위에 해당한다.

시행령에서는 별표를 만들어 어떤 행위들이 여기에 해당하는지를 더욱 구체적으로 나열하고 있다. 여기에 해당하는 행위들은 사업자와 사업자 사이의 거래(Business to Business)에서 나타나는 행위일 수도 있고, 개별 소비자를 대상으로 이루어지는 행위(Business to Consumers)일 수도 있다. 그런데 불공정거래행위는 주로 사업자와 사업자 사이에서 많이 이루어진다.

공정거래법 시행령의 〈별표 1〉에 불공정거래행위의 유형이 더욱 구체적으로 나열되어 있다. 여기에 나열된 불공정거래행위의 유형은 거래거절,

차별적 취급, 경쟁사업자 배제, 부당한 고객유인, 거래강제, 거래상 지위의 남용, 구속조건부 거래, 사업활동 방해, 부당한 지원행위 등이다. 여기서는 행위 유형별로 불공정거래에 해당하는 기준을 더욱 구체적으로 정해 놓고 있다.

거래거절은 사업자가 경쟁사업자와 공동 또는 개별적으로 상품 또는 용역의 제공을 거절하거나 제한하는 행위로 규정하고 있다. 사업자와 사업자 사이의 수직적 거래에서 이런 행위가 일어날 가능성이 높다.

차별적 취급은 사업자가 거래대상에 따라 가격을 차별하거나 거래조건을 차별하는 행위를 의미한다. 이런 행위가 공동으로 이루어지거나 개별적으로 이루어지거나 모두 불공정거래행위에 해당된다.

경쟁사업자 배제는 너무 낮은 가격이나 너무 유리한 조건으로 상품이나 용역을 제공함으로써 경쟁사업자가 부당하게 배제될 우려가 있는 행위를 의미한다. 구입할 때는 너무 높은 가격으로 구입하여 경쟁사업자가 배제될 우려가 있는 경우를 의미한다. 한 사업자가 더 높은 가격으로 구매하면 경쟁사업자는 필요한 상품이나 용역을 구할 수 없기 때문이다.

부당한 고객유인은 부당한 수단을 이용하여 경쟁사업자의 고객을 뺏어오는 것을 의미한다. 부당한 수단은 과대한 금전제공뿐만 아니라 금전 이외의 수단까지 포함하는 개념이다.

거래강제는 끼워팔기, 사원판매 등을 의미한다. 끼워팔기는 잘 팔리는 상품에 잘 안 팔리는 상품을 강제로 끼워파는 거래 등이다. 이런 거래는 불공정거래이다. 사원판매는 사원들에게 강제로 판매하거나 사원들로 하여금 판매하도록 하는 행위이다. 그 밖에도 부당한 수단으로 강제 판매하는 행위는 거래강제에 해당하는 불공정거래이다.

거래상 지위의 남용은 우월적 지위를 이용하여 거래상대방에게 구입을 강제하거나, 자기에게 이익을 제공하도록 강요하거나, 판매목표를 강제하거나, 불이익을 받아들이도록 강요하거나, 경영간섭행위를 하는 것 등을 의미한다. 이런 행위는 거래상대방에게는 불리한 행위로서 불공정한 거래가 된다.

구속조건부 거래는 배타조건부 거래와 거래지역 또는 거래상대방의 제한을 의미한다. 배타조건부 거래는 경쟁사업자와는 거래하지 못하게 하는 행위이며, 거래지역 제한은 거래상대방의 영업지역을 제한하는 행위이며, 거래고객 제한은 거래상대방의 고객을 제한하는 행위이다. 이런 행위는 거래상대방의 영업대상을 제한하는 조건하에 거래하는 것으로서 불공정한 거래행위이다

사업활동 방해는 기술의 부당이용, 인력의 부당 유인 · 채용, 거래처 이전 방해 등을 통해 거래상대방의 사업을 방해하는 행위를 의미한다. 기술을 부당하게 이용하거나, 인력을 부당하게 유인 또는 채용하거나, 거래처 이전을 제한하는 것 모두 상대 사업자의 사업에 지장을 줄 수 있기 때문에 이런 행위가 부당하게 이루어지면 불공정거래에 해당한다. 그 밖의 방법도 상대방의 사업에 지장을 초래하면 사업활동 방해에 해당될 수 있다.

부당한 지원행위는 주로 재벌그룹 내 계열사끼리의 거래에 해당하는 사항이다. 비록 동일 그룹 내 기업이라도 법적으로는 독립법인이기 때문에 독립적인 경제주체로서 영업하는 것이 시장경제의 원리에 맞는 개념이다. 그런데 이들 사이에 시장거래를 벗어나서 부당한 지원행위가 일어나면 공정한 시장경쟁이 무너지면서 시장경제의 질서가 위협을 받을 수 있다. 따라서 재벌그룹 내 계열사끼리 부당한 지원이 이루어지는 거래도 불공정행위로 간주된다.

이상과 같이 나열된 불공정거래행위는 공정한 시장경쟁을 원천적으로 저해하는 행위가 될 수 있다. 공정한 경쟁 없이는 공정한 시장경제가 성립될 수 없다. 따라서 공정거래법은 경쟁제한성이 있는 이러한 불공정거래를 위법으로 처리하고 있다.

시장상황에 따라 이런 불공정거래행위는 판매자가 주도할 수도 있고

구매자가 주도할 수도 있다. 중간재(부품)의 거래는 주로 사업자와 사업자 사이의 거래이고 구매자가 우월적 지위에 있는 경우가 많다. 이때는 구매자의 불공정거래행위가 제재의 대상이 된다.

불공정거래행위는 단순히 거래당사자 간의 문제만이 아니라 수평적 경쟁관계에도 영향을 줄 수 있다. 거래를 거절하는 행위, 상대방을 차별하는 행위, 거래상의 지위를 이용하는 행위, 상대방을 구속하는 조건의 거래행위 등은 일차적으로 거래당사자 간의 문제뿐일 수 있다. 그러나 경쟁자를 배제하는 행위, 경쟁자의 고객을 빼어 오는 행위, 다른 사업자를 방해하는 행위 등은 수평적 관계의 경쟁자에게 불이익을 주는 행위로서 수평적 경쟁을 제한하는 행위로 귀착될 수 있다.

수평적 경쟁관계에 영향을 주는 불공정거래행위는 공정거래법의 본질적 목적과 직접 연관되어 있다. 수평적 관계에서 경쟁제한을 야기시키기 때문이다. 이러한 불공정거래는 거래당사자에게만 피해를 주는 것이 아니라 시장참여자 모두에게 피해를 주는 불공정거래행위가 될 수 있다.

4. 지원성 거래와 불공정거래

공정거래법 제23조 제1항 각 호의 불공정거래행위는 독립적인 거래당사자 간의 거래에서 일어날 수 있는 불공정행위를 규율하는 규정이다. 그러나 제7호는 그 성격이 다소 다르다. 제7호는 “부당하게 특수관계인 또는 다른 회사에 대하여 가지급금 · 대여금 · 인력 · 부동산 · 유가증권 · 상품 · 용역 · 무체재산권 등을 제공하거나 현저히 유리한 조건으로 거래하여 특수관계인 또는 다른 회사를 지원하는 행위”를 불공정거래행위로 규정하고 있다. 이런 행위가 나타날 수 있는 경우는 동일 재벌(기업집단) 내 계열회사 간의 거래이다. 따라서 이 규정은 재벌계열사의 부당지원행위를 규율하는 규정이라고 볼 수 있다.

동일 재벌 내 계열회사 간의 거래는 일종의 내부거래로서 공정한 시장 과정을 거치지 않는 거래가 되기 쉽다. 그룹 전체가 한 사람의 최고경영권하에 귀속되기 때문에 그룹 내 계열사 간의 거래는 그룹 전체의 경영전략하에서 이루어지는 거래가 많다. 이런 거래는 독립사업자 간의 거래와 달리 시장 과정을 거치지 않은 거래일 가능성이 높다. 그룹 차원의 특정 목적을 위해 이루어지는 거래일 수 있기 때문이다. 이런 거래의 특성은 특정 계열사를 지원하기 위한 거래라는 점이다. 동일 재벌 내의 한 계열사가 다른 계열사를 지원하기 위해 이루어지는 거래이다. 따라서 이런 불공정거래를 지원성 거래라고 하기도 한다.

지원성 거래는 두 가지의 반시장적 문제점을 가지고 있다. 하나는 경쟁제한성을 가질 수 있다는 점이고, 다른 하나는 경제력집중을 심화시킬 수 있다는 점이다.

지원성 거래를 통해 지원을 받는 기업은 자기 시장에서 일방적으로 유리한 입장에 설 수 있다. 따라서 이 기업은 지원을 받지 못하고 있는 경쟁기업을 시장으로부터 밀어 내고 그 시장을 독차지할 수 있다. 밀려난 기업은 비록 효율성이 높고 경쟁력이 있는 기업이라도 지원을 받은 기업과는 불공정한 경쟁을 해야 하기 때문에 경쟁에서 밀려날 수밖에 없다. 따라서 이런 결과를 초래할 우려가 있는 지원성 거래는 경쟁제한적 거래이고 반시장적 거래이다.

재벌은 재벌세를 확장하는 수단으로 이런 지원성 거래를 활용하기도 한다. 어떤 업종에 신규 진입하기 위해 새로운 기업을 만들거나, 새로운 기업을 인수한 후 지원성 거래를 통해 그룹 차원에서 그 기업을 집중 지원하면, 그 기업은 단시일에 급성장하고 그 재벌도 더욱 확장된다. 따라서 재벌에 의한 경제력집중은 심화된다. 이런 결과를 가져오는 지원성 거래 역시 반시장적 거래이다. 경제력집중의 방지도 공정거래정책의 주요 목적이다. 따라서 공정거래법은 지원성 거래를 불공정거래로 규정하여 금지하고 있다.

5. 불공정거래사건 처리 현황

불공정거래행위의 처리 건수는 공정거래법 위반 처리 건수 중 가장 많은 비중을 차지한다. 〈표 4-1〉에서 보는 것처럼 적을 때는 총처리 건수의 34%에서 많을 때는 80%까지 이른다. 말하자면, 사업자들은 공정거래법 중 제23조의 불공정거래행위 금지규정을 가장 많이 위반하고 있는 셈이다.

공정거래법 전체 위반 처리 건수가 가장 많은 해는 2007년으로 거의 1,000건에 이르는데, 이 중 74%인 715건이 불공정거래행위 사건이다. 불공정거래는 이만큼 사업자들이 많이 저지르는 법위반행위이다.

표 4-1 불공정거래행위 처리 건수(1995~2008년)

연도	공정거래법 위반 처리 건수(A)	불공정거래행위 처리 건수(B)
1995	448	353(79)
1996	503	352(70)
1997	639	512(80)
1998	590	407(69)
1999	347	172(50)
2000	352	121(34)
2001	365	169(46)
2002	483	210(43)
2003	310	123(40)
2004	580	298(51)
2005	709	481(68)
2006	559	370(66)
2007	952	715(74)
2008	876	565(64)

주: ( ) 안의 값은 A에 대한 B의 % 비율임.
자료: 공정거래위원회, 『공정거래백서』, 2009.

그러나 처벌 수위는 비교적 낮은 편이다. 공정거래정책의 핵심 사항은 담합금지와 독점력 남용금지인데, 이 조항의 위반사건은 숫자는 적어도 처벌은 무겁다. 반면에 불공정거래행위는 숫자는 많아도 처벌 수준은 비교적 낮다. 불공정거래행위는 부지불식 간에 사업자들이 많이 저지르고 있는 행위이기 때문이다.

경제규모의 성장과 더불어 거래 건수가 기하급수적으로 증가하기 때문에 불공정거래행위도 거기에 비례해 증가할 가능성이 매우 높다. 그런데 이런 행위를 모두 공정위가 인지하기는 어렵고, 신고되는 사건을 세밀하게 조사하여 사건화하는 데도 한계가 있다. 따라서 불공정거래행위는 처벌을 엄하게 해서 사전에 예방하는 접근이 필요하다.

불공정거래행위 처리사건을 유형별로 정리하면 〈표 4-2〉와 같다. 여러 가지 불공정거래 유형 중 사업자들이 가장 많이 위반하는 유형은 부당고객

표 4-2 불공정거래 유형별 사건처리 비중

(단위: %)

위반 유형	1981~2009	2009
거래거절	9.4	6.3
차별적 취급	2.4	0.6
경쟁사업자 배제	1.3	0.0
부당고객유인	32.0	45.2
거래강제	3.5	6.2
거래상 지위남용	20.7	28.3
구속조건부 거래	2.3	2.6
사업활동 방해	2.6	3.4
부당지원	2.7	0.8
재판매가격 유지	2.0	1.8
기타	21.3	4.9
총처리 건수	12,955	901

자료: 공정거래위원회, 『통계연보』.

유인과 거래상 지위남용이다. 2009년에는 이들의 비율이 훨씬 증가하고 있다. 1981~2009년 기간에는 두 유형이 53% 정도였는데 2009년에는 74%까지 상승하고 있다. 부당고객유인과 거래상 지위남용은 우리나라의 상거래에서 부지불식 간에 행해지는 영업행위라는 것을 알 수 있다.

이 두 유형은 다른 유형에 비해 경쟁제한성이나 그 폐단은 적은 편이라고 할 수 있다. 그러나 이런 불공정거래행위도 많이 이루어진다는 것은 결코 가벼이 여길 수 없는 사항이다. 사업자들에게 사전계도를 통해서라도 이런 행위가 경쟁질서를 크게 해치고 있다는 것을 널리 인식시킬 필요가 있다.

Ⅲ. 불공정거래행위의 주요 심결사건

1. 거래거절사건

공정거래법 제23조 제1항 제1호는 "부당하게 거래를 거절하는 행위"를 불공정거래로 규정하고 있다. 거래거절은 상품이나 용역을 공급하지 않거나 제한적으로 공급하는 행위를 말하는데, 개별 사업자가 행할 수도 있고 여러 사업자가 공동으로 행할 수도 있다. 여러 사업자가 공동으로 거래를 거절할 때는 부당공동행위에도 해당될 수 있다. 그리고 부당한 거래거절로서 위법성이 성립하는 거래는 주로 거래상 우월적 지위에 있는 사업자에 의한 거래이다.

'하이트맥주'와 '대선주조'가 특정 주류도매상에게 주류의 공급을 중단하거나 제한한 행위는 부당거래거절의 대표적 사례라고 볼 수 있다(사건번호: 2004부사0093, 2004부사1025~1027). 하이트주조와 대선주조는 경남주류협회와 부산주류협회의 요청에 따라서 주류도매업에 신규 진입하려는 도매업자 '청해'에게 제품공급을 중단하거나 공급량을 제한한 행위로 과징금 처분을 받았다.

기존 주류도매업자들은 신규 진입 도매업자가 협조적으로 행동하지 않는다는 이유로 그들의 사업자단체인 주류협회를 통해 하이트맥주와 대선주조에게 신규 진입 업자에게 제품을 공급하지 않도록 요청하고 두 회사는 그 요청을 받아들여 공급을 거절하거나 제한하였다. 하이트맥주와 대선주조는 신규 진입 도매업자에 비해 절대적으로 우월한 지위에 있으므로 이것은 부당한 거래거절에 해당한다.

이 사건은 주류산업의 독특한 유통구조에서 발생한 사건이다. 주류산업은 제조업체가 지역별로 매우 높은 독점적 지위를 확보하고 있지만 유통단계에서는 수많은 도매업자들에 의해 경쟁적 구조가 형성되어 있기 때문에 브랜드 간에는 경쟁이 이루어질 수 있다. 그런데 유통업자들이 강력한 사업자단체를 구성하고 있기 때문에 브랜드 간 경쟁도 제한될 가능성이 매우 높다. 이때 제조업자와 사업자단체가 협조하면 신규 유통업자는 주류유통업에 진입하기가 매우 어려워진다. 그리고 시장경쟁은 제한된다.

수요자도 거래거절을 할 수 있다. 한전의 부당거래거절사건(사건번호: 2003조기2336)은 수요독점 사업자인 한전이 거래거절을 주도한 사건이다. 한전은 '원격검침용 무선전송망시설공사'를 발주하면서 과도한 입찰자격조건을 내세워 특정 사업자들의 입찰참여를 제한하였다. 이 공사의 수요영역인 가스 · 수도 분야에서는 공사발주가 극히 미미하기 때문에 한전이 이 공사의 거의 독점적 수요자라는 우월적 지위를 확보하고 있다. 이런 상황에서 한전이 과도한 입찰자격조건을 내세우면 공사를 할 자격이 있는 여러 기업들이 입찰에서 배제될 수밖에 없다.

한전은 과도한 입찰자격조건으로 부당하게 거래를 거절한 행위가 인정되어 공정거래법 제23조 제1항 제1호 위반심결을 받았다. 이 행위로 한전은 시정명령과 더불어 9억여 원의 과징금을 부과받았다.

2. 차별적 취급사건

공정거래법은 제23조 제1항 제1호에서 "부당하게 … 거래의 상대방을 차별하여 취급하는 행위"를 불공정거래행위로 규정하고 있다. 퀄컴은 공정거래법 제3조의2 등 위반으로 2,700여억 원의 과징금을 부과받았는데, 법 제23조 제1항 제1호의 "차별적 취급" 규정도 위반한 것으로 처리되었다(사건번호: 2009지식0329). 퀄컴은 라이선싱을 할 때 경쟁사의 모뎀칩을 사용하는 휴대폰에 대해서는 차별적으로 높은 로열티를 부과하였기 때문이다. 이런 행위는 국내 모뎀칩시장의 경쟁을 제한하는 결과를 초래하였다. 이 행위는 법 제3조의 제1항 제3호와 법 제23조 제1항 제1호를 동시에 위반한 것으로 판단되었다. 퀄컴은 시장점유율이 거의 100%에 이르는 시장지배적 사업자(법 제3조의2)이기 때문이다.

시장지배적 사업자라는 위치 자체가 거래상 우월적 지위를 확보한 것에 해당한다. 따라서 이러한 기업이 차별적 취급행위를 행하면 당연히 법 제23조의 위반에도 해당한다. 그런데 제23조보다 제3조2의 위반이 더 무거운 처벌을 받기 때문에 과징금 액수는 커지게 된다. 이처럼 제23조의 위반이라도 시장지배적 사업자에 해당하면 제3조의2 위반으로 처리하는 것은 당연하다.

현대자동차와 기아자동차는 동일 그룹의 계열사인데, 이들이 자동차를 할부판매할 때 현대캐피탈(주)에게는 타 금융회사에 비해 유리한 조건을 부여하고, 카드결제로 판매할 때는 현대카드(주)에게 타 카드회사에 비해 유리한 조건을 부여하였다(사건번호: 2002독점0605). 현대캐피탈(주)를 이용하는 고객에게는 낮은 수준의 할부금리가 적용되도록 하고, 현대카드(주)가 발행한 현대M카드에 대해서는 높은 결제한도를 설정해 주었다. 이 행위는 비계열의 경쟁회사에 비해 계열회사인 현대캐피탈(주)와 현대카드(주)에게 유리하도록 차별취급한 행위이며, 법 제23조 제1항 제1호의 위반이 된다. 현대자동차는 49억여 원, 기아자동차는 26억여 원의 과징금을 부과받았다.

이러한 차별행위가 현대캐피탈(주)가 참여하는 시장과 현대카드(주)가 참여하는 시장에서 경쟁제한효과가 있는지는 좀더 심도 있는 분석이 필요하다. 그리고 소비자후생에는 어떤 효과가 있는지도 더 분석해 보아야 할 필요가 있다. 만약 계열회사에게 이런 별도의 혜택을 부여하지 않았다면 자동차 구매자들은 그 혜택을 누릴 수 있는 기회를 가지지 못하기 때문이다. 그리고 현대캐피탈(주)와 현대카드(주)가 자기 시장에서 하위기업이었다면 이 행위로 이들의 시장 내 위상이 상승하고 시장은 더 경쟁적 구조로 바뀔 수도 있기 때문이다.

그런데 현대자동차와 기아자동차가 현대캐피탈(주)와 현대카드(주) 이외의 비계열사에게도 똑같은 혜택을 부여하였다면 경쟁효과와 후생효과의 분석은 달라질 수 있다. 따라서 차별행위의 위법성이 두 회사에게만 특별한 혜택을 부여하였기 때문인지, 다른 회사들에게는 특별한 혜택을 부여하지 않았기 때문인지를 분명히 할 필요가 있다.

3. 경쟁사업자 배제사건

공정거래법 제23조 제1항 제2호는 "부당하게 경쟁자를 배제하는 행위"를 하지 못하도록 규정하고 있다. 이 규정은 사업자가 경쟁자를 배제시킬 목적으로 과도하게 낮은 가격이나 높은 가격으로 거래하는 행위를 금지하려는 규정이다. 이런 행위는 거래상의 우월적 지위를 이용하여 경쟁자를 배제시킴으로써 시장구조를 비경쟁적으로 만들 가능성이 있기 때문이다. 이런 행위는 당장 거래당사자에게 피해를 주지는 않을지라도 이런 행위로 인해 시장구조가 점점 비경쟁적으로 흘러가면 궁극적으로는 사회후생이 감소하는 결과가 초래될 수 있다.

(주)안국상사는 1994년에 이러한 행위로 시정명령과 더불어 과징금 부과조치를 받았다(사건번호: 9407경정430). (주)한국중공업(현재의 두산중공업)은 1994년 6월 16일에 발전설비용 터빈유의 초도물량에 대한 입찰을 실시하였는데(입찰물량 1,032드럼), (주)안국상사는 입찰가로 1원을 제시하여 낙찰받았다. 그리고 한국중공업과 1원에 물품공급계약을 체결하였다. 초도물량을 공급하기 시작하면 발전을 중단할 수 없는 특성에 따라 발전소 가동기간인 20년 이상 동안 보충물량을 지속적으로 공급하게 된다. 따라서 초도물량 입찰에서는 참가업체들이 원가보다 낮은 가격으로 응찰하여 낙찰을 받고, 그 이후 계속 공급하는 보충물량은 정상가격 또는 그 이상으로 공급하여 손실을 벌충하는 특성이 있다.

안국상사가 원가인 1억 9,000여만 원을 무시한 채 1원으로 입찰하여 낙찰받은 행위는 경쟁사업자인 경인에너지(주), 한국쉘석유(주), 세방석유(주), (유)공단가스산업 등을 부당하게 배제시키기 위한 거래행위이다. 이런 행위는 경쟁사업자를 시장으로부터 축출시켜 시장을 약탈하려는 가격책정이기 때문에 약탈가격(predatory pricing)에 해당한다고 볼 수 있다. 이 사건 자체로서는 소비자후생을 감소시키는 효과가 없을지 모르나 이런 약탈가격을 방치하면 장기적으로 시장이 구조적으로 비경쟁화되고 결국 소비자후생의 감소를 초래할 수 있다.

4. 부당한 고객유인사건

공정거래법 제23조 제1항 제3호는 "부당하게 경쟁자의 고객을 자기와 거래하도록 유인하는 행위"를 불공정거래행위로 규정하고 있다. 사업자는 고객을 확보하기 위해 노력하기 마련이다. 그러나 그 수단은 공정해야 한다. 수단이 공정하지 못하면 시장구조를 비경쟁적으로 만들어 장기적으로 사회후생을 감소시킬 수 있다.

우리나라에서 부당한 고객유인으로 공정위의 주시를 받아 온 대표적 산업은 제약산업이다. 제약회사들은 정상적인 상도를 넘는 판매수단을 이용하여 마케팅하는 것으로 많은 비판을 받아 왔다. 의사와 의료기관에 정상적인 범위를 넘는 각종 형태의 향응과 지원을 제공함으로써 이들이 자기 회사 제품을 처방하도록 유도하였다.

제약산업은 판매관리비가 매출액의 35%를 넘어 일반제조업의 12%를 훨씬 능가하고 있다. 이처럼 우리나라의 제약회사들은 연구개발 노력보다 마케팅에 더 많은 열성을 쏟고 있다.

많은 제약회사들이 부당한 고객유인행위로 인해 공정위로부터 제재를 받았는데, 대웅제약은 46억 원이 넘는 과징금을 부과받기도 하였다(사건번호: 2007경규1864). 대웅제약은 의사나 의료기관에 현금 제공, 현금성 경비 지원, 상품권 제공, 기프트카드 제공, 비품 지원, 골프접대, 식사접대, 시판후조사(PMS)를 통한 지원, 세미나 지원, 학회 지원 등의 고객유인행위로 시정명령과 과징금 처벌을 받았다. 이런 행위들은 정상적인 거래관행에 비추어 부당하거나 과대한 이익제공행위로 부당한 고객유인행위에 해당된다고 보았다.

제약회사들이 이런 판매비용을 줄이고 대산 약값을 내리거나 신약개발에 투자하면 사회후생이 증가할 것이라고 보고 있다. 의약품 소비자들은 높은 가격을 지불하는데, 그 수입의 많은 부분이 의사나 의료기관의 후생을 증대시키는 데 사용되는 것은 옳지 못하다.

5. 거래강제사건

공정거래법 제23조 제1항 제3호는 "부당하게 경쟁자의 고객을 자기와 거래하도록 강제하는 행위"를 불공정거래행위로 규정하고 있다. 거래강제의 대표적 유형은 끼워팔기와 사원판매이다. 이런 행위들은 소비자가 원하지 않는데도 억지로 구매해야 하는 결과를 초래한다. 따라서 이런 행위는 공정한 경쟁을 저해하고 시장경쟁을 위축시킬 수 있다.

(주)페르마에듀는 '생각하는 수학 페르마학원'이라는 브랜드로 58개의 가맹학원을 가지고 있는 학원사업자이다. 이 학원은 오프라인 강의에 온라인 강의를 끼워서 수강료를 받았다. 온라인 강의를 원하지 않는 수강생에게 선택의 여지가 없이 두 강의를 합해서 학원료를 징수하였다. 오프라인 강의를 원하는 수강생에게 온라인 강의까지 강제로 판매한 셈이다(사건번호: 2008비경2464).

오프라인 강의료는 관할교육청의 규제를 받는 가격이다. 따라서 오프라인 강의료는 규제 내의 가격을 책정하면서 추가로 온라인 강의료까지 강제함으로써 규제를 피하면서 오프라인 강의료를 인상시킨 효과를 거두었다. 온라인 강의 끼워팔기가 오프라인 강의료 인상으로 연결된 것이다.

오프라인 강의만을 원하는 수강생이 많다면 오프라인 강의와 온라인 강의는 별개 상품이며 별도의 가격이 책정되어야 하고 구분하여 판매하여야 한다. 그럼에도 불구하고 두 상품을 묶어서 판매한다면 이는 소비자후생을 감소시킬 것이 틀림없다.

(주)KT는 임직원에게 KTF(현재는 KT에 합병)의 무선통신상품을 1인당 27.5대 판매하도록 강제한 혐의로 시정명령과 과징금 부과 처분을 받았다(사건번호: 2002경촉0904). KT의 임직원이 자회사인 KTF의 상품을 판매하도록 강제한 것은 전형적인 사원판매 형태이다. KT의 임직원들은 판매목표를 달성하지 못할 경우 직·간접적 불이익을 받도록 되어 있었다.

사원을 통한 강제판매가 성행하면 시장은 힘의 논리가 지배할 수 있다. 시장은 효율성과 가격으로 판가름나야 하는데, 힘이 지배하면 그런 시장은 궁극적으로 비경쟁적 구조로 흘러가기 쉽다. 우리나라와 같이 재벌식 기업구조가 만연해 있는 경제에서는 대재벌의 계열사가 이런 식의 판매방식에 일방적으로 유리할 수밖에 없다. 대재벌은 방대한 임직원을 거느리고 있기 때문이다. 그렇게 되면 효율적인 기업이라도 대재벌 소속이 아니면 도태되기 쉽다. 반면에 힘을 가진 대재벌의 계열기업은 생산이 비효율적이라도 궁극적으로 시장을 지배할 수 있다.

6. 거래상 지위남용사건

공정거래법 제23조 제1항 제4호는 "자기의 거래상의 지위를 부당하게 이용하여 상대방과 거래하는 행위"를 불공정거래행위로 규정하고 있다. 사업자가 거래상 우월적 지위에 있고, 이러한 우월적 지위를 악용하여 상대방과 거래할 때 이런 행위는 가격을 부당하게 높이는 등 경쟁제한성이 존재할 수 있기 때문이다.

국민은행은 대출받은 고객에게 시장금리보다 높은 금리를 부과하거나 조기상환 수수료를 징수하는 등으로 40억 원이 넘는 과징금을 부과받았다 (사건번호: 2005조기4247, 4248). 고객들이 대출을 받기 전에는 국민은행이 우월적 지위를 확보하지 못한다. 고객들은 어느 은행으로부터 대출을 받을지 선택할 여지가 있기 때문이다. 그러나 일단 대출을 받고 나면 고객은 불리한 입장에 서게 된다. 그 대출을 국민은행으로부터 다른 데로 옮기는 데에는 비용이 수반되기 때문이다. 즉, 대출이 이루어진 후에는 국민은행이 우월적 지위를 확보하게 된다.

시중금리는 항상 변화하는데 은행은 기존 대출금리를 시중금리 변화에 맞추어 적정하게 조정하지 않고 시중금리보다 높게 정하였다. 이미 대출을 받은 고객이 대출처를 옮기는 데는 많은 부대비용이 소요되기 때문에 오히려 높은 금리를 받아들이는 편이 유리할 수 있다. 국민은행은 대출받은 고객들의 이런 약점을 이용하여 기존 대출금리를 시중금리의 변동폭만큼 낮추지 않았다. 그리고 조기상환에 대해서도 구체적 약정이 없었는데 상환수수료를 징수하였다. 이런 행위는 은행이 대출고객에 비해 우월한 지위에 있기 때문에 가능한 일이다.

많은 거래에서는 한 쪽의 사업자가 우월적 지위를 갖는 경우가 많다. 특히, 사업자와 개인과의 거래에서는 사업자쪽에서 우월적 지위를 갖는 경우가 많다. 이때 사업자가 우월적 지위를 악용하여 상대방과 거래하면 시장경쟁이 제한되거나 사회후생이 감소할 가능성이 높다.

7. 구속조건부 거래사건

공정거래법 제23조 제1항 제5호는 전반부에서 "거래상대방의 사업활동을 부당하게 구속하는 조건으로 거래하는 행위"를 불공정거래로 규정하고 있다. 제조업자가 유통업자에게 상품을 제공할 때 특별한 조건을 붙여 제공하는 경우가 주로 여기에 해당한다. 대표적인 경우가 배타조건부 거래, 판매지역 제한, 거래상대방 제한 등이라고 볼 수 있다. 제조업자가 유통업자에게 상품을 공급하면서 경쟁사업자로부터는 상품을 공급받지 않는다는 조건을 붙이거나(배타조건부 거래), 특정 지역에서만 판매해야 한다는 조건을 붙이거나(판매지역 제한), 특정 고객에게만 판매해야 한다는 조건을 붙이는(거래상대방 제한) 등은 불공정거래에 해당한다.

이런 불공정거래는 유통업자와 소비자 사이의 시장에서 경쟁을 제한할 가능성이 있을 뿐만 아니라 제조업자와 유통업자 사이의 시장에서도 경쟁을 제한할 가능성이 있다. 동일 브랜드 내에서의 경쟁을 제한할 뿐만 아니라 브랜드 간에서의 경쟁도 제한할 가능성이 있다. 따라서 구속조건부 거래는 불공정거래로서 위법이 된다.

현대모비스(주)는 자동차부품 대리점에 부품을 공급하면서 현대모비스 마크가 찍힌 순정품만 취급하는 조건으로 부품을 조달하여 공정위의 제재를 받았다(사건번호: 2008기간2544). 정비용 자동차부품은 같은 부품이라도 현대모비스를 통해 공급되는 부품과 그렇지 않은 부품으로 구분된다. 전자를 순정품이라고 부르고 후자를 비순정품이라고 부른다. 현대모비스는 부품대리점에 부품을 공급하면서 비순정품을 취급하지 않는다는 조건하에 부품(순정품)을 공급하였다.

현대모비스는 부품시장에서 시장지배적 지위에 있기 때문에 이런 행위는 공정거래법 제23조 제1항 제7호 위반이면서 동시에 법 제3조의2 제1항 제5호 위반에도 해당된다. 따라서 150억 원이 넘는 과징금을 부과받았다. 동일 부품업자에 의해 생산되는 부품이라도 현대모비스를 거치면 순정품이라는 이름이 붙고, 그렇지 않으면 비순정품이라는 이름이 붙는데, 부품대리점이 현대모비스로부터 부품을 공급받으면서 똑같은 부품을 다른 물류센터로부터는 공급받지 못한다면 부품시장의 경쟁은 제한될 수밖에 없다. 거기다가 현대모비스는 시장점유율이 매우 높은 독점사업자이다. 이런 현대모비스가 부품대리점에게 경쟁사업자의 부품을 사용하지 못하도록 하면 부품시장의 경쟁은 위축되고 부품가격은 오를 것이다.

수요업자가 사업활동을 구속하는 조건으로 거래할 수도 있다. (주)대한도시가스의 계열회사인 (주)대한도시가스엔지니어링은 도시가스의 공급압력을 일정 수준으로 조정하는 기계장치인 정압기를 구입하면서 판매자에게 다른 사업자에게는 공급하지 않는다는 조건을 붙였다. (주)대한도시가스엔지니어링은 정압기 공급 3개 업체(시장점유율이 83.3%)로부터 정압기를 공급받으면서 (주)대한도시가스 공급권역에만 공급할 뿐만 아니라 타 시공업자에게는 공급하지 않는다는 조건으로 정압기를 공급받았다. 이런 거래는 거래상대방을 제한하는 거래이다(사건번호: 2002독관1446).

거래상대방을 제한함으로써 (주)대한도시가스엔지니어링은 정압기의 수요를 독점하면서 다시 시공업자에게 독점공급자가 되었다. 이렇게 되면 시공업자는 소비자에게 독점적으로 높은 공사대금을 부과할 수 있다. 이런 거래는 정압기 설치시장을 독점화시키기 때문에 정압기를 설치해야 하는 도시가스 소비자의 부담이 증가한다.

8. 사업활동 방해사건

공정거래법 제23조 제1항 제5호는 후반부에서 "… 부당하게 다른 사업자의 사업활동을 방해하는 행위"를 불공정거래행위로 규정하고 있다. 여기서 다른 사업자는 거래상대방을 의미한다.

SKT는 블루버드사의 사업활동을 방해한 혐의로 5억 원의 과징금을 부과받았다(사건번호: 2008지식2535). 블루버드사는 PDA폰 BM500과 BM200을 생산하여 SKT 통신망 개통을 요청하였으나 SKT는 법인소비자에 한해서만 개통을 허용하였다. SKT 통신망 연동시험에는 합격하였으나 일반소비자를 대상으로는 통신망을 개통시켜 주지 않았다.

SKT는 무선인터넷시장에서 자사의 서비스인 NATE와 관련된 매출액이 잠식당할 것을 우려해 블루버드사의 PDA폰 판매대상을 법인소비자로 제한하였다. 이로 인해 블루버드사는 많은 손실을 입었다. SKT의 이런 행위는 PDA폰의 시장진입을 제한하고, 다양한 기능과 사양의 단말기에 대한 소비자의 선택권을 제한하였다. 단말기의 시장경쟁을 위축시킨 것이다.

거래쌍방에서 한 쪽이 우월한 지위를 확보하고 있을 때는 자기 이익에 반할 경우 상대방의 사업활동을 방해할 가능성이 높다. 이런 행위가 시장경쟁을 제한하고 소비자에게 피해를 줄 경우는 불공정거래로 위법이 된다.

9. 부당지원사건

공정거래법 제23조 제1항 제7호는 "부당하게 특수관계인 또는 다른 회사에 대하여 가지급금 · 대여금 · 인력 · 부동산 · 유가증권 · 상품 · 용역 · 무체재산권 등을 제공하거나 현저히 유리한 조건으로 거래하여 특수관계인 또는 다른 회사를 지원하는 행위"를 불공정거래행위로 규정하고 있다. 이 규정은 불공정거래행위의 다른 규정과는 다소 차이가 있다. 다른 규정은 상방사업자와 하방사업자 간의 수직적 거래관계에서 나타나는 불공정거래행위를 규율하는 규정인 데 반해, 제7호 규정은 수직적 거래관계 여부를 불문하고 두 사업자 간의 거래가 특정 회사나 특정 개인을 지원하여 2차적으로 시장경쟁을 제한할 우려가 있는 경우를 규율하는 규정이다. 그리고 다른 규정은 주로 상품이나 용역의 거래에 해당하는 규정인 데 비해, 제7호 규정은 사업자간 모든 형태의 거래에서 나타나는 지원성 요소를 포괄하는 규정이다. 거래의 형태를 갖추지 않더라도 지원성 요소가 존재하면 제7호의 규정에 해당한다.

두 사업자 사이에서 어떤 형태를 취하는 특정 개인이나 특정 회사에 지원이 일어나면 7호의 규정에 해당한다. 전혀 무관한 독립적인 사업자 사이에서는 이런 현상이 일어날 가능성이 매우 낮다. 이런 현상은 주로 재벌그룹(기업집단) 내에서 일어난다. 동일 재벌 내의 계열기업 사이에서는 특정 계열기업을 지원하거나 그룹 총수 일가를 지원하는 행위가 일어나는 경우가 많다. 따라서 제7호는 동일 재벌 내의 계열기업 간 거래에서 나타나는 지원성 거래를 규율하기 위해 도입된 규정이다. 재벌은 재벌을 확장하기 위한 수단이나 총수 일가의 부를 증대시키기 위한 수단으로 계열기업 간의 거래를 활용하는 경우가 많다. 이런 거래는 특정 목적을 위한 거래로서 시장거래를 위장한 비시장거래일 가능성이 많다. 결과는 특정 개인이나 특정 회사를 지원하는 거래로 나타난다.

이러한 지원성 거래는 시장경쟁을 제한할 가능성이 많다. 지원을 받는 쪽은 자기 시장에서 부당하게 유리한 입장에 서기 때문에 그 시장에서의 경쟁은 불공정한 경쟁이 되기 쉽다. 이런 기업이 비재벌회사와 경쟁하는 입장이라면 재벌회사가 비효율적일지라도 시장경쟁에서는 승리할 수 있다. 타 계열사로부터 지원을 받기 때문이다. 따라서 지원성 거래는 경쟁제한성이 있는 불공정거래행위로 규정된다.

이런 관점에서 볼 때 제7호 규정은 재벌정책상의 규정이라고 볼 수 있다. 제7호 규정은 재벌 계열사 간의 불공정거래를 규율하는 규정이다. 재벌의 내부거래를 공정한 시장거래로 유도하기 위한 규정이다. 따라서 이 규정의 위반사업자는 주로 재벌의 계열기업이다.

우리나라 대규모 재벌 중 하나인 현대자동차그룹의 현대자동차, 기아자동차, 현대모비스, 현대제철, 글로비스 등은 지원성 부당내부거래 행위로 623억 원이 넘는 과징금을 부과받았다(사건번호: 2007조사0845). 현대자동차는 현대모비스로부터 자동차 섀시모듈 부품을 공급받으면서 시장가격보다 높은 가격으로 납품받은 혐의를 받았다. 이 거래는 현대자동차가 현대모비스를 지원한 거래가 된다.

또 현대자동차는 기아자동차가 현대모비스에게 지급해야 할 모듈 부품 단가 인상금액을 대신 지급해 주었다. 이것은 현대자동차가 기아자동차를 지원한 행위이다. 그리고 현대모비스, 글로비스, 현대자동차는 구매대금 결재방식을 현대카드에 집중시켜 현대카드를 부당하게 집중지원하였다.

더 나아가 현대자동차와 기아자동차는 현대하이스코로부터 자동차용 강판을 부당하게 고가로 매입하여 현대하이스코를 지원하였다. 또 기아자동차는 프레스 및 자동차운반설비를 부당하게 높은 가격으로 로템에 발주하였다. 이런 행위들은 모두 현대자동차그룹의 계열사를 지원하기 위한 거래였다.

계열사 간 거래에서 가격을 시장가격보다 높거나 낮게 책정하여 특정 계열사를 지원한 행위는 물론 특정 계열사에 물량을 몰아 주는 행위도 지원성 거래로 보았다. 현대자동차, 기아자동차, 현대제철, 현대모비스는 새로 설립한 계열회사인 글로비스에게 거래물량을 대량으로 몰아 주어 글로비스가 단시일에 급성장하도록 하였다. 이런 물량 몰아주기 현상도 지원성 내부거래로 보고 있다. 정상적인 시장거래에서는 일어날 수 없는 일이기 때문이다.

지원성 내부거래는 주로 동일 재벌의 계열기업 사이에서 일어나고 있다. 따라서 법 제23조 제1항 제7호는 재벌정책과 연계해서 시행되어야 한다. 경쟁제한성이 있는 계열기업 간 거래는 물론 경제력집중을 심화시킬 수 있는 계열기업 간 거래도 지원성 내부거래로 보아야 한다. 이런 거래들은 정상적인 시장거래가 아니기 때문이다.

Ⅳ. 우월적 지위 방지와 공정거래의 확대

1. 구매자의 우월적 지위 방지

불공정거래가 이루어지는 대부분의 이유는 어느 한 쪽의 우월적 지위 때문이다. 사업자와 개인 사이의 거래는 물론 사업자와 사업자 사이의 거래도 어느 한 쪽이 유리한 입장에 있는 경우가 많고, 이때의 거래는 불공정해질 가능성이 매우 높다. 따라서 불공정거래의 방지를 위한 1차적 접근은 거래의 어느 한 쪽이 우월적 지위를 가지지 못하게 하거나 우월적 지위를 행사하지 못하게 하는 것이다.

자동차산업이나 전자산업 등에서는 부품거래시장이 형성되는데, 이 시장에서는 대부분의 경우 구매자가 우월적 지위에 있다. 부품시장은 1차 벤드, 2차 벤드, 3차 벤드 등의 여러 단계로 나누어지는데, 대부분의 단계에서 구매자가 우월적 지위에 있다. 판매자는 중소기업이고 구매자는 대기업이기 때문이다. 그리고 판매자는 다수이고 구매자는 소수이기 때문에 구매자가 구매독점력(monopsony power)을 가진다. 이때 구매자는 납품가를 후려 깎는 경우가 많다. 이것은 중소기업의 문제이면서 하청업의 문제이기도 하다. 이런 문제는 근본적으로는 구매독점력, 말하자면 구매자의 우월적 지위에서 나오는 문제이다.

대기업은 구매독점력으로 납품가를 후려 깎아 생산비를 절감하고, 완성품시장에서는 판매독점력(monopoly power)을 행사하면서 높은 판매가격을 받는 경우가 많다. 매우 불공정한 시장이 만들어진 경우이다. 이때 완성품업체인 대기업들은 큰 이윤을 내지만 납품업체인 중소업체는 각박한 이윤으로 근근이 유지되고, 최종소비자는 높은 상품가격을 지불한다. 이것이 한국의 대기업과 중소기업의 관계이다. 이런 관계는 대형 마트와 납품업체 사이에서도 나타난다.

부품시장이나 유통시장에서 구매자의 우월적 지위 확보나 우월적 지위 행사를 방지하기 위해서는 제도적 및 정책적 접근이 필요하다. 우선적인 방법은 판매자에게 길항력(counterveiling power)을 키워 주는 일이다. 판매자들이 시장구조적으로는 불리한 위치에 있지만 거래관계에서는 동일한 교섭력을 가질 수 있도록 공정거래법과 하도급법 등을 보완하고 이를 강력히 시행하는 것이 중요하다. 가능하면 구매독점력 행사에 대해 공정거래법 제3조의 2를 널리 적용시켜야 한다. 판매자들이 구매자들에게 정정당당하게 대항하고 구매자들의 부당한 횡포에 대해서는 쉽게 보상받을 수 있는 방법을 만들어 주어야 한다. 독점적 구매자라고 할지라도 판매자에게 정당한 가격을 지불하고, 판매자는 끊임없는 기술혁신 노력으로 생산원가를 계속 낮추어 나갈 수 있는 상호보완적 체계를 갖추어야 건강한 시장경제가 달성될 수 있다.

대형 마트가 큰 비중을 차지하는 유통업에서도 구매자의 우월적 지위가 불공정거래의 원인으로 자주 거론되고 있다. 대형 마트의 납품업자는 중소업체가 많다. 이런 거래관계에서는 구매자가 우월적 지위를 확보한다. 심지어는 납품업자가 대규모 제조업체일 때조차도 구매자가 우월적 힘을 가지는 경우가 있다. 유통업분야에서도 구매자의 우월적 지위행사를 방지할 수 있는 정책적 접근이 필요하다.

2. 판매자의 우월적 지위 방지

판매자가 우월적 지위를 갖는 경우는 시장구조상 경쟁이 제한되어 있는 시장에서 나타나는 경우와 상품의 특성상 판매자가 유리한 경우로 나누어 생각해 볼 수 있다. 시장구조가 독점이거나 독점성 과점으로 되어 있을 때는 판매자가 독점력(monopoly power)을 이용해 우월적 지위를 행사할 수 있다. 이 경우는 시장구조를 경쟁적 구조로 바꾸는 것이 근원적 처방일 수 있지만 시장구조를 바꾸는 것은 쉬운 일이 아니다. 따라서 기업행태를 감시해서 우월적 지위를 이용한 불공정거래가 이루어지지 않도록 해야 한다.

상품의 특성상 판매자가 유리한 입장에 서게 되는 경우에는 경쟁촉진만으로는 불공정거래를 해소할 수 없다. 구조적으로 대등한 입장에 있다고 할지라도 상품에 대한 정보가 비대칭적이라든지, 애프터서비스가 필요하다든지, 주문거래를 해야 한다든지, 우편배달을 해야 한다든지 하는 등의 특성 때문에 판매자가 우월적 지위에 설 수 있다. 이 경우도 우월적 지위의 원천적 요인을 해소하기는 쉽지 않다. 이때도 기업행태를 상시적으로 감시해서 우월적 지위가 행사되지 않도록 해야 한다.

3. 지원성 내부거래의 규제 강화

지원성 거래는 크게 두 가지 형태로 나누어 볼 수 있다. 하나는 거래조건을 유리하게 해 주는 거래이고, 다른 하나는 물량을 일방적으로 몰아 주는 거래이다. 둘 모두 불공정거래이고 시장기능을 파괴하는 거래이지만, 이들을 법적으로 제재하기는 쉬운 일이 아니다. 전자에 있어서는 거래조건이 정상적인 시장거래를 벗어났다는 것을 입증하기가 쉽지 않고, 후자는 자유로운 거래(시장거래)의 결과라는 주장을 뒤엎기가 어렵기 때문이다.

그러나 현실에 있어서는 많은 재벌들이 이런 방법으로 부를 늘리고 세습하고 있다. 2010년 말 자료에 의하면 자산순위 30대 재벌 가운데 총수 자녀가 대주주로 있는 20개 비상장사의 그룹 내부거래 비중은 거의 50%선에 이르고 있다. 20개 비상장사의 총매출액 7조 4,000여억 원 중 3조 4,000여억 원이 내부거래인 것으로 나타났다. 이것은 물량몰아주기 이외 논리로는 설명할 수 없다.

이런 방식으로 재벌의 비상장사는 급성장하고 재벌 자녀들은 매년 거액의 배당을 챙긴다. 합법을 가장한 부당한 부의 상속이 아닐 수 없다. 이런 지원성 거래는 시장경제의 건전한 발전을 저해할 뿐만 아니라 경제력집중을 심화시키는 주요인이다. 그런데 물량몰아주기라도 거래조건이 시장거래와 동일하다면 이를 제재하는 것은 쉬운 일이 아니다. 같은 조건이면 계열사와 거래하겠다는 것이 재벌거래의 특징이기 때문이다. 사실은 이런 것을 활용하기 위해 재벌은 계열기업을 늘려 나가고 있는 것이다. 새로운 사업을 시작하면 새 계열사를 만들어 우선은 계열기업과의 거래로 기본적인 시장을 확보하는 것이 전형적인 재벌의 전략이고, 재벌은 이런 전략을 바탕으로 점점 더 확장되어 나간다. 물량몰아주기는 바로 재벌식 비즈니스 전략이고, 재벌확장의 주요 수단이다.

이런 거래가 많은 부작용과 폐해를 야기시키는 것은 틀림이 없지만 현재의 법구조에서 이런 거래를 효율적으로 제재하기는 쉽지 않다. 따라서 이런 거래를 통제하기 위해서는 공정거래법(제23조 제1항 제7호)을 좀더 정교하게 정비할 필요가 있다. 물량몰아주기가 시장구조와 시장경쟁을 왜곡시킬 수준이 분명하다고 판단될 정도이면 이를 금지시킬 수 있는 법적 근거를 더욱 분명히 할 필요가 있다.

4. 소비자주권의 강화

모든 거래는 최종적으로 소비자와의 사이에서 이루어진다. 그런데 소비자는 무수히 많고 판매자는 소수인 경우가 대부분이다. 따라서 판매자가 거래에서 우월적 지위에 선다. 가격은 판매자가 정하고 소비자는 그 가격에서 살 것인가 말 것인가, 얼마를 어떤 방식으로 살 것인가만 정할 수 있을 뿐이다. 따라서 최종소비자와의 거래에서는 대부분의 경우 판매자가 우월적 지위에 서게 된다.

판매자는 그러한 지위를 유리하게 이용하기 마련이다. 그렇게 되면 소비자는 불이익을 당하게 된다. 따라서 소비자는 자기들의 권한을 강화시키는 여러 가지 조치가 필요하다. 대표적인 조치가 소비자단체이고, 소비자운동이다.

소비자가 연합하여 판매자와 대항하면서 거래상 불이익을 받지 않으려는 노력을 해야 한다. 말하자면, 소비자의 길항력(counterveiling power)을 키워야 한다. 정부는 소비자의 길항력을 키워 주는 제도와 정책을 마련해야 한다. 이것이 바로 소비자주권의 강화이다. 상품의 품질이나 가격에 대해 항상 풍부하고 정확한 정보를 제공해야 한다. 소비자들은 이런 정보를 자기의 권익을 확보하는 데 최대한 활용해야 한다.

Chapter 5

재벌과 공정거래정책

Ⅰ. 공정거래법상의 재벌정책

Ⅱ. 재벌정책과 반독점정책

Ⅲ. 대규모 기업집단 지정제도

Ⅳ. 출자제한제도

Ⅴ. 지주회사의 허용과 규제

Ⅵ. 채무보증의 금지

Ⅶ. 의결권의 제한

Ⅷ. 부당내부거래의 통제

Ⅸ. 재벌정책의 미래 방향

Ⅰ. 공정거래법상의 재벌정책

1. 재벌정책의 도입 배경

한국 재벌은 1970년대에 본격적인 틀이 갖추어졌다고 볼 수 있다. 특히, 1973년부터 중화학공업 육성정책이 시행되자 중후장대형 산업이 출현하면서 이 산업의 기업들이 급성장하였고, 이런 기업들을 거느린 재벌은 그 규모가 엄청나게 커졌다. 이들이 오늘날 재벌의 기틀이 되었다. 그때까지는 경공업분야의 기업들이 한국의 대표적 기업이었으나 그 이후부터는 중화학공업의 기업들이 한국의 대표기업으로 부상하였고, 산업의 특성상 기업의 규모도 커졌고, 산업성장속도 이상으로 기업이 급성장하였다.

이때부터 큰 기업 수십 개를 한 가족이 소유 · 지배하는 재벌체제가 한국경제의 중심축으로 자리잡았다. 이와 더불어 재벌로 인한 여러 가지 폐해가 나타나기 시작하였다. 주로 재벌의 경영행태에서 많은 문제점이 지적되었다. 정경유착은 재벌 문제의 단골메뉴였으며, 더 나아가서는 국가의 경제적 힘이 소수의 대규모 재벌에게로 집중되는, 이른바 경제력집중(concentration of economic power)이 새로운 경제 문제로 대두되었다.

어떤 분야에서나 힘이 개인이나 소수에게 집중되면 여러 가지 부작용이 나타나기 마련이다. 그 힘이 남용되기 때문이다. 정치적 힘이 한 개인이나 한 집단에게 집중되면 독재가 나타난다. 경제적 힘도 마찬가지이다. 경제적 힘이 소수에게 집중되면, 이들은 자기들의 이익을 위해 그 힘을 남용하게 된다. 이렇게 되면 독점이 나타나고 공정한 시장질서가 왜곡된다.

재벌의 규모가 비대해지고 경제적 힘이 이들에게 집중되고, 이들이 다시 독재정권과 유착하는 현상이 1970년대 후반과 1980년대 초반의 한국경제의 현실이었고 끊임없는 비판의 대상이었다. 이런 비판에 대해 당시의 독재권력은 성의를 보이지 않을 수 없었다. 그래서 나타난 1차적 성의가 1980년에 제정되어 1981년부터 시행된 공정거래법이다. 이 법은 아직 재벌을 직접 제재대상으로 삼지는 못하였다. 대신 재벌 속의 개별 기업을 제재하는 반독점정책(antitrust policy)을 도입하였다. 재벌 소속 여부와 상관없이 개별 기업들이 독점력(monopoly power)을 남용하거나 불공정한 거래를 할 때는 제재를 받도록 하였다.

그러나 재벌체제 자체에 기인한 폐해는 개선할 방법이 없었다. 그리고 재벌은 급성장하고 소수 재벌에 의한 경제력집중은 점점 심화되었다. 특히, 대재벌은 상품시장에서뿐만 아니라 생산요소시장인 노동시장과 금융시장에서도 그 영향력이 막강해졌다. 따라서 재벌은 시장경제의 틀 자체까지 좌지우지할 수 있는 힘을 가지게 되었다. 정경유착을 통해 정치권력까지 등에 업은 재벌은 시장질서를 왜곡시킬 위험성까지 보이게 되었다. 재벌규제의 필요성은 주의 주장을 넘어서서 국민적 공감대를 형성하기에 이르렀다. 마침내 정부는 재벌규제를 시행하기 위해 공정거래법을 개정하지 않을 수 없었다.

공정거래법은 1986년에 여러 가지 재벌규제 조항을 신설하도록 개정되었으며, 1987년부터 법적인 근거하에 재벌정책이 본격적으로 시행되었다. 그 이후 공정거래법은 수많은 개정을 거듭하였는데, 재벌정책도 강약을 되풀이해 가면서 오늘에 이르고 있다.

2. 초기 재벌정책의 주요 내용(1987년 시행 공정거래법)

1) 대규모 기업집단의 지정

1987년부터 시행된 공정거래법상의 재벌정책은 크게 5가지 내용으로 구성되어 있다. 첫째는 정책대상이 되는 재벌을 지정하는 것(법 제8조의3),

둘째는 재벌 계열사가 타 회사에 출자할 수 있는 금액을 제한하는 것(법 제7조의4), 셋째는 동일 재벌의 두 계열사는 서로 상대방의 주식을 취득할 수 없도록 하는 것(법 제7조의3), 넷째는 순수지주회사를 설립하지 못하게 하는 것(법 제7조의2), 다섯째는 재벌의 금융 및 보험 계열사는 계열사에 대하여 의결권을 행사할 수 없도록 하는 것(법 제7조의5) 등이다.

이런 제반 정책을 시행하기 위해서는 먼저 정책대상이 되는 재벌을 지정할 필요가 있다. 공정거래법은 대규모 기업집단이라는 개념을 도입하여 일정 요건이 충족되는 재벌을 매년 대규모 기업집단으로 지정하여 재벌정

표 5-1 1987년 4월 1일 공정거래위원회가 지정한 대규모 기업집단

(단위: 10억 원)

순위	재벌명	자산액	계열사수	순위	재벌명	자산액	계열사수
1	현대	8,038	32	18	삼미	844	7
2	대우	7,875	29	19	한양	842	4
3	삼성	5,588	36	20	극동건설	758	8
4	럭키금성	5,508	57	21	코오롱	713	17
5	쌍용	2,810	22	22	금호	702	19
6	한진	2,626	13	23	동부	692	12
7	선경	2,499	16	24	고려합섬	583	5
8	한국화약	1,796	22	25	한보	561	8
9	대림	1,777	14	26	해태	493	13
10	롯데	1,648	31	27	미원	493	15
11	동아건설	1,511	16	28	대한조선공사	481	6
12	한일합섬	1,479	11	29	라이프	469	6
13	기아	1,367	9	30	삼환기업	437	11
14	두산	1,073	21	31	신동아	435	11
15	범양상선	1,052	5	32	한라	408	5
16	효성	1,002	15	합 계		57,471	509
17	동국제강	916	13				

자료: 공정거래위원회.

책의 대상으로 하였다. 대규모 기업집단의 범위는 시행령(영 제15조, 제15조의2)으로 정하도록 하였다. 1987년에 처음 시행된 시행령에서는 그룹의 자산총액이 4,000억 원 이상이면 대규모 기업집단에 해당된다고 하였다.

이 규정에 의해 1987년 4월 1일자로 지정된 대규모 기업집단은 〈표 5-1〉과 같다. 자산규모 4,000억 원 이상인 기업집단은 32개이고, 이들의 자산을 모두 합하면 57조 원이며, 계열사를 모두 합하면 509개이다. 가장 큰 재벌은 현대그룹으로 자산규모는 8조 원이고, 계열사는 32개이다. 가장 작은 재벌은 한라그룹으로 규모는 현대그룹의 20분의 1이고, 계열사는 5개이다. 큰 재벌과 작은 재벌에는 차이가 많았다.

2) 상호출자의 금지(법 제7조의3)

대규모 기업집단으로 지정된 재벌의 계열사는 서로 상대방의 주식을 소유할 수 없도록 하였다. 두 계열사가 서로 상대방에게 출자하는 것을 직접상호출자라고 하는데 이런 출자는 전면 금지되었다.

직접상호출자는 실제로 자금을 투입하지 않고도 계열기업을 얼마든지 늘려 나갈 수 있는 방법이다. 예컨대, *A*기업이 *B*기업의 주식 100억 원을 취득하면서 그 대가로 자기 주식 100원을 *B*기업에게 제공하면, *A*와 *B*는 각자 100억 원의 자본금을 늘리면서 서로 상대방의 주식만 소유하였지 어느 기업에게도 실제로 자금이 투입되지는 않았다. 이렇게 늘어난 자본을 가공자본이라고 한다.

직접상호출자는 직접적인 자금투입 없이도 가공자본으로 쉽게 계열기업을 키우거나 늘려 나갈 수 있는 방법이기 때문에 재벌을 확장할 수 있는 쉬운 방법일 뿐만 아니라 재벌 총수가 자기 지배력을 키울 수 있는 쉬운 방법이다. 말하자면, 경제력집중을 촉진할 수 있는 매우 유효한 수단이다. 따라서 공정거래법은 이러한 출자를 전면 금지하였다.

3) 출자총액의 제한(법 제7조의4)

대규모 기업집단으로 지정된 재벌의 계열회사는 자기 순자산액의 40% 이내에서만 국내의 타 회사에 출자할 수 있다. 이 규정은 상호출자 금지 조항의 불완전성을 보완하면서 재벌이 문어발식으로 계열사를 늘려 나가는 것을 막기 위해 만들어진 규정이다. 상호출자 금지는 동일 재벌의 두 계열기업이 서로 상대방에게 출자하는 것을 금지하는 규정인데, 3개 이상의 계열기업이 순환적으로 출자하면 이 규정의 제재를 벗어날 수 있다. 따라서 이런 경우에 대해서도 계열기업의 과도한 타 회사 출자를 제한해야 재벌의 문어발식 계열확장을 막을 수 있다. 그래서 도입된 제도가 출자총액제한제도이다.

재벌이 커지는 주요 방식은 총수가 지배하는 계열사가 타 회사의 주식을 취득하면서 계열사를 늘려 나가는 것이다. 말하자면, 재벌 총수는 계열사의 돈으로 또 다른 계열사를 만들면서 자기 재벌을 키워 나간다. 이런 방식으로 재벌이 비대해지는 것을 방지하기 위해 계열사의 출자한도를 설정하는 출자총액제한제도가 도입되었다.

계열사 돈으로 또 다른 계열사를 만들고, 이 계열사가 다시 또 다른 계열사를 만들고 하는 방식으로 총수가 지배기업을 늘려 나가면 총수는 실제로 자기 돈의 투입 없이도 계열기업을 계속 늘려 나갈 수 있다. 이런 과정이 계속되면 추가적인 자금투입 없이 장부상으로만 계속 자본금을 늘리면서 계열기업을 늘려 나가는 가공자본이 만들어질 수 있다. 이런 현상이 계속되면 재벌 속의 한 계열기업이 망하면 다른 계열기업도 연쇄적으로 망할 수밖에 없는 매우 위험한 상황이 벌어질 수 있다. 따라서 정부는 가공자본을 통한 과도한 계열확장을 막기 위해 재벌 계열회사의 타 회사 출자에 제한을 가하는 출자총액제한제도를 도입하였다.

4) 지주회사 설립의 금지(법 제7조의2)

공정거래법은 1986년 개정시 지주회사(holding company) 설립 금지 조항을 신설하였다. 이 조항은 재벌에게만 해당하는 조항은 아니다. 그러나 그 취지가 경제력집중을 억제하기 위한 것이기 때문에 재벌정책의 일환으로 볼 수 있다.

지주회사는 재화(goods)나 용역(services)을 생산 · 공급하는 사업을 주목적으로 하는 회사가 아니라 다른 회사를 지배하는 것을 주목적으로 하는 회사이다. 생산 · 공급 활동을 전혀 수행하지 않는 회사를 순수지주회사(pure holding company)라고 하고, 부분적으로 생산 · 공급 활동을 수행하면서 다른 회사를 지배하는 사업도 동시에 수행하는 회사를 사업지주회사(operating holding company)라고 한다. 공정거래법은 총자산액의 50% 이상을 타 회사의 주식 소유에 사용하고 있는 회사를 지주회사로 규정하고 있다.

지주회사는 적은 자본으로 많은 회사를 지배할 수 있는 유효한 수단이다. 따라서 재벌이 지주회사제도를 이용하면 계열회사를 많이 늘려 나갈 수 있다. 공정거래법은 재벌의 이러한 계열확장을 막기 위해 국내에서는 어느 누구도 지주회사를 설립할 수 없도록 하였다.

5) 금융 · 보험회사의 의결권 제한(법 제7조의5)

대규모 기업집단으로 지정된 재벌에 속한 금융 또는 보험계열사는 자기가 소유한 국내계열사 주식에 대하여 의결권을 행사할 수 없다. 이것은 재벌이 금융 · 보험사를 통해 계열사를 확장하지 못하도록 하기 위한 조항이다. 금융 · 보험사는 고객의 위탁자산을 관리하는 회사이기 때문에 자금력이 매우 풍부한데, 이 자금력을 계열확장에 이용하면 재벌은 쉽게 계열회사를 늘려 나갈 수 있다. 이런 현상을 방지하기 위해 도입한 장치가 금융 · 보험회사의 의결권 제한이다.

지정된 대규모 기업집단의 금융 · 보험사라도 수익사업을 위해서는 상호출자 금지나 출자총액 제한의 제재 없이 타 회사 주식을 소유할 수 있다. 그러나 그 주식이 지배 목적으로는 사용될 수 없도록 하기 위해 의결권 행사를 금지하였다. 금융 · 보험사는 자금운영이 주사업이기 때문에 투자수익을 위해서는 계열회사의 주식에 투자할 수 있지만, 계열확장효과를 없애기 위하여 의결권을 행사할 수 없도록 하였다.

3. 재벌정책의 현재 상황(2009년 시행 공정거래법)

1) 상호출자 제한 기업집단의 지정(법 제14조)

공정거래법은 자산총액이 5조 원 이상(시행령 제17조)인 기업집단을 '상호출자 제한 기업집단 및 채무보증 제한 기업집단'으로 지정하여 매년 4월 1일 발표하도록 하고 있다. 이렇게 지정된 기업집단은 상호출자 제한이나 채무보증 제한의 대상이 된다. 이 정책이 처음 시행된 1987년에는 '대규모 기업집단 지정'이었으나 2009년 3월 25일 현재 공정거래법 규정은 지정 명칭이 완전히 달라져 버렸다. 따라서 정책내용에도 큰 변화가 있다.

이 규정에 의해 2009년 4월 1일에 지정 발표된 상호출자 제한 기업집단의 명단은 〈표 5-2〉와 같다. 모두 48개의 기업집단이 자산총액 5조 원 규정에 해당되어 상호출자 제한 기업집단으로 지정되었다. 이들의 계열사수를 합하면 모두 1,137개이고, 이들의 자산액을 모두 합하면 1,311조 원이다.

이 정책이 처음 시행되었던 1987년 자료인 〈표 5-1〉과 비교하면 많은 차이가 있다. 우선 기업집단의 수가 늘어났다. 지정기준이 되는 자산규모가 4,000억 원에서 5조 원으로 무려 13배나 늘었는데도 지정된 기업집단의 수가 늘어났다. 기업수는 두 배 정도 늘었다. 그만큼 재벌규모가 엄청나게 증대되었다. 그런데 〈표 5-1〉과 〈표 5-2〉를 비교하면 아주 특징적인 차이가 하나 있다. 〈표 5-2〉에는 공기업과 POSCO, KT, KT&G와 같은 소유와 경영이 분리된 기업도 들어 있다. 그러나 〈표 5-1〉에는 이런 기업이 없다.[1] 〈표 5-2〉에

표 5-2 2009년 4월 1일 공정거래위원회가 지정한 상호출자 제한 기업집단

(단위: 조 원)

순위	재벌명	자산액	계열사수	순위	재벌명	자산액	계열사수
1	삼성	174.9	63	26	CJ	12.3	61
2	한국전력공사	117.2	12	27	동부	12.3	32
3	현대자동차	87.0	41	28	신세계	12.0	14
4	SK	85.9	77	29	대림	11.0	16
5	LG	68.3	52	30	현대건설	9.3	14
6	대한주택공사	64.3	2	31	GM대우	8.9	3
7	POSCO	49.1	36	32	대한전선	8.6	32
8	롯데	48.9	54	33	효성	8.4	41
9	한국도로공사	42.3	4	34	OCI	8.2	18
10	한국토지공사	41.4	3	35	동국제강	8.1	13
11	현대중공업	40.9	15	36	한진중공업	7.9	6
12	GS	39.0	64	37	S-오일	7.7	2
13	금호아시아나	37.6	48	38	KCC	6.6	10
14	한진	29.1	33	39	코오롱	5.9	38
15	KT	28.5	30	40	현대백화점	5.9	22
16	두산	27.3	26	41	웅진	5.9	29
17	한화	24.5	44	42	현대산업개발	5.7	16
18	한국가스공사	22.1	3	43	동양	5.7	22
19	STX	20.7	17	44	삼성테스코	5.5	3
20	대우조선해양	16.7	10	45	세아	5.4	23
21	한국철도공사	16.3	12	46	한국투자금융	5.4	14
22	하이닉스	13.4	8	47	KT&G	5.3	6
23	한국석유공사	13.0	3	48	한국농어촌공사	5.2	2
24	LS	12.8	32	합 계		1,310.6	1,137
25	현대	12.6	11				

1) 기아그룹은 전문경영인 지배기업이지만 1987년에 재벌 명단에 포함되었다.

서 공기업을 모두 빼버리면 기업집단의 수는 40개이다(공기업은 8개).

공기업은 특수 목적을 위해 설립되었고 정부가 소유자다. 이들은 전문 분야에서 특수 목적을 위해 운영되기 때문에 다각화가 이루어질 필요가 없다. 따라서 계열기업수도 매우 적다. 이러한 공기업을 재벌에 의한 경제력 집중 현상을 방지하기 위해 운용되는 재벌정책의 대상으로 삼는 것은 매우 이상스런 접근이 아닐 수 없다.

공기업은 당해 기업의 설립과 운영을 위해 별도의 법이 제정되어 있기 때문에 이 공기업이 비정상적으로 비대해져 어떤 문제점을 야기시킨다면 그 법을 수정하여 문제점을 얼마든지 교정해 나갈 수 있다. 그런데 이들을 재벌과 동일시하여 재벌정책의 대상에 포함시키는 것은 재벌정책의 목적성을 훼손시킬 뿐만 아니라 정책의 실효성도 떨어뜨린다. 그런데도 공기업을 포함시킨 이유는 이 정책에 대한 재벌들의 저항을 무마하기 위한 하나의 방편으로밖에 볼 수 없다. 잘못된 접근이다.

2) 상호출자의 금지(법 제9조)

이 조항은 1987년의 규정에서 비교적 큰 변화가 없는 조항이다. 1987년의 '대규모 기업집단' 대신 2009년에는 '상호출자 제한 기업집단'이라는 명칭이 사용되고 있을 뿐이다. 여기에 속하는 두 계열사는 서로 상대방의 주식을 취득 · 소유할 수 없다고 규정하고 있다. 법목적도 1987년과 마찬가지이다.

그런데 1987년에는 금융 · 보험회사 이외의 회사에만 이 규정을 적용시켰는데 2009년에는 그런 구분이 없어졌다. 따라서 이 점에서는 상호출자 금지가 다소 강화되었다고 볼 수 있다. 이미 앞에서 지적하였듯이 직접상호출자는 그 폐해가 큰 만큼 엄격하게 금지해야 한다는 데 별 이견이 없기 때문이다.

3) 채무보증 금지(법 제10조의2)

채무보증 금지 조항은 재벌정책이 처음으로 시행된 1987년에는 없었던 조항이다. 재벌에 대한 비판이 점점 거세지고 경제력집중 현상이 심화됨에 따라 공정거래법 개정을 통해 1992년에 새롭게 도입한 정책이 채무보증 금지이다.

재벌은 과도한 차입으로 과도하게 비대해지는 것이 커다란 문제점으로 지적되었다. 이것이 가능한 주된 이유 중 하나는 계열사의 지급보증이었다. 재벌의 계열사는 그룹 내 타 계열사의 지급보증으로 쉽게 대출을 받을 수 있고, 이 자금으로 계열을 계속 확장해 나갔다. 따라서 금융기관의 여신은 재벌에게로 편중되고 재벌은 부채 비율이 높아졌다. 이 경우 하나의 계열사가 부실화되면 계열사 간 연쇄 부실을 일으켜 그룹이 통째로 도산하고 더 나아가서는 은행까지 도산할 위험이 생긴다.

이런 문제점 때문에 정부는 1992년의 공정거래법 개정시 대규모 기업집단 소속 계열사는 자기자본의 200% 이내에서만 타 계열사에 지급보증을 할 수 있다는 조항을 신설하였다. 이 조항은 더욱 강화되어 2009년 현재는 채무보증 자체가 완전히 금지되었다. 지정된 기업집단의 계열사는 자기 그룹의 국내계열사에 대해 채무보증을 할 수 없다.

4) 지주회사의 허용과 규제(법 제8조, 제8조의2)

1987년 재벌정책의 도입시에는 지주회사의 설립 자체가 금지되었다. 지주회사는 경제력집중을 심화시키는 주요 수단이라고 보았기 때문이다. 그런데 1997년의 외환위기를 수습하는 과정에서 재벌들의 구조조정을 용이하게 해 준다는 구실하에 지주회사의 설립을 허용하였다.

정부는 1999년의 공정거래법 개정시 지주회사의 설립을 허용하였다. 그러나 경제력집중의 심화를 최소화시키기 위해 지주회사에 대해 여러 가지 제한을 가하였다. 지주회사는 적은 자본으로 많은 기업을 지배할 수 있는 중요 수단이 되기 때문에 경제력집중을 심화시킬 수 있는 원인이 될 수 있다. 따라서 지주회사를 허용은 하지만 여러 가지 제한된 범위 내에서만 가능하도록 하였다.

지주회사에 가해진 제한은 지주회사의 행위를 제한하는 규제, 자회사의 행위를 제한하는 규제, 손자회사의 행위를 제한하는 규제 등으로 나누어 볼 수 있다. 지주회사 자체는 부채 비율을 200% 이내로 유지해야 하고, 자회사 주식을 40% 이상 소유해야 한다(상장회사는 20% 이상). 그리고 계열사가 아닌 국내 회사의 주식은 5% 이상 소유할 수 없다. 그리고 자회사가 아닌 계열사에 대해서는 주식을 소유할 수 없다. 또 일반지주회사와 금융지주회사는 분리된다. 이는 금산분리를 유지하기 위한 것이다.

자회사와 손자회사도 여러 가지 규제를 받고 있다. 이와 같이 지주회사를 허용은 하되 여러 가지 제한을 가하는 것은 지주회사의 장점은 활용하되 단점은 방지하자는 취지 때문이다. 대표적 장점은 기업의 분리 등 구조조정에 이용할 수 있다는 점이고, 단점은 경제력집중의 주요 원인이 될 수 있다는 점이다.

5) 금융 · 보험사의 의결권 제한(법 제11조)

1987년 재벌정책에서는 재벌의 계열 금융 및 보험회사는 자기가 소유하고 있는 국내 계열사의 주식에 대해 의결권을 행사할 수 없었다. 그러나 2009년 법규정에서는 이 제한이 약간 완화되었다. 임원의 선임 또는 해임, 정관 변경, 합병이나 영업의 양도 등에 관해서는 특수관계인의 지분을 합해 그 회사 발행 주식의 15% 이내에서 의결권을 행사할 수 있게 되었다.

금융 · 보험 계열사의 의결권 제한은 고객의 수탁자금을 다 회사 지배에 이용하지 못하도록 하기 위한 규정이다. 그러나 적대적 인수 · 합병 등에 대해서는 이 지분도 어느 선까지는 활용할 수 있도록 하기 위해 예외 규정을 신설하였다. 특수관계인의 지분까지 합쳐서 15%까지로만 제한한 것은 금융 · 보험사의 자금이 계열사 보호에 극히 제한적으로만 이용될 수 있도록 하기 위한 것이다.

6) 대규모 내부거래의 의결 및 공시와 지원성 거래 금지 (법 제11조의2, 법 제23조 제1항 제7호)

재벌제도가 야기시킬 수 있는 중요한 문제 중 하나는 시장질서의 왜곡이다. 시장질서의 왜곡은 부당한 내부거래에서 오는 경우가 많다. 재벌의 계열사가 특수관계인이나 타 계열사와 거래할 때는 시장거래의 룰을 벗어날 수 있다. 동일 그룹 내에서 한 계열사가 다른 계열사와 거래하거나 총수 가족과 거래할 때는 시장에 의해 정해진 가격을 벗어나서 어느 한 쪽에 이익을 제공하기 위해 인위적 가격을 설정하여 거래할 수 있다. 이런 거래는 시장을 문란하게 하고 시장질서를 왜곡시킨다. 이런 문제점을 방지하기 위해 공정거래법은 내부거래를 투명화시킬 수 있는 장치를 도입하였다. 1987년 당시에는 미처 생각지 못하였던 정책수단이다.

지정된 기업집단에 속한 회사가 일정 규모 이상(그 회사의 자본총계나 자본금 중 큰 금액의 10% 이상이거나 100억 원 이상)의 자금, 유가증권, 자산을 특수관계인과 거래하거나 특수관계인을 위하여 거래할 때는 미리 이사회의 의결을 거친 후 이를 공시하도록 하고 있다. 이것은 거래 자체를 투명화시켜 시장거래와 다르게 거래가 이루어지는 것을 방지하기 위한 조치이다(법 제11조의2).

법 제23조의 제1항 제7호에서는 다른 회사를 지원하는 거래를 금지하고 있다. 이 조항은 법 제11조의2에서처럼 지정된 기업집단에만 해당하는 것이 아니라 일반적으로 모든 기업에 해당하는 조항이지만, 그 주목적은 재벌의 계열사가 특수관계인이나 다른 계열사를 지원하기 위해 거래하는 것을 방지하기 위한 데 있다. 이 조항 역시도 시장질서의 왜곡을 방지하기 위한 장치이다. 재벌은 시장거래를 벗어나서 특정 계열사를 일방적으로 지원하는 비시장거래를 함으로써 계열사를 확장하기도 하고, 특정인의 재산을 불려 주면서 상속의 수단으로 사용하기도 한다. 이런 거래를 방지하고 재벌그룹의 내부거래를 시장거래와 일치하도록 만드는 것은 시장경제를 강화시키는 일이기 때문에 부당내부거래를 방지하려는 정책수단은 재벌 문제를 해결하기 위한 매우 중요한 개념으로 등장하고 있다.

7) 재벌정책의 주요 변화내용

재벌정책은 이를 처음 도입하였던 1987년 이후 많은 개정을 거쳐 오늘에 이르고 있다. 변화내용은 동일 정책이 계속 유지되면서 강화되기도 하고 약화되기도 하였고, 새 정책이 새롭게 도입되기도 하였고, 처음에 있었던 정책이 아예 없어지기도 하였다. 공정거래법의 타 조항에 비해 재벌정책 조항이 특히 많이 변한 이유는 두 가지 측면에서 살펴볼 수 있다.

하나는 재벌측의 강한 저항 때문이다. 재벌정책은 재벌을 규제하는 정책이기 때문에 피규제자인 재벌은 이 정책이 불편하기 그지없다. 따라서 이 정책에 강하게 저항하면서 이 정책의 폐지나 개정을 꾸준히 요구해 왔다. 또 하나는 국민여론과 정부의 필요 때문이다. 재벌의 폐해가 부각될 때는 국민들의 재벌비판 여론이 매우 높았다. 정부와 정치권은 이런 국민여론을 무시할 수 없었다. 전자의 요인에 의해서는 재벌정책이 약화되는 쪽으로 흘러갔고, 후자의 요인에 의해서는 재벌정책이 강화되는 쪽으로 흘러갔다. 그동안 재벌정책은 양쪽의 요구를 적절히 반영하면서 계속 바뀌어 왔다.

1987년 이후 지금까지 계속 유지되고 있는 재벌정책은 대규모 기업집단 지정제도, 상호출자의 금지, 지주회사 규제, 금융 · 보험회사의 의결권 제한 등이다. 그러나 이 조항들도 구체적 내용은 크게 바뀌었다. 특히, 지주회사는 처음에는 설립 자체가 아예 금지되었으나 지금은 설립을 허용하면서 여러 가지 규제를 가하는 쪽으로 바뀌었다.

처음에는 도입하였으나 지금은 없어진 제도도 있다. 출자총액제한제도가 여기에 해당한다. 이 제도는 특히 재벌들이 폐지를 강력히 요구해 왔었다. 반면에 처음에는 없었지만 새롭게 도입된 제도도 있다. 채무보증금지제도와 대규모 내부거래의 의결 및 공시제도가 여기에 해당한다. 새롭게 도입된 제도들도 도입 당시에 비해서는 구체적 내용이 많이 바뀌었다.

정부는 재벌당사자와 국민여론 사이에서 줄타기를 해 왔다. 재벌당사자들은 가능하면 재벌정책을 폐지하거나 완화시키려 하였고, 국민여론은 재벌정책을 강화하는 쪽에 있었다. 정부는 이와 같은 양쪽의 눈치를 보면서 정반대의 양쪽 요구를 적절히 수용해 왔다. 말하자면, 재벌정책의 여러 규정이 타협의 산물이 되었다. 그러다 보니 어떤 규정은 논리적으로 모순되는 결과를 낳기도 하였다. 전반적으로 재벌정책은 도입 초기에 비해 그 논리와 취지가 많이 훼손되었다. 따라서 어떤 정책은 의도한 효과를 제대로 발휘하기 어렵게 되기도 하였다.

Ⅱ. 재벌정책과 반독점정책

1. 재벌 문제의 이론적 접근[2)]

1) 재벌의 이론적 정의

한국에서 주요 민간기업들은 재벌이라고 불리는 또 다른 형태의 기업조직을 만들어 운영되고 있다. 재벌은 여러 기업들로 구성된 기업집합체이면서 단일경영주체의 지배하에서 마치 하나의 생산단위인 것처럼 운영되는

2) 최정표(2006), 「재벌체제의 시장경쟁 제한효과」 참조.

기업조직이다. 생산활동의 기본 단위는 하나하나의 개별 기업이지만 재벌은 이런 기업들로 구성된 기업들의 집합체이면서도 마치 단일기업인 것처럼 운영되고 있다. 이 때문에 재벌은 가끔 대규모 복합기업(conglomerates)이라고 불리기도 한다.[3] 재벌은 복합기업처럼 규모도 크고 광범위하게 다각화되어 있으면서 마치 하나의 기업인 것처럼 운영되기 때문이다.

이런 재벌은 그 특성을 세 가지로 요약 정리할 수 있다. 첫째는 다각화된 여러 기업들로 구성되는 기업집합체라는 점이고, 둘째는 특정 가족이 지배하는 기업그룹이라는 점이고, 셋째는 규모가 매우 크다는 점이다. 이 세 가지 특성을 모두 충족시키는 조직을 재벌이라고 정의할 수 있다. 아래에서는 이 세 가지 특성을 더욱 구체화시켜 논의해 보기로 한다.

먼저 기업집합체라는 첫 번째 특성에 대해 살펴보기로 한다. 한 재벌은 수십 개의 기업들로 구성된 기업그룹이다. 이 때문에 재벌은 적어도 구성기업들의 수만큼은 다각화(diversification)가 이루어져 있다.[4] 때로는 개별 기업들도 나름대로 자기의 주종 업종을 가지면서 어느 정도 다각화가 이루어져 있다. 따라서 이런 기업들을 계열기업으로 거느리는 재벌은 계열기업의 수 이상으로 폭넓게 다각화가 이루어져 있다.[5] 이와 같이 재벌이 수십 개의 계열기업을 거느린다는 것은 그만큼 폭넓게 다각화가 이루어져 있다는 것을 나타낸다.

재벌의 다각화 정도는 두 가지 각도에서 측정할 수 있다. 하나는 재벌이 참여하고 있는 업종 전체를 산업분류에 맞추어 분리시킨 후 다각화의 정도를 측정하는 것이고, 다른 하나는 개별 계열기업이 각기 독립업종에 참여하고 있다는 것을 전제로 하여 계열기업의 수와 분포로 다각화의 정도를 측정

3) 복합기업은 규모가 크면서 여러 업종으로 다각화되어 있는 단일기업을 의미하는 데 반해, 재벌은 여러 기업의 집합체이다.

4) 최정표(2006).

5) 중분류산업을 기준으로 재벌의 다각화를 조사한 자료에서는 다각화 업종이 계열기업의 수보다 적기도 하다. 그러나 산업을 더욱 세분시켜 보면 다각화 업종의 수는 계열기업의 수보다 많다.

하는 것이다.[6] 어느 방법으로 접근하느냐는 전적으로 업종 분류를 어떻게 하느냐에 달려 있다. 어쨌든 계열기업들이 동일 업종에 참여하고 있지 않는 한 재벌이 계열기업의 수를 늘리는 것은 다각화의 한 방법이라고 볼 수 있다. 따라서 한 재벌이 수십 개의 계열기업으로 구성되어 있다는 것은 그만큼 폭넓게 다각화가 이루어져 있다는 것을 의미한다.

재벌의 두 번째 특성으로 지적되고 있는 가족 중심의 지배구조는 소유와 경영이 분리되지 않았다는 것으로서, 이것은 그룹 전체를 마치 하나의 기업인 것처럼 만드는 핵심적 요인이 된다. 각 재벌은 특정 개인과 그 가문의 지배를 받는다. 지배의 원천은 순환식 소유고리이다. 특정 개인과 그 가족은 친족지분을 이용해 먼저 중핵기업에서 개인 대주주의 지위를 확보한다. 그 다음은 이를 바탕으로 계열사가 타 계열사에 출자한 법인 지분의 의결권까지 장악한다. 이렇게 되면 중핵기업의 개인 대주주는 내부지분율이 행사하는 의결권을 모두 장악하여 궁극적으로 그룹 전체에 대해 지배권을 확보할 수 있다.

이런 지배구조하에서는 한 재벌에 포함되어 있는 모든 계열기업들이 특정 개인과 그 가족의 지배하에 귀속될 수밖에 없고, 그룹 전체는 마치 하나의 기업인 것처럼 운영된다. 말하자면, 그룹의 개별 계열기업은 구미 선진국의 대규모 복합기업이 운영하는 사업부와 비슷한 위상으로 전락한다고 볼 수 있다. 재벌의 계열기업은 법률적으로는 독립적인 법인이지만 실질적으로는 한 사람의 경영지배하에서 운영되는 그룹 전체의 한 부서와 같다.

개별 기업은 독립적인 주주구성하에서 독립적인 내부 조직을 만들고 있다. 따라서 개별 기업은 시장에서 독립적인 경제주체로 독립적인 경제활동을 수행하면서 독립적인 시장경쟁의 주체가 된다. 그런데 이런 기업들이 한 그룹을 형성하여 한 개인의 지배하에 귀속되면 기업단위의 독립성은 무

6) Choi-Cowing(2002).

력화되어 버린다. 그리고 그룹 전체가 마치 하나의 기업인 것처럼 운영되고 유지된다. 재벌이 바로 이렇게 운영되는 기업조직이다.

세 번째로 지적되는 재벌의 특성은 그 규모가 매우 크다는 것이다. 재벌은 그룹 전체로의 규모도 매우 클 뿐만 아니라 그 속에 들어 있는 개별 기업들의 규모도 매우 크다.[7)] 계열기업의 규모가 크기 때문에 이들로 구성된 그룹 전체의 규모가 클 것은 매우 당연하다.

재벌의 규모는 재벌에 의한 경제력집중(economic concentration) 문제로 연결된다. 특정 재벌 또는 일정 수의 재벌군이 한국경제에서 차지하는 비중이 너무 크기 때문에 나타날 수 있는 제반 폐해를 경제력집중의 문제라고 한다. 우리 경제에서 5대 재벌군이 차지하는 비중은 25%를 넘어서고 있다. 재벌의 두 번째 특성과 연결해 볼 때 5대 재벌에 의한 집중률이 25%에 이른다는 것은 5명의 개인 또는 그 가족이 한국경제의 25%를 직접 장악하고 있다는 것을 의미한다. 이처럼 경제력집중이 심화되면 어떤 문제들이 나타날 수 있는지에 대해서는 이미 많은 연구가 이루어져 왔다.[8)]

지금까지 논의된 세 가지 특성 중 어느 한 특성이라도 결여되어 있으면 이는 재벌이라고 보기 어렵다. 만약 첫 번째 특성(기업의 집단화)이 충족되지 않는다면 비록 두 번째(경영의 가족화) 및 세 번째 특성(규모의 비대화)이 충족된다고 할지라도 이는 재벌이라고 정의하기보다는 전문대기업이라고 정의하는 것이 더 타당할 것이다. 예컨대, 현대자동차(주)가 자동차만 생산하는 단일기업이라면, 비록 그 규모가 매우 크고 특정 가문의 지배를 받는다고 해도 구태여 재벌이라고 정의할 필요가 없다. 자동차 전문회사가 특정 가족의 지배를 받으면서 그 규모가 엄청나게 클 때 나타날 수 있는 경제적 폐해는 주로 독점 문제 또는 시장지배력 문제일 것이다. 이 문제는 빈독점정책

7) 우리나라의 대규모 민간기업 대부분은 특정 재벌의 계열기업이다. 그러나 재벌의 계열기업 중에는 중 · 소규모의 기업도 더러 발견된다.
8) 최정표(2004), 황인학(1997), Caswell(1987), Weiss(1983) 등 참조.

(antitrust policy)으로 치유될 수 있기 때문에 구태여 재벌정책을 동원할 필요가 없다.[9)] 미국의 포드(Ford)사가 포드가문의 지배를 받으면서 세계적 규모의 자동차 메이커일 때 포드사에 대해 재벌 문제가 거론되지는 않았다. 구태여 재벌이라고 표현하지도 않았다.

만약 위에서 논의한 재벌의 세 가지 특성 중 두 번째 특성(경영의 가족화)이 충족되지 않아도 이를 재벌이라고 정의할 필요가 없다. 비록 첫 번째 및 세 번째 특성이 충족되어 여러 기업들이 모여 하나의 그룹을 만들고 그 규모가 매우 크다고 해도 이들이 특정 가문의 지배하에 귀속되어 있지 않다면 이를 재벌이라고 정의할 필요가 없다. 일본의 케이레츠(系列)가 여기에 해당한다고 볼 수 있는데, 일본에서는 재벌 문제가 거론되지 않는다. 일본의 기업집단은 개별 기업단위로 독립적인 전문경영인의 지배를 받기 때문에 가족지배와는 무관하다. 즉, 소유와 경영이 분리되어 있다. 따라서 일본의 기업집단은 계열사끼리의 결속력이 매우 약하다. 형식적으로는 집단을 만들고 있지만 내용적으로는 개별 기업단위로 독립경영을 수행하는 체제이다. 따라서 이러한 기업집단에서는 재벌 문제가 제기될 이유가 없다. 우리나라에서도 KT, POSCO 등은 기업그룹이고 규모가 매우 크지만 특정 가족의 지배하에 귀속되어 있는 기업이 아니기 때문에 재벌이라고 규정할 필요가 없다.[10)]

끝으로 위에서 논의된 세 가지 재벌의 특성 중 세 번째 특성(규모의 비대화)이 충족되지 않아도 이를 재벌이라고 볼 필요는 없다. 여러 기업들의 집합체이고 특정 가족의 지배하에 귀속된다는 첫 번째 및 두 번째 특성이 충

9) 현대자동차(주)는 특정 가문의 지배를 받는 국내 3위 규모의 기업집단으로 41개의 계열회사를 거느리고 있다(2009년 기준). 그리고 계열사에는 철근회사도 있고 금융회사도 있다. 따라서 현재 현대자동차(주)는 재벌의 세 가지 특성 모두를 충족시키고 있다.

10) 2009년 기준으로 POSCO와 KT는 각각 재계 순위 7위 및 15위의 대규모 기업그룹이고, 각각 36개와 30개의 계열사를 거느리는 기업집합체이다. 그러나 소유와 경영이 완전히 분리되어 있고 특정 가문의 지배를 받는 기업은 아니다.

족되어도 규모가 매우 크다는 세 번째 특성이 충족되지 않으면 이는 재벌이 아니다. 중소기업들이나 중견 기업들도 기업그룹을 만들고 특정 가족의 지배를 받는 경우가 많다. 그러나 이런 그룹들은 규모가 작기 때문에 국가경제에서 차지하는 비중이 매우 낮다. 따라서 이런 기업들에서는 재벌 문제가 거론되지 않는다. 이와 같이 규모가 작으면 비록 기업그룹이 만들어져 특정 가족의 지배하에 들어 있다고 해도 이들을 재벌이라고 규정할 필요는 없다.

지금까지 논의된 재벌의 특성을 요약 정리하면, 첫째 재벌은 수많은 계열기업을 거느리면서 광범위하게 다각화되어 있고, 둘째 특정 가족의 지배하에 귀속되어 그룹 전체가 마치 하나의 기업인 것처럼 운영되고, 셋째 규모가 매우 커서 국가경제 전체에서 차지하는 비중이 매우 클 때 이를 재벌이라고 정의한다. 이 중 어느 하나의 조건이 결여되어도 이를 재벌이라고 볼 필요는 없다.

2) 경제력집중과 경쟁제한성

경제력집중이란 국가경제 전체에서 소수의 경제주체가 차지하는 비중이 높아지는 현상을 의미한다. 따라서 경제력집중의 정도는 주로 총괄집중률(aggregate concentration)을 이용하여 측정된다. 총괄집중률은 100대 또는 200대 기업군이 국가경제 전체에서 차지하는 비중으로 측정된다. 그런데 우리나라에서는 재벌이라는 특수한 기업조직이 마치 대규모의 단일기업처럼 운영되고 있기 때문에 10대 또는 30대 재벌군이 국가경제 전체에서 차지하는 비중으로 총괄집중률을 측정하고 있다.

통계적으로 총괄집중률이 높아지면 경제력집중 현상이 심화된다고 본다.[11] 그리고 시장집중률(market concentration)이 높아지면 시장경쟁이 위축

11) 황인학(1997)은 경제력집중 현상을 더욱 구체적으로 정의하고 있다. 총괄집중률이 높으면서 대기업들이 광범위하게 다각화되어 있을 뿐만 아니라 소유집중 현상이 심하고 시장집중 현상이 높을 때 경제력집중이 심화된다고 정의하고 있다. 이 개념은 한국의 재벌을 대상으로 경제

된다고 본다. 따라서 총괄집중률과 시장집중률이 서로 연관되어 있으면 경제력집중도 시장경쟁과 연결될 수 있다. 그런데 시장집중률은 특정 상품의 시장에서 주도적 대기업군이 차지하는 비중인 반면, 총괄집중률은 국가경제 전체 또는 제조업, 비금융업 등과 같이 넓은 범주의 산업 내에서 주도적 대기업군이 차지하는 비중이기 때문에 총괄집중률과 시장집중률이 직접 연결될 수는 없다. 하지만 Clarke and Davies(1983)는 총괄집중과 시장집중이 서로 연관되어 있다는 것을 이론 및 실증적으로 보여 주고 있다. 대규모 기업이 커지면 총괄집중률이 높아진다. 그런데 대규모 기업은 다각화 정도를 더욱 확장하면서뿐만 아니라 이미 진출해 있는 개별 업종의 규모도 키우면서 성장해 나간다. 이때 참여업종에서의 영업규모가 커지면 그 시장에서의 시장집중률이 높아진다. 따라서 총괄집중률이 증가하면 부분적으로 시장집중률도 증가한다. 즉, 총괄집중률과 시장집중률은 서로 연관성이 있다는 것이 클라크와 데이비스의 주장이다.

이 논리는 한국 재벌에도 그대로 적용될 수 있다. 재벌규모가 커지면 총괄집중률이 높아진다. 그런데 재벌규모는 계열기업수를 늘리면서뿐만 아니라(다각화의 확대) 개별 계열기업의 규모를 신장시키면서 커 나간다. 그런데 개별 계열기업이 커갈 때는 이 기업이 참여하는 시장에서의 독점 정도가 높아지면서(시장집중의 확대) 시장경쟁이 위축된다. 따라서 총괄집중의 증가는 시장집중의 증가를 수반하면서 시장경쟁을 제한할 수 있다. Caswell(1987)도

력집중을 파악할 때 적용할 수 있는 논리이다. 대재벌들이 국가경제에서 차지하는 비중이 높고(총괄집중률이 높고), 많은 계열기업을 거느리면서 수많은 업종에 진출해 있고(다각화가 매우 높고), 총수가 그룹 전체에 대해 지배권을 장악하고 있고(소유집중 현상이 높고), 많은 계열기업들이 독과점업체로 군림하고 있을 때(시장집중이 높을 때) 한국경제에서는 재벌에 의한 경제력집중이 심화되었다고 본다. 그러나 이런 조건들이 경제력집중의 필요조건은 아니다. 일단 총괄집중률이 높으면 경제력집중이 심화되었다고 판단할 수 있다. 특히, 재벌이 아닌 대규모 단일법인으로 운영되고 있는 구미 선진 경제에서는 총괄집중률만으로도 경제력집중의 정도를 충분히 파악할 수 있다. 우리나라에서는 기업이 아닌 재벌을 중심으로 총괄집중률을 측정하기 때문에 대재벌군에 의한 총괄집중률이 높으면 경제력집중이 심화되었다고 판단할 수 있다.

총괄집중은 시장집중을 반영하는 지수가 된다고 보았다. 총괄집중이 높아지면 그 경제 내의 많은 시장에서 시장집중이 높아지면서 시장경쟁이 제한된다는 것이다.

Weiss(1983)와 Caswell(1987)은 경제 외적인 측면에서도 총괄집중의 증가가 시장경쟁을 위축시킬 수 있다고 보았다. 총괄집중이 높아지면 대규모 기업(재벌)들은 사회적 · 정치적 비중이 높아지기 때문에 정부의 정책결정 과정이나 사회적 여론조성 과정에서 쉽게 자기들의 이익을 반영시킬 수 있다. 대기업(재벌)들은 이미 확보하고 있는 독점력(독점시장)을 지속적으로 유지하기 위해서뿐만 아니라 새롭게 독점력을 확보하기 위해서 그들의 정치 · 사회적 힘을 더 크게 활용할 수 있다. 이것은 간접적인 방법으로 시장경쟁을 제한시키는 효과를 가져올 수 있다.

경제력집중가설(economic concentration hypothesis)은 재벌의 세 가지 특성(기업의 집단화, 경영의 가족화, 규모의 거대화) 중 세 번째 특성인 규모의 거대화에 기인한다. 규모가 크기 때문에 총괄집중률이 높아진다. 총괄집중률이 높아지면 더 많은 시장에서 시장집중이 높아질 뿐만 아니라 비경제적 분야에서도 재벌의 힘이 커져 그 힘을 자기들의 독점력 확대에 이용할 수 있다.

한국경제에서는 재벌에 의한 경제력집중 문제가 그 동안 심각한 경제문제의 하나로 지적되어 왔었다. 5대 재벌이 우리 경제에서 차지하는 비중은 30% 수준을 넘어설 때도 있었으며, 30대 재벌에 의한 총괄집중률이 50% 가까이까지 이를 때도 있었다. 이와 같이 경제력집중이 높으면 많은 시장에서 시장집중이 높아져 시장경쟁이 제한될 가능성이 매우 높다.[12)]

3) 거대자금과 경쟁제한성

다각화된 대규모 복합기업(conglomerates)이 참여하는 업종에서는 내부

12) Choi-Patterson(2007) 참조.

보조(cross subsidization)로 인해 시장경쟁이 제한될 수 있다. 이 논리는 Edwards(1955)에 의해 처음 제기되었는데 Scherer(1980)는 에드워즈의 주장을 보강하여 체계화시키고 있다. 다각화되어 있는 대규모 복합기업은 수익성이 높은 업종의 수입으로 다른 업종의 사업을 보조해 줄 수 있는데, 이때 보조를 받은 업종의 시장에서는 복합기업이 경쟁기업을 이 시장으로부터 축출해 버릴 수 있을 정도로 가격을 낮게 책정할 수 있다. 이렇게 되면 이 복합기업은 이 업종의 시장을 약탈하게 되기 때문에 이런 가격결정행위를 약탈가격정책(predatory pricing)이라고 한다. 약탈가격정책이 가능한 것은 이 기업이 여러 업종의 수입으로부터 거대자금을 조달할 수 있기 때문이다. 이와 같이 대규모 복합기업이 거대한 내부 자금을 이용하여 특정 시장에서 시장약탈을 시도하면서 독점력을 확보해 나가는 것을 거대자금가설(deep pocket hypothesis)이라고 한다.

약탈가격은 궁극적으로 시장경쟁을 제한한다. 약탈가격이 시행되는 동안에는 시장경쟁이 오히려 촉진되고 소비자들이 혜택을 누릴 수 있다. 그러나 시장약탈이 성공한 후에는 더 이상 가격을 낮출 필요가 없다. 이때는 오히려 독점가격을 책정하여 약탈가격으로 인해 손해보았던 부분을 보전할 뿐만 아니라 높은 독점이윤까지 누릴 수 있다. 따라서 약탈가격이 성공한 후에는 이 업종에서의 시장경쟁이 현저히 제한될 것이다.

한국의 재벌체제에서는 재벌에 의해 시장약탈이 이루어질 가능성이 매우 높다. 대재벌은 참여업종이 폭넓게 다각화되어 있다. 그리고 수익성이 높은 업종도 많이 거느리고 있다. 따라서 대재벌은 일반적으로 자금력이 풍부하다(deep pocket). 그러므로 재벌은 계열기업 간의 내부 보조를 이용해 특정 계열기업이나 특정 업종을 집중지원할 수 있다. 이때 지원을 받은 계열기업은 자기 업종에서 약탈가격을 시행할 수 있다. 약탈가격까지는 가지 않더라도 그 시장에서의 시장점유율을 대폭 확대시켜 나갈 수 있다. 이렇게 되면 궁극적으로 이 기업은 이 시장에서 독점력을 확보하게 되고 이때부터는 독점이윤을 누릴 수 있도록 가격정책을 펼쳐 나갈 것이다. 이것은 시장에서의 경쟁제한을 의미한다.

재벌의 내부 보조는 진입제한효과도 발휘한다. 재벌이 참여하는 업종에서는 재벌기업이 거대자금으로 위협을 하기 때문에 비재벌기업이 신규진입하는 데 매우 신중해질 수밖에 없다. 그뿐만 아니라 시장 내 기존 기업도 재벌기업에 대해서는 공격적인 시장전략을 구사하기도 어렵다. 재벌에 비해 자금력이 부족하기 때문이다. 이런 효과를 총칭하여 재벌의 과시효과(demonstration effect)라고 한다. 재벌은 거대자금으로 자기 위상을 과시하기 때문에 신규 진입이나 비재벌기업에 의한 도전적 경쟁은 그만큼 어려워진다.

거대자금가설은 재벌의 세 가지 특성(기업의 집단화, 경영의 가족화, 규모의 거대화) 중 첫 번째 특성에 크게 기인한다고 볼 수 있다. 재벌은 수많은 계열기업을 거느리면서 폭넓게 다각화되어 있기 때문에 수익성이 높은 계열기업이나 업종의 자금으로 다른 계열기업이나 업종을 내부 지원할 수 있는 것이다.

공정거래법에서는 계열기업 간의 부당내부거래를 단속하고 있다. 부당내부거래는 일시적으로는 경쟁을 촉진시킬 수 있으나 궁극적으로는 시장경쟁을 제한할 가능성이 매우 높기 때문이다. 재벌이 내부 보조를 이용하여 참여업종을 넓혀 나갈 뿐만 아니라 많은 업종을 하나씩 독점화시켜 나가면 궁극적으로는 재벌의 독점적 지배업종이 더욱 늘어나면서 경제는 전체적으로 시장경쟁이 위축될 것이다.

4) 상호구매와 경쟁제한성

재벌은 독자적으로 독점력을 강화할 수도 있지만 다른 재벌과 공동으로 독점력을 강화시킬 가능성도 있다. 재벌들은 많은 업종으로 다각화되어 있어서 서로 상대방의 주요 고객이 될 수 있기 때문이다. 예컨대, 다각화되어 있는 재벌 *A*는 *a*, *x*, *c*업종에 진출해 있고, 또 다른 재벌 *B*는 *b*, *y*, *c*업종에 진출해 있다. 그런데 재벌 *A*의 *a*업종은 재벌 *B*의 *y*업종 상품을 부품으로 사용하고, 재벌 *B*의 *b*업종은 재벌 *A*의 *x*업종 상품을 부품으로 사용하고 있다. 그리고 *c*업종에서는 *A*와 *B*가 서로 경쟁해야 하는 입장에 있다. 이렇게 되면 *A*와 *B*는 *c*업종에서는 서로 경쟁하면서 *a*와 *b*업종에서는 서로 상대방의 고객이 된다. 즉, *a*, *b*업종에서는 서로 상대방의 상품을 구매해야 하는 상호구매(reciprocal buying) 관계가 성립된다.

*A*와 *B* 사이에 이러한 상호구매 관계가 성립하면 *A*와 *B*는 *c*시장에서 서로 경쟁을 자제할 가능성이 높아진다. 그 이유는 서로 상대방에게 보복할 수 있는 수단을 가지고 있기 때문이다. *A*와 *B*가 상호구매 관계를 맺고 있는데 *c*시장에서 가격전쟁(price war)이 일어나면 이들은 *a*, *b*시장을 통해 서로 상대방에게 보복할 수 있다.

예컨대, *A*가 *c*시장에서 기만적 행위나 도전적 행위를 하면 *A*는 *B*로부터 *x*재의 구매중단 등과 같은 보복을 당할 수 있다. 마찬가지로 *B*가 *c*시장에서 기만적 행위나 도전적 행위를 감행한다면 *B*도 *A*로부터 *y*재의 구매중단 등과 같은 보복을 받을 수 있다. 따라서 두 재벌 간에 이런 산업연관 관계가 성립되어 있으면 두 재벌은 *c*시장에서 서로 경쟁을 자제할 가능성이 매우 높아진다. 이와 같이 두 기업이 서로 상호구매 관계를 갖고 있기 때문에 특정 시장에서 경쟁이 제한되는 현상을 상호구매가설(reciprocal buying hypothesis)이라고 한다. 우리나라 재벌들은 아주 많은 업종으로 다각화되어 있기 때문에 특정 재벌 간에 이러한 관계가 성립될 가능성이 충분히 존재한다.[13)]

5) 상대 영역 상호존중과 경쟁제한성

재벌은 수많은 분야로 다각화되어 있다. 따라서 여러 재벌은 많은 시장에서 서로 만나게 되고, 또 경쟁관계에 놓이게 된다. 이렇게 되면 각 재벌은

13) Scherer(1980), Weiss(1983), Caswell(1987)은 다각화된 대규모 복합기업에서 이런 현상이 나타날 수 있다는 것을 잘 설명하고 있다.

다른 재벌과 경쟁하는 데 매우 신중해질 수밖에 없다. 재벌 간의 경쟁은 많은 시장에서의 경쟁으로 확대되기 때문이다. 특히, 각 재벌이 나름대로 자기의 비교우위시장을 확보하고 있다면 경쟁보다는 협조의 길을 모색할 가능성이 더욱 높아진다. Edwards(1955)는 다각화된 대규모 복합기업 간의 관계를 분석하면서 이 원리를 처음으로 제시하였고, Scherer(1980)는 여러 가지 사례를 이용하여 이 원리를 체계적으로 설명하고 있다.

한국 재벌은 대규모 복합기업 이상으로 다각화의 폭이 넓기 때문에 에드워즈의 논리가 성립할 가능성이 매우 높다. 예컨대, 재벌 *A*와 재벌 *B*가 모두 *a*, *b*, *c*업종에 진출해 있으면 이 업종 모두에서 이들은 경쟁해야 하는 입장에 놓이게 된다. 그런데 *a*업종에서는 재벌 *A*가 시장점유율이 매우 높으면서 비교우위에 있고, *b*업종에서는 재벌 *B*가 시장점유율이 매우 높으면서 비교우위에 있다. 그리고 시장 *c*에서는 두 재벌이 거의 비슷한 정도의 점유율에서 어느 재벌도 상대적 우위성을 확보하고 있지 못하다.

에드워즈와 쉐러는 이런 관계가 성립되어 있으면 세 시장 모두에서 경쟁이 자제될 가능성이 높다고 보았다. *a*시장에서는 *A*가 절대적 우위에 있고, *b*시장에서는 *B*가 절대적 우위에 있기 때문에 두 시장에서는 원초적으로 경쟁이 활성화되기 어렵다. 거기다가 *A*와 *B* 사이에는 암묵적으로 서로 상대방의 우위영역(spheres of influences)을 인정하는 신사협정이 성립될 수 있다. *A*는 *B*에 대해 *b*영역에서의 우위성을 인정해 주는 대신, *a*영역에서는 자기의 우위성을 인정받으려고 한다. 이렇게 되면 *a*, *b*시장은 물론 *c*시장에서도 경쟁이 자제될 수밖에 없다. *c*시장은 서로 비슷한 점유율을 가지고 있기 때문에 시장쟁탈을 위해 두 재벌이 치열하게 경쟁할 가능성도 있다. 그런데 *c*시장에서 치열하게 경쟁하게 되면 *a*, *b*시장에서이 상대 영역 상호존중 협약이 무너지기 쉽다. *A*와 *B*는 각각 우위 입장에 있는 *a*, *b*시장에서 상대방에게 보복할 수 있기 때문이다. 이렇게 되면 *c*시장 때문에 *a*, *b*시장에서의 협조체제까지 무너질 수 있다. 따라서 *A*와 *B*는 *a*, *b*, *c*시장 모두에서 경쟁을 자제하려고 할 것이다.

6) 다시장접촉과 경쟁제한성

재벌은 광범위하게 다각화되어 있기 때문에 많은 시장에서 다른 재벌과 만나게 되는데, 이 이유 때문에도 경쟁은 자제될 가능성이 있다. 상호구매가설(reciprocal buying hypothesis)에서는 두 재벌이 서로 고객관계로 만나게 될 때 경쟁이 제한될 수 있다는 가능성을 보여 주었다. 상대 영역 상호존중가설(spheres of influence hypothesis)에서는 두 재벌(또는 그 이상의 재벌)이 동종의 여러 시장에서 만나면서 각자 강한 영역을 가지고 있을 때 그 시장뿐만 아니라 다른 시장에서도 경쟁이 제한될 수 있는 요인이 있다는 것을 살펴보았다. 다시장접촉가설(multimarket contact hypothesis)은 두 가설을 종합한 보다 일반화된 가설로 두 재벌(또는 그 이상의 재벌)이 여러 시장에서 서로 만나는 것 그 자체가 경쟁제한의 요인이 된다는 주장이다.

다시장접촉가설은 다각화되어 있는 두 기업(또는 그 이상 기업)이 여러 시장에서 서로 만나면 이들끼리의 상호의존성이 높아지기 때문에 각 시장에서 서로 경쟁을 자제하려는 움직임이 있을 수 있다는 가설이다. 상호의존성이 높아진다는 것은 상대방의 도전적 행위에 보복할 수 있는 고리를 가질 뿐만 아니라 상대방의 시장행동이 자기의 이익에 직접 영향을 미칠 가능성이 높아진다는 의미이다.

전통적 시장이론에서는 시장의 독점력이 그 시장 내부의 사정에 의해 결정된다고 보았다. 그 시장의 수요조건, 시장집중률, 진입장벽 등이 시장경쟁을 좌우하는 주요 요소로 취급되었다. 그러나 다시장접촉가설은 그 시장 자체의 조건뿐만 아니라 타 시장의 조건에 의해서도 시장경쟁이 영향을 받는다는 이론이다. 특정 시장에서의 경쟁자들이 다른 시장에서도 서로 만나게 되면 다른 시장에서의 경쟁관계가 특정 시장의 경쟁에 영향을 준다는 것이 다시장접촉가설이다. 예컨대, 재벌 *A*와 *B*가 *a*시장과 *b*시장에서 서로 경쟁하는 관계에 있다면 *a*시장의 경쟁 정도는 *a*시장 자체의 시장조건에 의해서뿐만 아니라 *b*시장에서의 경쟁조건에 의해서도 영향을 받는다.

다시장접촉효과의 가능성을 제일 먼저 제기한 학자는 Corwin Edwards (1955)이다. 그는 다각화된 기업들이 여러 시장에서 서로 만날 때는 상호자제 가능성(potential of mutual forbearance)이 높아진다고 보았고, 이 때문에 경쟁이 무디어진다고 보았다. 이런 현상은 여러 업종에서 서로 만나게 되는 기업들 사이에서뿐만 아니라 한 업종의 기업들이 지역적으로 분리된 여러 시장에서 서로 만나게 될 때도 나타날 수 있다.

에드워즈의 주장 이후 다시장접촉효과에 관해서는 많은 이론연구(Scott, 1989; Bernheim and Whinston, 1990)와 실증연구(Scott, 1982; Evans and Kessides, 1994; Fernandez and Marin, 1998; Busse, 2000)가 있어 왔다. 대부분의 연구들은 다시장접촉이 시장경쟁에 영향을 미칠 가능성이 높다고 보고 있다. 특히, Bernheim-Whinston(1990)은 다시장접촉 효과의 존재 가능성을 이론적으로 입증하고 있다. 실증연구들에서도 강도의 차이는 있지만 다시장접촉효과의 존재를 거의 입증하고 있다.

한국 재벌은 광범위하게 다각화되어 있기 때문에 여러 시장에서 경쟁자로서 서로 만나게 된다. A재벌이 수행하는 업종에는 B재벌도 참여하고 있는 것이 보통이다. 말하자면, 재벌들은 여러 시장에서 서로 경쟁자가 된다. 그뿐만 아니라 서로 경쟁관계에 있는 여러 재벌들은 또 여러 중간재 시장에서 서로 공급자와 수요자의 관계로 만나기도 한다. 다시장접촉가설이 성립한다면 한국의 재벌끼리는 많은 시장에서 경쟁이 자제될 가능성이 매우 높다.

2. 재벌정책의 정당성 문제

공정거래법에 재벌정책이 들어 있는 것에 대해서는 논쟁의 여지가 있을 수 있다. 특히, 재벌당사자인 전경련에서는 반대 입장을 강력히 피력하고 반대 논리를 체계적으로 제시하고 있다. 있을 수 있는 일이다. 공정거래 정책은 기본적으로 반독점정책(antitrust policy)이기 때문이다. 재벌정책이 반독점정책의 한 부분이 될 수 있느냐에 대해서는 의견일치가 되어 있지 않다. 외국에서는 이런 법체계를 가지고 있지 않기 때문이다.

반독점정책은 그 논리가 매우 분명한 정책이다. 학술적 이론도 분명하게 확립되어 있고, 미국의 Sherman법을 기점으로 정책의 역사도 100년 이상이나 된다. 그리고 전 세계가 도입하고 있는 정책이다. 독점을 방지하고 금지해야 한다는 데에는 이론의 여지가 없다.

그런데 한국에서 시행하고 있는 제반 재벌규제정책이 반독점정책과 어떻게 조화를 이룰 수 있느냐에 대해서는 아직 학문적 토대가 미흡한 실정이다. 전경련의 학자들은 재벌규제 관련 조항은 공정거래법에서 모두 분리시켜야 한다고 주장한다. 학계에서도 논쟁이 되고 있는 사항이다.

그러나 재벌이 한국경제 그 자체라고 할 정도로 재벌이 국가경제를 주도하고 있는 한국에서는 재벌규제정책이 필요하다는 데 공감대가 형성되어 있는 것도 현실이다. 재벌정책이 필요하다면 그 정책이 법적으로 자리잡을 곳은 공정거래법일 수밖에 없을 것이다. 그래서 정부도 공정거래법에 재벌정책을 도입하고 있는 것이다.

중요한 것은 재벌정책이 학술적으로 얼마나 정당성이 확보되어 있으며, 반독점정책과는 어떻게 조화를 이루고 있느냐 하는 점이다. 재벌정책이 이론적으로 정당한 근거를 확보하고 있으면서, 반독점정책까지 보완해 주는 정책이라는 것이 분명해지면 재벌정책은 공정거래법의 한 부분이 될 수 있다. 그러기 위해서는 공정거래법상의 재벌정책 조항들이 반독점 방향과 일치한다는 논리를 제시해야 한다. 더 나아가 정책당국은 재벌정책이 재벌비판에 편승한 포퓰리즘이 아니라는 것을 분명하게 보여 주는 것이 매우 중요하다.

현재 도입되어 있는 재벌정책의 정책수단 중 반독점정책과 조화를 이루지 못하는 것이 있다면 이는 개선해야 한다. 그리고 재벌의 저항으로 정책내용이 수정을 거듭해 오면서 본래의 의도에서 많이 일탈해 있는 정책도 있다. 이런 정책들도 개선해야 할 것이다. 재벌정책이 공정거래정책의 한 부분으로 계속 유지되기 위해서는 이 정책이 반독점정책의 일환으로 사용되는 정책이라는 것을 더욱 분명히 할 필요가 있다.

3. 재벌정책의 실효성 문제

1987년부터 공정거래법을 통해 재벌정책이 시행된 후 과연 그 효과는 어떻게 얼마나 나타났는지에 대해서는 아직 답을 제시할 정도의 연구가 이루어지지 못하였다. 정책 시작 당시에 지적되었던 제반 재벌 문제가 어느 정도 해결되었는지, 아니면 더 나빠졌는지 등에 대해서도 논의의 여지가 많다.

전경련을 중심으로 한 재벌당사자는 재벌정책의 평가에 매우 인색하다. 그들은 재벌정책 자체가 불필요한 정책이고 오히려 부작용이 더 많은 정책이라고 주장하고 있다.

그러나 개혁 성향의 진보학자들은 재벌 문제가 전혀 개선되지 않았다고 극단적인 평가를 하기도 한다. 1987년 당시 지적되었던 재벌 문제는 지금도 여전히 존재한다는 주장이다.

재벌정책의 시행을 위해 많은 행정비용이 투입되었다. 만약에 정책효과가 없었다면 공정거래법상의 제반 재벌규제도 재고해야 할 필요가 있다. 국가의 많은 예산을 투입하고 그 효과가 없다면 그 정책은 실패한 정책이기 때문이다.[14)]

재벌식의 기업조직은 선진국에서는 관찰하기 드문 기업형태이다. 반면에 중진국이나 후진국에서는 극히 일반화되어 있는 기업형태이다. 그런데

14) 최정표(2007) 참조.

한국에서는 재벌이 여전히 대기업 조직의 주류를 이루고 있다. 우리나라의 민간 대기업은 거의 모두 재벌 소속 기업이다. 이런 점에서 볼 때 선진국에 진입하였다고 평가하는 한국경제에서 재벌식 기업조직과 기업운영은 고민의 여지가 있는 경제 이슈임에 틀림없다.

재벌식 기업조직을 강제적으로 탈바꿈시키는 것은 힘든 일이다. 그러나 재벌식 기업운영에서 초래되는 사회 · 경제적 문제는 정책으로 풀어 가야 한다. 따라서 선결되어야 할 일은 그 동안 시행된 재벌정책이 얼마나 실효성을 거두고 있는지를 실증적으로 과학적으로 평가하는 것이다. 평가 결과를 바탕으로 재벌정책을 다시 짜야 한다.

Ⅲ. 대규모 기업집단 지정제도

1. 제도의 필요성

재벌정책을 시행하기 위해서는 먼저 정책대상인 재벌을 정해야 한다. 이런 관점에서 대규모 기업집단 지정은 정책 시행을 위한 불가피한 과정이라고 볼 수 있다. 문제는 어떤 기업을 재벌로 정하느냐 하는 점이다. 공정거래법은 시행 초기에 일정 기준에 의해 규모가 큰 기업집단을 지정해서 정책의 대상으로 삼았다. 따라서 지정된 대규모 기업집단을 재벌로 규정할 수 있고 이를 대상으로 재벌정책을 시행할 수 있다.

이처럼 대규모 기업집단 지정은 재벌정책 시행의 출발점이 되는 제도이다. 그런 만큼 이 제도는 정책의 성패를 좌우하는 제도이다. 지정이 잘못되면 정책 자체가 실효를 거둘 수 없다. 대규모 기업집단의 지정은 재벌을 정의하는 것과 마찬가지이기 때문이다. 재벌을 잘못 정의하면 재벌정책은 결코 성공할 수 없다.

1987년 처음으로 대규모 기업집단이 지정된 이후 지정방식은 수차례 개정을 거듭하여 오늘에 이르고 있다. 말하자면, 그 동안 재벌의 법적인 정의가 여러 번 변해 왔다. 이것은 정책의 실효성에도 심각하게 영향을 미쳐 왔다고 볼 수 있다.

2. 제도의 변천 과정

대규모 기업집단 지정제도는 1987년 처음 실시된 이후 세 번에 걸쳐 큰 변화가 있었다. 1987년에는 기업집단 중 자산규모가 4,000억 원 이상인 기업집단을 대규모 기업집단으로 지정하였다. 이때 지정된 기업집단이 32개이고, 이들의 계열기업은 모두 509개였다. 따라서 32개 재벌과 509개 계열기업이 재벌정책의 대상이 되었다.

이 방식은 1992년까지 유지되었다. 이 방식에 의한 1992년도의 지정 현황을 살펴보면 기업집단수는 78개이고, 계열기업수는 1,056개이다. 1987년에 비해 그 수가 2배 이상 늘어났다. 급속도로 성장하는 한국경제에서 나타날 수 있는 당연한 현상이다. 지정기준인 자산규모 4,000억 원을 상향조정하지 않는 한 기업집단수와 계열기업수는 계속 증가할 것이다. 그런데 그 많은 기업집단을 재벌정책의 대상으로 삼는 것은 정책의 실효성을 크게 떨어뜨릴 수 있다. 1위 재벌과 마지막 순위 재벌은 그 차이가 매우 큰데 재벌정책의 똑같은 대상이 된다는 것은 문제가 아닐 수 없었다.

정부는 1993년부터 대규모 기업집단 지정제도를 규모에서 순위로 바꾸었다. 자산규모 30위까지만 대규모 기업집단으로 지정하는 제도를 채택하였다. 이것은 지정기준을 절대적 규모에서 상대적 규모로 바꾼 것이다. 순위기준으로 일정 수의 재벌만을 대규모 기업집단으로 지정하면 정책집행의

안정성은 개선되는 것이 틀림없다. 재벌정책이 시행되는 주 이유는 경제력집중 때문인데, 경제력집중은 상대적 규모에 의해 나타나는 현상이기 때문이다. 상대적으로 규모가 큰 일정 수의 재벌이 국가경제에서 차지하는 비중이 클 때 경제력집중 문제가 나타나고 이 문제를 해결하려는 정책이 재벌정책이다. 따라서 정책대상이 되는 재벌도 이 기준으로 지정하는 것이 타당하다.

그런데 2002년에는 지정기준을 순위에서 규모로 다시 바꾸었다. 재벌들은 출자총액제한제도에 대한 저항이 특히 강하였는데, 정부는 이를 무마하는 차원에서 대규모 기업집단 지정제도를 2원화시켰다. 출자총액 제한대상 재벌을 다른 정책의 대상과 분리시키는 방식을 택하였다. 그러다 보니 순위기준보다는 규모기준이 정책집행상 더 편리할 수 있었다. 정부는 자산규모를 작은 규모와 큰 규모 두 단계로 구분하여, 큰 규모 이상이면 출자총액제한제도를 포함하여 모든 재벌정책의 대상이 되고, 작은 규모 이상이지만 큰 규모 이하이면 출자총액제한제도는 제외된 채 재벌정책의 대상이 되도록 하였다.

지정기준은 그 이후에도 수차례 변해 왔다. 지정대상이 되는 자산규모를 계속 상향조정해 나갔다. 이처럼 대규모 기업집단 지정제도는 변화와 변화를 거듭해 왔다. 2002년부터는 더 나아가서 공기업까지 대규모 기업집단에 포함시켰다. 그 이전까지는 민간기업만이 재벌정책의 대상이었는데 재벌들이 공기업에 비해 자기들만 역차별을 받는다고 저항하기 때문에 이를 무마하는 차원에서 공기업도 재벌정책의 대상으로 포함시켰다. 이것은 정책당국의 결정적 실수이고, 이때부터 재벌정책은 사실상 무의미한 정책이 되고 말았다. 이 정책은 재벌에 의한 과도한 경제력집중 문제를 해결한다는 목적과 명분하에서 도입된 정책인데, 재벌이 아닌 공기업을 정책대상으로 끌어들였으니 정책의 정체성이 무너지고 말았다. 공기업은 국가소유 기업이고 설립과 운영에 관한 제반 사항이 관련 법으로 규정되어 있다. 따라서 대규모 공기업에서 나타나는 문제는 재벌 문제와는 원천적으로 구분되는 문제이고, 관련 법으로 얼마든지 해결할 수 있는 문제이다. 이들을 재벌정책의 대상으로 삼는 것은 무지의 소치가 아니면 넌센스가 아닐 수 없다.

3. 문제점과 개선방향

이미 살펴보았듯이 대규모 기업집단 지정제도는 1987년 처음 시행된 이후 여러 차례 개정되어 오늘에 이르고 있다. 지금은 이름조차 아예 바뀌어 버렸다. 공정거래법은 '대규모 기업집단'을 '상호출자 제한 기업집단' 또는 '채무보증 제한 기업집단'이라고 그 이름조차 바꾸어 놓고 있다.

이런 만큼 제도나 정책의 정체성도 흔들려 버렸다. '대규모 기업집단'은 기업들의 집단으로서 규모가 커서 재벌로 지정되고 제반 재벌정책의 대상이 된다. 그러나 '상호출자 제한 기업집단'이라는 명칭은 상호출자 제한이라는 정책의 대상이 되는 기업집단이라는 의미만 부각되고 있다. 상호출자 제한이 핵심적인 정책사항이고, 이 정책의 대상이 되는 기업집단을 지정한다는 의미이다. 그런데 실제로는 이 기업집단으로 지정되면 다른 규제도 적용받는다. 말하자면, 이렇게 지정된 기업집단에는 상호출자 제한뿐만 아니라 제반 재벌정책을 동시에 적용시키고 있다.

이처럼 재벌정책은 정책의 대상을 정하는 출발점에서부터 그 정체성과 내용이 많이 변질되었고, 이것은 정책의 효과를 훼손시키는 요인이 되었다. 정책대상의 명칭까지 바뀐 것은 정책대상인 재벌들의 저항을 무마하는 과정에서 이루어진 점이 많았다. 정부의 정책의지가 어느 정도였는지를 엿볼 수 있는 증거이다.

재벌정책의 성공 여부는 정책대상의 지정에서 이미 결판났다고 볼 수 있다. 지정제도 자체가 이렇게 갈팡질팡해 왔으니 정책의 성과가 어떠하였을지는 짐작할 수 있다.

정책대상 재벌의 지정기준은 엄격하고 일관성 있게 유지하는 것이 매우 중요하다. 지정기준을 자주 바꾸면 대상이 되는 재벌 스스로가 혼란스러울 수밖에 없다. 그렇게 되면 정책은 제대로 효과를 발휘할 수 없다.

1987년에 정한 '대규모 기업집단 지정제도'가 가장 논리에 맞는 제도라고 볼 수 있다. 재벌정책이 실효를 거두기 위해서는 지정제도에서부터 초심으로 돌아가야 한다. 처음처럼 공기업은 대상에서 제외시키는 것이 타당하다. 공기업은 국가가 소유자이고 법에 의해 설립되고 운영되는 기업인데 왜 재벌정책의 대상이 되어야 할까? 공기업은 고유의 목적을 위해 정부가 설립하고 운영하는 기업이기 때문에 문제가 있을 때는 해당 공기업 관련 법을 통해 얼마든지 교정해 나갈 수 있다.

1987년 방식에서 지적될 수 있는 가장 큰 문제점은 지정기준을 자산금액으로 하는 것이었다. 금액기준으로 기업집단을 지정하면 기업의 성장과 더불어 매년 지정되는 기업집단의 수가 증가한다. 따라서 금액을 수시로 조정해야 하는 문제점이 발생한다.

이 점을 해결하는 방법은 금액기준보다 순위기준으로 지정하는 것이다. 한때 시행하였던 것처럼 자산순위 30위까지의 기업집단을 지정하는 제도는 금액기준으로 지정하는 데서 나오는 문제를 해결할 수 있다. 30대 기업집단의 수가 많으면 20대 기업집단이나 10대 기업집단으로 그 수를 줄이는 것은 가능하다.

재벌에 의한 경제력집중 문제는 규모가 유달리 큰 소수의 재벌에서 나오는 문제이기 때문에 10대 기업집단 정도로 한정해서 재벌정책을 추진하는 것도 의미가 있다. 10대 재벌과 그 이외 재벌 사이에는 규모의 차이가 아주 크다. 따라서 10위 밖의 재벌까지 동일한 재벌정책을 적용시키는 것은 정책의 실효성을 약화시킬 수도 있다.

요약하건대, 재벌정책이 실효성을 거두기 위해서는 공기업과 전문경영인 기업을 제외한 민간기업을 대상으로 10대 재벌에 한정해서 일관성 있게 이 정책을 시행해야 한다. 그래야 재벌당사자도 자기가 정책대상이 되는지 쉽게 예측할 수 있고, 정책비용도 줄일 수 있을 뿐만 아니라 정책당국의 역량도 집중시킬 수 있다. 1위 재벌과 10위 재벌도 큰 차이가 나는데 30위 재벌까지 재벌정책을 확장할 필요는 없을 것이다.

그리고 10위 밖의 재벌은 규제 없이 빨리 성장하여 10위권 재벌과 경쟁하도록 하는 것도 중요하다. 경제력집중은 극히 소수의 초대규모 재벌에서 나오는 문제이기 때문에 10대 재벌만을 매년 지정하여 재벌정책을 추진하고, 그 밖의 재벌은 더욱 성장하여 이들과 경쟁할 수 있도록 하는 것이 타당한 접근이다. 10대 재벌과 맞먹는 재벌이 50개, 100개로 증가하면 소수 대재벌에 의한 경제력집중은 더 이상 문제가 될 수 없고 재벌정책도 필요하지 않을 것이다.

Ⅳ. 출자제한제도

1. 상호출자금지제도의 변천 과정

상호출자금지제도는 재벌정책이 처음 도입된 1987년부터 시행된 제도이다. 1987년에는 공정거래법 제7조의3에서 "대규모 기업집단으로 지정된 재벌의 계열회사는 서로 상대방의 주식을 소유할 수 없다"라고 규정하였다. 두 회사가 직접 상대방의 주식을 소유하는 것을 직접상호출자 또는 상호출자라고 하는데, 공정거래법은 이를 금지하고 있다. 그러나 금융 · 보험회사는 이의 적용을 받지 않도록 하였다. 금융 · 보험회사는 수탁자의 수익 증대를 위해 자기 주식을 가진 회사에도 출자하는 것이 불가피하기 때문이다.

1990년의 공정거래법 개정에서는 이 규정이 법 제9조로 옮겨졌으며, 금융 · 보험회사도 상호출자 금지대상이 되도록 하였다. 금융 · 보험회사를 통해 재벌이 계열확장 하는 것을 막기 위해서였다. 따라서 상호출자금지제도가 더욱 강화된 것이라고 볼 수 있다. 그런데 2002년의 법개정에서는 이 제도의 대상 재벌을 '대규모 기업집단'에서 '상호출자 제한 기업집단'이라고 명칭을 바꾸었다. 이때부터 대규모 기업집단 지정제도가 크게 바뀌었다.

재벌정책의 다른 정책수단에 비해 이 제도는 내용이 크게 바뀌지는 않았다. 이 제도는 오히려 점점 강화되었다고 볼 수 있다.

2. 출자총액제한제도의 변천 과정

재벌정책 중 출자총액제한제도(이하 약칭하여 출총제라 함)만큼 파란만장한 역사를 가진 제도는 없다. 이것은 이 제도가 재벌들에게는 목에 가시 같은 제도였다는 것을 말해 주는 것이다. 재벌들은 줄기차게 이 제도의 폐지를 요구해 왔다. 재벌세를 확장하는 데 가장 큰 걸림돌이 되었던 모양이다. 이것은 역설적으로 가장 유효한 재벌정책이었다는 것을 말해 준다. 그러나 이 정책은 무력한 제도로 바뀌었다가 결국은 폐지되는 운명을 맞고 말았다. 이명박정부에 와서의 일이다.

출총제가 처음 도입되었던 1987년에는 법 제7조의4 규정으로서 지정된 대규모 기업집단의 계열사는 자기 순자산의 40% 이내에서만 국내의 타 회사에 출자할 수 있도록 제한을 가하고 있었다. 이것은 재벌들이 계열사 출자를 통해 무분별하게 재벌의 세를 확장해 나가는 것을 막기 위한 것이었다. 1990년의 법개정시 이 규정은 법 제10조로 옮겨 갔다.

이 규정에도 불구하고 재벌의 경제력집중 현상이 심화되자 정부는 1995년에 출자한도를 40%에서 25%로 강화시켰다. 이제 지정된 재벌의 계열사는 자기 순자산의 25% 이내에서만 국내의 타 회사에 출자할 수 있도록 되었다.

1997년에는 한국에 미증유의 경제위기였던 외환위기가 닥쳤다. 재벌은 외환위기의 주범으로 몰려 대대적인 재벌개혁정책이 추진되었다. 재벌은 이 과정에서 적대적 M&A로부터 경영권을 방어하고 신속한 구조조정을 해야 한다는 명분으로 출총제를 폐지시켜 달라고 요구하였다. 정부는 이를 수용하여 1998년에 출총제를 폐지시켰다.

그러나 적대적 M&A는 일어나지도 않았고, 출총제 폐지 후에는 재벌들의 계열사만 급증하였다. 정부는 1999년에 서둘러 출총제를 재도입하였다. 지정된 재벌의 계열사는 다시 순자산의 25% 이내에서만 타 회사에 출자할 수밖에 없었다. 그러나 출총제 대상에서 벗어날 수 있는 예외와 적용제외 조건을 대폭 신설하였다.

2002년부터는 자산규모를 두 가지로 구분하여 대규모 기업집단을 지정하면서 큰 규모 이상인 기업집단만 출총제의 대상이 되도록 하였다. 출총제를 완화시킨 조치이다. 큰 규모의 기준이 자산액 5조 원이었다. 즉, 자산규모 5조 원 이상인 기업집단의 계열기업만 출총제의 대상이 되었다.

2004년에는 이 기준이 6조 원으로 상향조정되었고, 출총제 졸업제도를 만들어 이 기준에 해당되어도 일정 요건이 충족되면 출총제 적용대상에서 졸업할 수 있도록 하였다. 이것은 또 한 번의 출총제 완화조치였다.

2007년에는 자산규모 기준이 6조 원에서 10조 원으로 다시 상향조정되었고, 출자한도도 25%에서 40%로 완화되었다. 또 한 번 출총제가 약화되었다. 그리고 출총제 적용대상 기업도 해당 기업집단의 모든 계열사에서 자산규모 2조 원 이상인 계열사로 적용대상을 축소시켰다. 이것 역시 출총제를 완화시킨 조치이다.

그러다가 2008년에 와서는 다시 출총제 자체가 폐지되었다. 이명박정부의 대표적 재벌규제 완화조치이다.

3. 미래의 정책방향

상호출자금지제도는 1987년 처음 시행된 이후 거의 변화 없이 오늘에 이르고 있다. 직접상호출자는 경제력집중의 가장 강력한 수단이고 그 폐해도 매우 분명하기 때문이다. 따라서 대재벌의 계열기업 간 직접상호출자는 엄격하게 금지하여야 한다는 원칙에 큰 변화가 없었다.

여기에 반해 출자총액제한제도는 그 동안 말도 많고 탈도 많았다. 그만큼 재벌의 불평이 많았던 제도이다. 그런 만큼 이 제도는 그 동안 수많은 변화를 거듭해 오늘에 이르고 있다. 외환위기 직후에는 재벌의 구조조정을 용이하게 해 준다는 명분하에 한때 폐지되었다가 그 부작용이 우려되자 즉시 재도입되었다. 그러다가 폐지를 선거공약으로 내세웠던 이명박 대통령은 집권과 동시에 다시 이 제도를 폐지하였다.

출자총액제한제도는 사실상 정책효과도 의문이었다. 그 동안 너무 많은 예외와 적용 제외를 운영해 왔을 뿐만 아니라 적용대상, 적용기준, 제한기준 등이 수시로 변해 왔기 때문이다. 그리고 지주회사제도가 보편화되어 가고 있는 이 시점에서는 출자총액제한제도의 실효성에도 의문이 있다.

어차피 폐지된 제도인 만큼 재도입한다는 것은 쉽지 않을 뿐만 아니라 정책의 일관성에도 문제가 있을 수 있다. 따라서 이제부터는 출자총액 제한보다는 실효성이 높은 다른 정책으로 경제력집중을 방지하는 것이 더 옳은 정책적 접근일 것이다. 만약 이 제도를 재도입한다면 처음 도입되었던 1987년처럼 예외조항 없이 엄격하게 시행되어야 실효성을 거둘 수 있을 것이다.

Ⅴ. 지주회사의 허용과 규제

1. 허용과 규제의 논리

지주회사(holding company)도 회사의 한 형태이다. 그런데 왜 이런 회사의 설립을 금지해야 할까? 우리나라와 일본에서는 지주회사의 설립을 오랫동안 금지해 오다가 최근에 와서야 이의 설립을 허용하였다. 지주회사는 그만큼 특수성이 있는 회사이기 때문이다.

지주회사는 타 회사를 소유하고 지배할 목적으로 설립되고 운영되는 회사이다. 회사란 본래 상품을 생산하고 이를 판매함으로써 돈을 버는 것이 목적이다. 그런데 지주회사는 상품생산과 같은 영업은 하지 않는 회사이다. 특히, 순수지주회사(pure holding company)는 타 회사의 지배만을 목적으로 하는 회사이다. 반면에 사업지주회사(operating holding company)는 사업도 하면서 타 회사 지배업무도 수행하는 회사이다.

지주회사가 문제시되는 것은 주로 순수지주회사이다. 그러나 사업지주회사도 순수지주회사에 준하는 문제점을 가지고 있다. 따라서 우리나라의 공정거래법은 사업지주회사라도 타 회사 지배활동의 비중이 높은 지주회사는 그 범위를 정하여 설립은 허용하지만 여러 가지 규제를 가하고 있다.

지주회사는 적은 자본으로 많은 회사를 지배할 수 있는 회사제도이다. 따라서 지주회사는 재벌이 계열확장의 주요 수단으로 활용할 수 있는 기업형태이다. 말하자면, 경제력집중 심화의 주요 수단이 될 수 있는 회사형태이다. 이 때문에 공정거래법은 국내에서 지주회사의 설립을 금지해 왔다.

그러나 지주회사는 유용성도 있는 회사제도이다. 회사의 분할이나 계열분리 등과 같은 구조조정을 위해서는 매우 유용하게 사용할 수 있는 기업제도이다. 따라서 1997년의 외환위기 이후 재벌의 구조조정을 본격적으로 추진할 때부터 정부는 지주회사의 설립을 극히 제한적으로 허용하였다.

지주회사는 재벌이 계열을 확장할 때 유용하게 사용할 수 있는 제도일 뿐만 아니라 계열을 분리할 때도 유용하게 사용할 수 있는 제도이다. 말하자면, 지주회사는 양날의 칼이다. 한 쪽 날은 계열확장을 위해 사용할 수 있기 때문에 경제력집중 심화의 원인이나 수단이 될 수 있고, 다른 쪽 날은 재벌의 특정 업종이나 계열기업을 재벌로부터 분리시켜 처분하는 것을 용이하게 하는 제도이기도 하다.

공정거래정책은 지주회사가 한 쪽 날은 쓰지 못하게 하면서 다른 쪽 날은 사용할 수 있도록 하기 위해 이 제도를 허용하면서 여러 가지 규제를 설치해 두었다. 지주회사제도는 어떻게 이용하느냐에 따라서 국가경제에 독이 될 수도 있고 약이 될 수도 있기 때문이다. 그런데 국가적으로는 독이 되는 것이 재벌당사자에게는 약이 될 수 있고, 국가적으로는 약이 되는 것이 재벌당사자에게는 독이 될 수도 있는 점이 정책 시행의 어려움이다.

규제에 대해 재벌들은 저항하기 마련이다. 정책당국은 재벌의 저항에 초연할 수 없기 때문에 지주회사의 규제는 점점 약화되고, 결국은 재벌들이 원하는 쪽으로 갈 개연성이 높아졌다. 실제로도 그렇게 흘러왔다. 그러므로 지주회사 규제는 정부의 정책 의지가 매우 중요하다. 그렇지 않으면 지주회사는 재벌에게는 약이지만 국가에는 독이 될 우려가 매우 크다.

2. 지주회사 규제의 변천 과정

재벌정책이 도입된 1987년 이전까지는 지주회사의 금지 또는 허용에 대해 아무런 규정이 없었다. 그러다가 재벌정책이 도입된 1987년부터는 공정거래법 제7조의2에서 지주회사 설립을 금지시켰다. 따라서 우리나라에서는 지주회사를 설립할 수 없었다. 1990년 법개정에서는 이 규정이 제8조로 옮겨 갔다.

1997년의 외환위기는 우리나라도 지주회사의 설립이 가능하도록 이끌었다. 외환위기 이후의 재벌개혁 과정에서 지주회사를 이용하면 기업의 구조조정이 용이해지고, 외국인 투자유치가 활성화되고, 재벌의 전문화가 가능해지고, 기업의 소유지배구조가 개선된다는 주장이 제기되었다. 물론 재벌들의 논리였다. 어쨌든 이런 논리들이 받아들여져 1999년의 공정거래법 개정에서는 우리나라에서도 지주회사의 설립을 허용하였다.

정부는 지주회사를 허용하면서도 지주회사가 악용되어 재벌확장의 수단으로 쓰일 것을 우려하였다. 따라서 허용과 동시에 강력한 규제를 걸었다. 지주회사의 순기능은 살리고 역기능은 억제하기 위해서였다. 핵심적 규제를 살펴보면, 지주회사는 부채 비율을 100% 이내로 유지해야 하고, 지주회사는 자회사 지분을 50% 이상 소유해야 하고, 자회사 외는 국내회사를 지배 목적으로 소유할 수 없고, 금융지주회사와 일반지주회사는 분리되어야 한다는 것 등이다. 금융지주회사는 금융회사만을 자회사로 거느릴 수 있고, 일반지주회사는 금융회사를 자회사로 거느릴 수 없다. 이런 규제들은 모두가 재벌이 지주회사를 통해 계열확장 하는 것을 막기 위한 장치들이다.

지주회사 규제는 2007년의 법개정에서 대폭 완화되었다. 우선 부채 비율 제한을 자본의 100%에서 200%로 확대시켰다. 지주회사는 더 많은 부채를 얻어 자회사를 늘릴 수 있게 되었다. 자회사 지분 하한선도 50%에서 40%(상장회사는 30%에서 20%)로 완화되었다. 지주회사는 여유지분으로 자회사를 더 늘릴 수 있게 되었다.

이처럼 지주회사 규제는 점점 완화되어 가고 있다. 재벌들은 지주회사를 이용하여 계열회사를 늘리는 일이 점점 쉬워지고 있다. 말하자면, 지주회사가 재벌세 확장의 수단이 되고 있다. 지주회사의 허용시 우려하였던 것처럼 지주회사가 재벌의 경제력집중을 심화시키는 요인이 되고 있다.

3. 지주회사 설립 현황

1999년에 지주회사의 설립이 허용된 후에도 한동안은 지주회사의 설립이 매우 소극적이었다. 〈표 5-3〉에서 보는 것처럼 2007년까지 지주회사수는 30개에 불과하였다. 일반지주회사 26개, 금융지주회사 5개였다. 그러나 2007년에 지주회사 규제가 대폭 완화된 후에는 지주회사수가 급증하였다. 2008년에는 지주회사수가 60개로 그 전 해의 2배에 이르고 있다. 그 이후에도 지주회사는 급속도로 증가하고 있다.

2010년 9월 30일 기준으로 지주회사 현황을 정리해 보면 〈표 5-4〉와 같다. 일반지주회사 84개, 금융지주회사 12개이다. 84개의 일반지주회사 산하에는 457개의 자회사가, 그리고 457개의 자회사 아래에는 370개의 손자회사가, 또 370개의 손자회사 아래에는 31개의 증손자회사가 설립되어 있다. 따라서 일반지주회사와 그 산하 회사를 모두 합치면 회사수는 총 942개이다.

금융지주회사는 12개이고, 자회사는 73개이다. 손자회사는 53개이고, 증손자회사는 7개이다. 따라서 금융지주회사와 그 산하 회사를 모두 합치면

표 5-3 연도별 지주회사수(2003~2010년)

연도	일반지주회사	금융지주회사	합계
2003	15	4	19
2004	19	5	24
2005	22	3	25
2006	27	4	31
2007	26	4	30
2008	55	5	60
2009	70	9	79
2010	84	12	96

자료: 공정거래위원회.

표 5-4 지주회사와 산하 회사 현황(2010. 9. 30)

(단위: 개)

구분	지주회사	자회사	손자회사	증손회사	합계
일반지주회사	84(46)	457(100)	370(22)	31(0)	942(168)
금융지주회사	12(5)	73(5)	53(2)	7(0)	145(12)
계	96(51)	530(105)	423(24)	38(0)	1,087(180)

주: ( ) 안의 값은 상장회사수.
자료: 공정거래위원회.

회사수는 총 145개이다.

지주회사수는 점점 증가하는 추세이다. 대재벌들은 지주회사체제로 전환시키고 있다. SK, LG, GS 등이 지주회사제체로 재벌을 유지시키고 있다. 삼성과 현대자동차 등이 앞으로 언제, 어떤 방식으로 지주회사체제로 전환할지가 관심사항이다.

대규모 은행들은 이미 지주회사체제로 전환하였다. 우리금융지주, 하나금융지주, 신한금융지주, 산은금융지주 등이 이미 지주회사체제로 산하에 많은 금융회사를 거느리고 있다.

재벌체제와 관련하여 지주회사제도가 기업지배구조와 경제력집중 현상에 어떤 효과를 가져올지는 좀더 두고 볼 일이다. 특히, 우려되는 점은 이명박정부 들어 금산분리를 완화시킴으로써 일반지주회사와 금융지주회사가 어떻게 연결될지가 관심거리이다. 그리고 금산분리 완화가 지주회사제도와 경제력집중 현상에는 어떤 효과를 가져올지도 관심사항이다.

4. 미래의 정책방향

지주회사가 실제로 많이 설립되어 있는 현재 상황에서 이를 다시 금지시키는 것은 매우 어려운 일이다. 지주회사를 허용하는 것은 불가피한 정책

방향이다. 문제는 규제를 어느 선까지 두느냐 하는 점이다.

최근에는 금산분리 완화 시책 때문에 지금까지 엄격하게 분리되었던 일반지주회사와 금융지주회사의 관계설정도 매우 중요한 과제로 등장하였다. 금산분리는 대부분의 나라에서 사용하고 있는 경제원칙이다. 그러나 최근 우리나라에서는 금산분리가 많이 완화되어 재벌도 은행업에 진출할 수 있는 길이 열렸다. 하지만 지주회사와 관련해서는 금산분리 완화를 매우 신중하게 다루어야 한다. 금융지주회사와 일반지주회사는 과거처럼 분리하는 것이 재벌정책에 맞는 방향이다.

지주회사의 부채 비율, 지주회사의 자회사 소유지분, 자회사의 손자회사 소유지분, 손자회사의 증손회사 소유 허용 등을 엄격하게 규제하는 것이 경제력집중 억제 방향과 일치한다. 지주회사가 재벌들의 무분별한 계열확장이나 문어발식 다각화의 수단으로 활용되는 것을 제한하여야 한다.

Ⅵ. 채무보증의 금지

1. 금지의 필요성

재벌계열사 간 채무보증은 여러 가지 폐단을 야기시켰다. 재벌들은 계열사의 채무보증을 이용해 쉽게 은행돈을 빌릴 수 있었기 때문에 과거에는 이자율이 낮은 제도권 여신을 재벌들이 독차지해 가는 폐단이 있었다. 그러다 보니 재벌들은 부채에 의존한 경영을 하면서 부채 비율이 매우 높았다. 이 경우 하나의 계열사가 부실화되면 다른 계열사도 연쇄적으로 부실화되고 궁극적으로는 재벌 전체가 무너지는 체제위험(system risk)까지를 야기시켰다. 1997년의 외환위기 전후에 도산한 많은 재벌들은 이런 상황을 그대로 보여 준 예이다.

채무보증은 경제력집중의 원인이 되기도 한다. 재벌들은 과도하게 계열기업을 늘려 왔기 때문에 이들로의 경제력집중이 심화되었는데, 계열확장의 주수단이 부채였고 부채는 계열기업의 채무보증으로 조달되었다. 따라서 채무보증은 경제력집중의 중요 수단이었다. 그리고 재벌의 부실계열기업들이 채무보증으로 생존할 때는 채무보증이 부실기업의 퇴출을 막는 요인이 되기도 하였다.

상호채무보증은 금융시장을 불공정하게 만드는 요인도 되었다. 금융시장에서 재벌들이 우월적 지위를 확보하기 때문이다. 채무보증의 금지는 재벌계열사의 연쇄도산을 방지한다는 차원에서뿐만 아니라 금융시장에서 공정경쟁의 룰을 만든다는 차원에서도 바람직한 조치이다.

그 동안 이 정책은 보증의 제한에서 보증의 금지로 바뀐 만큼 그 필요성이 객관적으로 인정되었다고 볼 수 있다. 재벌정책 중 유일하게 그 내용이 강화되어 온 정책수단이다.

2. 정책의 변천 과정

채무보증제한제도는 1993년에 처음 도입되었다. 공정거래법 제10조의2에서 "대규모 기업집단의 국내 계열회사는 자기자본의 200% 이내에서만 채무보증을 할 수 있다"고 하였다. 이 규정은 1996년의 법개정에서 자기자본의 100% 이내에서만 채무보증을 할 수 있도록 한층 더 강화되었다. 1998년의 법개정에서는 채무보증 자체가 아예 금지되었다.

채무보증제한제도가 도입된 이후 대규모 기업집단의 채무보증액은 꾸준히 감소해 왔다. 채무보증이 없어짐으로써 일부 계열사의 부실이 그룹 전체의 부실화를 초래하는 위험이 감소되고, 개별 기업 중심의 독립경영체제를 위한 기반이 마련되었다. 계열사 채무보증에 의존한 무분별한 차입경영이 억제됨으로써 기업의 재무구조도 건실화되었다.

오늘날은 재벌 스스로가 많은 유동성을 확보함에 따라 채무보증의 필요성도 대폭 줄어들었다. 그런 만큼 재벌들은 다른 재벌정책에 비해 이 정책에 대해서는 저항이 거의 없어졌다.

상호채무보증금지제도는 크게 변화할 내용은 없고 변화가 필요한 상황도 아니다. 재벌계열사에 일방적으로 유리한 조건이 되는 상호채무보증제도는 앞으로도 계속 금지하는 것이 당연한 방향이다. 부채 비율이 낮아지고 자금 여유가 생긴 재벌들도 이제는 상호채무보증에 의존할 필요성이 낮아졌다. 계열사 간의 상호의존보다 개별 기업단위로 독립적으로 건전성을 확보해 나가는 것이 더 중요하다.

Ⅶ. 의결권의 제한

1. 의결권 제한의 필요성

재벌 소속 금융·보험 계열회사는 취득 또는 소유하고 있는 국내 계열사 주식에 대하여 의결권을 행사할 수 없다. 이러한 의결권 제한은 재벌이 소속 금융계열사를 이용해 지배주주의 지배력을 유지·확장하는 것을 억제하고, 산업자본과 금융자본의 분리원칙을 실현해 산업자본의 금융지배에 따르는 국민경제적 폐해를 차단하기 위해서이다.

모험적으로 이윤을 추구하는 산업자본과 안정성을 중시해야 하는 금융자본이 분리되지 않을 경우 고객과 지배주주 간의 이해 상충, 금융계열사의 사금고화, 금융자원 배분의 왜곡 등으로 금융의 건전성 및 안정성이 크게 침해될 우려가 있다. 금융 · 보험회사는 고객들로부터 받은 수탁자금을 잘 운영해야 할 의무를 가지는데, 재벌의 금융 · 보험회사는 수탁자금을 수익 목적보다 재벌세 확장에 사용할 우려가 있다. 이 자금을 재벌세의 확장에 이용하는 것은 수탁자금의 수익성 증대와는 배치될 수 있다. 따라서 의결권 제한은 재벌의 과도한 확장을 방지하기 위해서뿐만 아니라 금융의 건전성 확보를 위해서도 필요한 정책이다.

대재벌들은 금융 · 보험회사를 거느리기 때문에 소재벌이나 비재벌에 비해 유동성이 풍부하다. 이런 유동성은 고객의 돈이며 고객의 수익성 증대를 위해 출자되고 투자되어야 한다. 따라서 금융 · 보험회사는 출자총액 제한과 상호출자금지제도와 같은 출자규제제도를 적용받지 않는 대신 의결권 행사는 제한하여 그들의 수탁자금이 재벌의 지배력 유지와 확장에는 사용되지 않도록 하고 있다. 이 자금이 재벌세 확장에 이용된다면 재벌 총수에게는 이로울지 몰라도 고객들에게는 피해를 줄 수 있다. 그리고 금융산업의 건전한 발전도 저해할 수 있다. 따라서 수익 목적으로 타 회사에 출자하는 것은 허용해도 재벌세의 확장에는 활용하지 못하도록 의결권은 금지하고 있다.

2. 의결권제한제도의 변천 과정

의결권제한제도는 재벌정책이 처음 시행되었던 1987년부터 도입되었다. 공정거래법은 제7조의5에서 "대규모 기업집단의 금융 · 보험회사는 취득 또는 소유하고 있는 국내 계열회사 주식에 대해 의결권을 행사할 수 없다"고 규정하였다. 이 규정은 1990년의 공정거래법 개정에서 제11조로 옮겨갔으며, 1992년 법개정에서는 특수한 경우에 한해 예외를 인정하는 완화조치를 도입하였다.

2002년의 법개정에서는 대대적인 완화조치가 취해졌다. 1997년의 외환위기 이후 재벌의 구조조정 과정에서 적대적 M&A로부터 경영권을 방어해야 한다는 등의 명분하에 특수 상황에 한해 특수관계인의 지분과 합해 30%까지는 의결권을 행사할 수 있도록 허용하였다. 이것은 의결권제한제도의 본래 취지를 크게 훼손시키는 조치였다.

2004년의 법개정에서는 완화에 따른 부작용을 우려하여 특수한 상황에 한해 허용된 30%를 15%로 축소하면서 이 제도를 약간 강화시켰다. 산업자본의 금융자본 지배가 우려되고, 금융보험사를 통한 재벌세 확장이 우려되었기 때문이다. 실제로도 금융보험사 지분은 적대적 인수 · 합병의 방어보다 계열 확장의 수단으로 이용되었다.

금융계열사의 의결권 제한정책은 오히려 강화시켜야 한다. 금융 · 보험계열사는 수탁자금을 수익 목적으로 수많은 회사에 출자하는 것이 불가피한데 지배 목적으로 출자한다면 수익성을 훼손시킬 수 있을 뿐만 아니라 재벌이 과도하게 확장될 수 있기 때문이다. 따라서 재벌 소속 금융 · 보험회사의 의결권 금지는 더 강화시키는 접근이 필요하다.

Ⅷ. 부당내부거래의 통제

1. 정책의 필요성과 한계

하나의 기업이 여러 개의 독립사업부를 운영할 때 독립사업부 간의 거래는 내부 회계로 처리될 수 있다. 이것은 동일 회사 내의 부서 간 물품이동이기 때문이다. 그러나 하나의 재벌이 여러 개의 계열기업을 운영할 때 계열기업 간의 거래는 내부 회계로 처리될 수 없다. 이것은 주주의 구성이 다른 개별 법인 간의 거래이기 때문이다. 이런 거래를 내부거래라고 하는데, 내부거래가 시장거래와 차이가 나면 시장질서가 왜곡될 수 있다. 이런 거래를 부당내부거래라고 한다.

부당내부거래를 통제하는 이유는 재벌그룹의 내부거래를 시장거래와 동일시하게 만들기 위해서이다. 법적으로 독립법인은 시장활동의 독립적인 주체로서 독립적인 경쟁의 주체이어야 한다. 재벌의 계열사도 마찬가지이다. 계열기업 간의 거래도 시장거래와 일치되어야 시장경제가 성립될 수 있다.

그런데 동일 재벌 내의 계열사 간 거래는 재벌그룹 전체의 경영전략하에서 이루어지기 쉽다. 이런 거래에서는 개별 계열사의 독립성이 훼손될 가능성이 높다. 이렇게 되면 국가경제 전체의 시장질서가 왜곡될 위험이 있다. 개별 경제주체 간에도 그룹의 통제 없이 자유롭고 공정한 거래가 이루어져야 시장질서가 제대로 작동될 수 있다.

동일 재벌 내의 계열사 간에 이루어지는 거래도 그룹 밖의 독립적 경제주체 사이에 이루어지는 시장거래와 동일해져야 국가경제에 공정한 시장질서가 확립되고 건강한 시장경제가 달성될 수 있다. 따라서 시장거래와 달라질 수 있는 재벌의 내부거래에 대해서는 공정거래법이 별도로 주시할 필요가 있다. 이런 차원에서 도입된 정책이 공정거래법 제11조의2와 법 제23조 제1항 제7호이다.

법 제11조의2는 일정 규모 이상의 내부거래는 이사회 의결을 거쳐 공시하도록 하여 내부거래 자체를 투명화시킴으로써 외부 감시가 가능하도록 하고 있다. 법 제23조 제1항 제7호는 부당한 지원이 이루어지는 거래를 금지하고 있다. 이것은 재벌기업뿐만 아니라 모든 기업의 거래에 해당하는 사항이지만, 특히 재벌의 계열기업 사이에서 일어나는 지원성 부당거래를 방지하기 위한 규정이다. 부당지원이 있는 거래는 시장거래가 아니기 때문이다.

그런데 이 정책들은 실효성에 한계가 있다. 이사회 의결과 공시는 사전

예방조치로서 실시하는 정책인데, 이사회 의결과 공시를 거친다고 이들이 모두 시장거래와 동일해지는 것은 아니다. 그리고 지원성 거래도 시장거래와 다른 조건의 거래라는 것이 입증되어야 정책당국이 처벌을 할 수 있는데, 그 입증은 쉬운 일이 아니다.

따라서 부당내부거래를 통제하기 위한 공정거래법의 규정들은 실효성을 거두기가 쉽지 않다. 법으로든 정책으로든 이러한 내부거래가 시장거래와 동일시되도록 유도하기란 결코 쉬운 일이 아니기 때문이다. 재벌들은 실제로 많은 내부거래를 하고 있다. 사실상 재벌은 내부거래를 활용하기 위해 만든 기업조직이다. 내부거래는 다양한 상품이 다양한 형태로 이루어질 뿐만 아니라 거래량과 거래횟수도 무수히 많다. 공정거래법의 규정들은 이런 거래들을 모두 시장거래와 일치하도록 만드는 데 한계가 있다. 이들을 모두 추정하고 감시하는 것은 어려울 뿐만 아니라 시장거래와의 일치 여부를 판단하는 것도 결코 쉬운 일이 아니기 때문이다.

2. 정책내용의 변천 과정

재벌의 대규모 내부거래는 이사회 의결을 거쳐 공시해야 한다는 공정거래법 제11조의2는 2000년에 처음 도입되었다. 부당내부거래를 근절하기 위해 공정거래위원회는 수 차례에 걸쳐 직권조사를 실시하였는데, 내부거래의 방법이 다양화되고 지능화되고 은밀화되어 사후적인 조사에는 한계가 있었다. 따라서 부당내부거래는 사전에 방지하는 것이 필요하였다.

이에 따라 일정 규모 이상의 내부거래는 이사회의 의결을 의무화시켜 이사회의 책임을 강화시켰다. 동시에 사외이사들에 의한 견제를 유도하고자 하였다. 그리고 공시까지 의무화시켜 소액주주, 채권자, 이해관계인에 의해서도 감시되도록 하였다. 이런 조치들은 부당내부거래를 사전에 방지하기 위한 조치로서 2000년부터 이 제도가 도입되었다.

이 제도는 도입 이후 법개정과 더불어 적용대상을 확대시켜 나갔다. 이 제도의 목적은 내부거래를 투명화시켜 부당내부거래가 되는 것을 사전에 예방하려는 데 있었다. 특히, 부당내부거래가 대규모일 때는 그 폐해도 클 것이기 때문에 일정 규모 이상의 내부거래는 이런 과정을 거치도록 하였다. 그러나 이런 과정을 거친다고 부당내부거래가 없어지는 것은 아니라는 데 이 정책의 한계가 있다. 이사회 의결을 거쳐 공시하는 거래도 부당내부거래가 될 가능성은 충분히 존재하기 때문이다.

법 제23조 제1항 제7호는 재벌의 계열사 간에 부당한 지원이 이루어지는 거래를 방지하기 위한 규정이다. 이 규정은 "부당하게 특수관계인 또는 다른 회사에 대하여 … 등을 제공하거나 현저히 유리한 조건으로 거래하여 특수관계인 또는 다른 회사를 지원하는 행위"를 금지하는 규정으로서 1996년 공정거래법 개정시 처음 도입되었다. 그 이후 거래대상에 상품과 용역을 포함시키는 등 다소 강화시키는 개정은 있었으나 큰 변화 없이 그대로 유지되고 있다.

이 규정은 불공정거래 금지규정이지만 그 목적은 재벌계열사 간의 부당내부거래를 방지하기 위한 규정이다. 그리고 재벌계열사 간의 거래가 주된 제재의 대상이 되고 있다.

3. 미래의 정책방향

재벌체제의 폐단은 시장경제의 왜곡에서 온다. 시장경제의 왜곡은 경제지배력을 이용하여 시장경제의 틀 자체를 불공정하게 만드는 데서 올 수도 있고, 시장거래를 직접 불공정하게 만드는 데서 올 수도 있다. 부당내부거래 규제는 1차적으로 불공정거래를 직접 방지하기 위한 것이고, 2차적으로 부당내부거래가 경제력집중의 수단으로 이용되지 않도록 하는 데 있다.

재벌이 재벌식 경영체제를 유지하는 주된 이유는 내부거래를 활용하기 위해서이다. 부당내부거래를 철저히 통제하면 재벌 입장에서는 재벌식 경영에서 누리는 이점이 많이 없어질 것이다. 따라서 부당내부거래가 없어진다면 경제력집중에서 나타나는 재벌 문제도 많은 부분 해소될 수 있다.

과도한 재벌팽창을 막으려는 경제력집중 억제정책은 재벌의 성장 자체를 억제시킬 수 있기 때문에 재벌들의 저항이 매우 크다. 반면에 부당내부거래 통제정책은 정책의 정당성은 강하지만 정책수단이 많지 않고 정책의 시행이 쉽지 않다는 한계가 있다.

부당내부거래 통제정책이 효과를 거두기 위해서는 내부거래가 시장거래와 같은 거래가 되도록 감시하고 유도하는 효율적 정책수단을 개발해야 한다. 시장거래와 같지 않은 내부거래는 부당성이 있는 거래이다. 이런 거래를 찾아 내는 장치를 개발하는 것이 중요하고, 이런 거래를 원천적으로 봉쇄할 수 있는 장치를 개발하는 것이 중요하다.

IX. 재벌정책의 미래 방향

1. 정부와 재벌의 관계

정부와 재벌의 관계는 권력과 재벌의 관계로 보는 것이 더 타당할 것이다. 정부는 권력에 의해 움직이기 때문이다. 따라서 권력과 재벌의 관계가 바로 정부와 재벌의 관계를 대변한다고 볼 수 있다.

이승만정권에서는 부자가 재벌이었다. 기업이라는 것이 변변치 못한 시절이었기 때문이다. 재벌이 두각을 나타낸 것은 역시 박정희정권 시절이다. 박 대통령의 경제개발정책과 더불어 우리나라에 재벌이 출현하였다. 이

때 권력과 재벌의 관계는 정경유착관계로 대변된다고 볼 수 있다. 그리고 철저하게 권력우위시대였다.

권력은 재벌로부터 정치자금을 조달받고 재벌은 권력으로부터 제공되는 각종 특혜로 성장해 갔다. 그리고 권력은 재벌에 대해 생살여탈권을 가졌다. 정부의 특혜가 없어지면 그 재벌은 파리목숨이나 마찬가지이기 때문이다. 그리고 장기집권시대에는 그 권력이 영원할 것이라고 생각하기 때문에 권력과 등진 재벌은 시간을 기다려서 새 길을 모색할 수도 없었다. 철저하게 권력우위시대였다.

이런 현상은 전두환정권 때도 그대로 지속되었다. 권력의 성격이 박정희정권 때와 거의 비슷하였기 때문이다. 거기다가 전두환 대통령 시절에는 구조조정과 산업합리화 과정에서 재벌의 운명을 사실상 정부가 좌우해 왔다. 이 시대도 확실한 정부우위시대였다.

그러나 민주화 이후에는 상황이 달라졌다. 노태우정권부터는 대통령의 임기가 확실해졌다. 그것도 5년이라는 길지 않은 기간이었다. 따라서 권력과 사이가 좋지 않은 재벌이라도 5년만 기다리면 탈출구가 열릴 수 있었다. 정주영 회장의 대선출마로 김영삼 대통령의 미움을 산 현대그룹이 5년간 와신상담한 후 김대중정권에서 승승장구한 것은 그 예이다. 이때부터는 재벌도 권력에 직접 진출하려거나, 적어도 과거처럼 굴종하려는 자세를 취하지는 않았다. 이제 재벌도 권력에 고개를 치켜들기 시작하였다.

외환위기 이후 재벌개혁 공세 속에서 잠시 주춤하긴 하였으나 재벌들의 역공은 김대중정권에서도 비슷하였다. 5년단임 대통령제하에서 권력은 유한하고 재벌은 무한하였다. 재벌들은 이제 권력에 맞서는 힘을 가졌다. 재벌들이 투자를 축소하고 경기진작에 소극적으로 나서면 한국경제가 제대로 작동되지 않는다. 이제는 권력이 재벌들에게 사정해야 하는 역전현상이 벌어졌다. 5년짜리 권력은 3년만 지나도 힘을 쓰지 못한다. 그러나 재벌은 영원하다. 바야흐로 재벌우위시대가 도래하였다. 노무현 · 이명박 정권에서는 재벌우위가 더욱 분명해졌다. 특히, 이명박정부는 친재벌정책을 공개적으로 천명하였다. 이제는 재벌의 저항을 누르고 재벌정책을 성공적으로 수행하기가 쉽지 않은 단계에 와 있다.

2. 재벌정책의 대상

재벌정책의 대상과 범위를 어떻게 정하느냐가 재벌정책의 시작이다. 공정거래법에서는 1987년 재벌정책을 시작할 때 대규모 기업집단을 지정하면서 재벌정책의 대상을 정하였다. 그 이후 이 제도는 수 차례 개정을 거듭하면서 오늘날에는 '상호출자 제한 기업집단' 또는 '채무보증 제한 기업집단'으로 그 명칭을 바꾸어 재벌정책의 대상을 지정하고 있다. 이것은 재벌정책이 얼마나 어떻게 변질되었는지를 잘 보여 주는 예이다.

대상을 지정하는 기준은 두 가지가 있을 수 있다. 하나는 금액기준으로 큰 재벌을 정책대상으로 지정하는 것이고, 다른 하나는 순위기준으로 큰 재벌을 지정하는 것이다. 처음에는 금액기준으로 시작하였다가 나중에는 순위기준으로 바꾸었다가 다시 금액기준으로 바꾸었다. 이것은 정책의 일관성을 크게 훼손시킨 일이다.

어떤 기준으로 하든 각기 장단점은 있다. 그러나 금액기준은 금액을 상향조정하지 않는 한 기업성장과 더불어 대상 재벌수가 계속 증가한다는 근본적인 문제점이 있다. 따라서 정책의 유효성 관점에서는 순위기준으로 일정 수의 재벌만을 정책대상으로 지정하는 것이 더 효과적인 접근이다.

그러면 크기 순위로 몇 개의 재벌을 정책대상으로 해야 하느냐는 문제가 제기된다. 과거에는 30대 재벌을 지정하였다. 그러나 1위 재벌과 30위 재벌은 그 차이가 매우 크다. 30위 재벌은 1위 재벌의 계열기업보다 작다. 따라서 이들을 동일한 정책대상으로 하는 것은 정책목적을 훼손시킬 수 있다. 이제는 아주 큰 재벌 10개만 지정하여 정책대상으로 삼는 것도 고려해 보아야 한다.

10대 재벌도 1위와 10위 사이에는 큰 차이가 있다. 그러나 10대 재벌은 경제력집중의 주요 주체가 되는 재벌임에 틀림없다. 따라서 매년 규모순서로 10대 재벌을 지정하여 재벌정책의 대상으로 삼는 것이 정책의 효율성을 증대시킬 수 있는 한 방법일 것이다. 10대 재벌로 그 대상을 줄이면서 일관성 있는 정책을 추진하는 것이 더 중요하다.

10대 재벌 지정에는 공기업은 제외해야 한다. 공기업은 민간기업과는 완전히 다른 소유구조와 사업목적을 가지고 있기 때문이다. 공기업은 관련법으로 얼마든지 통제가 가능하고 필요하면 그 법을 개정하면 된다. 공기업은 재벌일 수도 없고 재벌의 폐해가 나올 수도 없다.

소유와 경영이 분리된 전문경영인 기업도 재벌정책의 대상으로 삼을 필요가 없다. POSCO나 KT와 같은 전문경영인 기업은 재벌일 수도 없고 재벌의 폐해가 나타날 수도 없다. 이런 기업들은 반독점정책으로 제반 문제점을 개선해 나갈 수 있다.

10대 민간기업집단을 재벌정책의 대상으로 지정해도 대상은 매년 조금씩 바뀔 수 있다. 주로 하위 재벌이 들락날락할 것이다. 이런 문제는 어떤 기준으로 재벌을 선정하든 항상 있을 수 있는 문제이다. 10위 이내에 진입하면 재벌정책의 대상이 되고, 빠지면 정책대상이 되지 않는다는 것이 예측 가능한 기준이 될 것이다.

10대 재벌 밖의 재벌들은 아무런 규제 없이 10대 재벌과 경쟁하면서 그 규모를 키워 나가 10대 재벌과 거의 맞먹는 규모로 성장하는 것이 중요하다. 이렇게 되면 우리나라의 대기업층이 훨씬 두터워져 이들끼리 공정한 경쟁틀이 확립될 수 있다. 바람직한 방향은 10위 밖의 재벌들도 순서만 10위 밖이지 규모는 10위 이내 재벌과 거의 맞먹는 수준으로 커가는 것이다. 수많은 재벌들이 거의 비슷한 규모로 서로 경쟁하면 재벌끼리의 경쟁도 공정해지고 한국경제의 전체적인 구조도 훨씬 튼튼해질 것이다. 재벌이 커져도 재벌의 수가 많아지면 소수 대재벌에 의한 경제력집중 문제는 해소될 수 있다.

3. 경제력집중의 완화

공정거래법의 재벌정책 중 출자제한, 지주회사 규제, 채무보증 금지, 의결권 제한 등은 재벌이 불공정한 수단으로 과도하게 비대해지는 것을 막아 경제력집중이 심화되는 것을 방지해 보자는 정책들이다. 재벌은 비재벌에 비해 기업확장에 여러 가지로 유리한 입장에 있기 때문이다. 말하자면, 큰 재벌일수록 더 커지면서 경제력집중은 점점 심화되고 대재벌의 경제지배력은 더욱 커질 수 있다.

재벌이 비대해지는 것을 직접 규제할 방도는 없다. 그러나 다른 기업들은 활용할 수 없는 수단으로 재벌이 불공정하게 비대해지는 것은 막을 필요가 있다. 이런 관점에서 도입된 정책들이 출자제한, 지주회사 규제, 채무보증 금지, 의결권 제한이다. 이 정책들은 그 동안 강화와 약화를 되풀이하면서 오늘에 이르고 있다. 그런데 이 정책들이 과연 효과를 거두었는지에 대해서는 의문의 여지가 많다. 만약 이런 정책들이 없었다면 오늘날의 재벌은 그 모습이 달라졌을까, 마찬가지였을까? 마찬가지였을 것이라고 본다면 이런 정책들은 정책을 집행하기 위한 비용만 들인 셈이 된다.

정책효과에 대해 의문을 갖는 이유는 그 동안 정책의 내용이 조령모개식으로 너무 많이 변해 왔기 때문이다. 정책집행자는 물론 정책대상자들도 혼란스러울 정도로 재벌정책은 변화를 거듭해 왔다. 정책내용이 수시로 바뀌니 정책대상자들도 규제를 지키는 데 크게 신경을 쓰지 않는다. 정책이 언제 바뀔지 모르니 따를 필요가 없지 않겠느냐는 생각도 하게 되고, 심지어는 자기들의 힘을 이용하여 정책 자체를 아예 바꾸어 버릴 수도 있다고 생각할 것이다. 이런 상황에 이르면 정책은 효과를 거둘 수 없다.

중요한 것은 정책을 강화시키는 것보다 초지일관하는 것이다. 많은 논쟁을 거쳐 정책이 정해졌으면 오랜 기간 그 정책을 일관성 있게 유지하면서 집행하는 것이 더 중요하다. 그래야만 정책효과가 나올 수 있다. 출자총액제한제도, 지주회사제도 등은 어지러울 정도로 그 내용이 많이 바뀌어 왔다. 정책대상자까지 어떻게 해야 할지 혼란스러울 지경이었다.

앞으로의 과제는 일단 정해진 정책은 일관성 있게 오랜 기간 시행하는 것이다. 정책대상자의 저항과 로비가 있을 것은 당연하다. 그러나 중요 정책이 이런 것에 휘둘리면 그런 정책은 차라리 없는 것만 못할 수도 있다. 오히려 폐해가 더 클 수도 있다.

정책 자체가 효과를 기대할 수 없는 정책이라고 판단되면 이들을 폐지하고 다른 정책 대안을 찾는 것도 하나의 방안이 될 수 있다. 가장 직접적이고 강력한 정책은 그 동안 제안되어 왔던 계열분리명령이나 재벌분할명령 등이다. 이것은 미국에서 도입하고 있는 기업분할명령제도를 원용한 제도라고 볼 수 있다. 경제력집중의 폐해가 확실하고 심각하다면 이를 초래하는 대재벌은 분할하는 것도 재벌정책으로 고려해 볼 수 있는 정책이다.

4. 시장질서의 확립과 시장경쟁의 제고

재벌 문제의 핵심은 공정한 시장질서가 왜곡될 수 있다는 점이다. 경제력집중이 심화되면 대재벌의 경제지배력이 커져 시장운영의 틀 자체가 재벌 중심으로 이루어질 수밖에 없다. 정치권력이나 경제권력이나 힘이 특정인에게 집중되면 그 힘은 남용되기 마련이다. 시장이 특정인의 힘에 의해 좌지우지되면 자본주의 시장경제는 뿌리부터 흔들릴 수밖에 없다.

재벌이 시장질서를 왜곡시킬 수 있는 가장 큰 이유는 여러 기업들로 구성된 배타적 기업집단이 큰 규모를 만들면서 특정 개인의 지배를 받기 때문이다. 이런 집단 내에서의 거래는 내부거래로서 시장질서를 벗어난 거래가 될 가능성이 매우 높다. 이런 현상을 방지하기 위해 도입된 제도가 부당내부거래와 지원성 내부거래의 금지이다. 그런데 이 정책들은 효율적인 집행이 쉽지 않다는 문제점을 가지고 있다. 내부거래가 부당하게 이루어지고 있는지, 특정 계열기업이나 특수관계인을 지원하기 위해 이루어지고 있는지 등을 추적하고 판단하는 것이 쉽지 않기 때문이다.

이 정책들이 실효성을 거두기 위해서는 부당내부거래나 지원성 내부거래를 발견할 수 있는 정교한 정책수단이 개발되어야 한다. 이 문제는 기업지배구조와도 직결된다. 현재와 같은 총수 중심의 중앙집중적 경영구조가 해소되고 계열회사 중심의 독립경제체제가 확보되어야 계열회사 간에도 실질적인 경쟁이 이루어지면서 건전한 시장질서가 복원될 수 있다. 이렇게 되면 내부거래도 시장거래와 일치하는 방향으로 바뀌어 갈 것이다. 부당내부거래가 없어지면 시장경쟁이 공정해질 것이고, 시장질서의 원칙이 복원될 것이고, 올바른 시장경제가 확립될 것이다.

Chapter 6

자동차산업과 공정거래정책

Ⅰ. 자동차산업의 발전 과정

Ⅱ. 자동차산업의 기업 현황

Ⅲ. 자동차산업의 유통구조

Ⅳ. 자동차산업의 시장구조

Ⅴ. 공정거래정책상의 과제

Ⅰ. 자동차산업의 발전 과정

자동차의 발생지인 영국과 미국은 100년 이상의 자동차산업 역사를 가지고 있으나, 우리나라의 자동차산업은 광복과 한국전쟁을 거치면서 1950년대부터 시작되었다고 볼 때 그 역사는 매우 짧다. 미군용차를 재생시키는 공장으로 출발한 1954년의 차동환공업사와 신진공업사를 우리나라 자동차산업의 시작으로 볼 때 우리나라 자동차산업의 역사는 50여 년 정도로 잡을 수 있다. 이 당시는 거의 수공업 형태로 중고 부품을 조립하여 자동차를 만들어 내는 수준이었다.

1960년대에는 자동차 조립공장이 만들어졌다. 군사정부에 의해 1962년에 자동차공업 5개년계획이 발표되고 최초의 자동차 조립공장인 새나라자동차공장(연 생산능력 6,000대)이 설립되었다. 신진공업사는 새나라자동차를 인수하여 상호를 신진자동차로 바꾸고, 일본 도요타자동차와 기술제휴로 국산화율 20% 수준의 '코로나'와 '퍼블리카'를 생산하였다.

1970년대에 들어와서는 자동차공업이 획기적으로 발전한다. 1967년에 설립된 현대자동차(주)는 1973년부터 최초의 국산 독자 모델 '포니'의 개발에 나서게 된다. 정부는 '장기 자동차공업 육성계획'을 마련하여 부품의 국산화에 박차를 가하였다. 현대자동차는 수많은 고난과 시행착오를 거듭하면서 1975년 12월 울산공장에서 국산 모델 '포니'를 생산하였다. 소비자들에게 많은 인기를 받은 포니는 한때 수출 5대 효자상품으로 각광을 받기도 하였다.

1980년대는 한국의 자동차산업이 도약하는 시기였다. 차종별 전문화와 외국기업과의 R&D 제휴 등으로 기술발전도 빠르게 이루어졌다. 현대는 승용차를 전문 생산하고 기아는 5톤 이하의 소형 상용차를 전문 생산함으로써 각 분야에서 전문성을 키워 나갔으며, 현대는 일본의 '미쓰비시'와, 기아는 미국의 '포드'와 기술제휴 또는 자본제휴를 함으로써 대규모화와 기술 성장을 추구하였다. 고속도로의 건설과 휘발유 특별소비세의 인하 등으로 자동차 수요도 점점 늘어났다. 1983년에는 자동차 보유대수가 100만 대를 넘어섰다. 1988년에는 현대가 국내 최초로 해외 생산거점을 확보하는 등 한국 자동차는 세계시장으로 뻗어 나갔다.

1990년대에는 현대, 기아, 대우에 의한 자동차 3각체제가 성립되어 자동차시장이 과점구조를 이루면서 소비자 확보를 위한 시장경쟁이 치열하였다. 바야흐로 '마이카시대'가 도래하면서 한국에서도 자동차가 필수품이 되었다.

국민들의 자동차 수요가 급성장하면서 자동차회사들도 대규모화되었다. 그러다가 1997년의 외환위기를 전후해서 기아와 대우가 도산하는 엄청난 시련기가 도래한다. 한국의 자동차산업은 재편될 수밖에 없었다. 기아는 우여곡절 끝에 현대로 넘어가고, 대우는 GM이 인수하여 GM대우로 새롭게 출발하였다. 외환위기 이후 구조조정 과정에서 자동차산업도 구조조정을 피해 갈 수 없었으며, 이 과정에서 삼성자동차는 르노자동차에 인수되어 르노삼성으로 새 출발하였고, 쌍용자동차는 중국 회사로 넘어갔다. 2000년대에 와서 한국의 자동차 내수시장은 현대 · 기아에 의한 독점시장으로 변모되었다. 현대 · 기아가 자동차시장을 주도하고, 나머지 기업들이 자투리 시장을 차지하는 형국이 되었다. 그리고 현대 · 기아는 내수보다 수출 비중이 더 높은 국제적 자동차기업으로 성장하였다.

자동차는 이제 사치품이 아니라 필수품이 되었다. 〈표 6-1〉에서 보는 것처럼 2008년을 기준으로 할 때 우리나라의 자동차 총보유대수는 1,700만 대 수준이다. 승용차 보유대수는 1,200만 대가 넘어섰다. 이와 같이 자동차는 우리나라의 주종 산업으로 성장하였다. 그리고 자동차산업은 내수산업이기도 하면서 동시에 수출산업이기도 하다. 〈표 6-2〉에 의하면 2008년 기준으로

표 6-1 자동차 보유 현황

(단위: 천 대)

연도	승용차	승합차	화물차	특수차	계
2000	8,084	1,428	2,511	37	12,060
2002	9,737	1,275	2,894	42	13,949
2004	10,621	1,205	3,062	47	14,934
2006	11,607	1,106	3,133	49	15,895
2008	12,484	1,097	3,161	53	16,794

자료: 자동차공업협회.

표 6-2 자동차 생산 현황

(단위: 천 대)

연도	생산(승용차 비율)	내수	수출	수입
2000	3,115(0.84)	1,430	1,676	11
2002	3,148(0.84)	1,622	1,510	30
2004	3,469(0.90)	1,094	2,380	35
2006	3,840(0.91)	1,164	2,648	56
2008	3,826(0.90)	1,154	2,684	79

주: 승용차, 버스, 트럭, 특장차를 모두 포함시켰음. 재고 등의 변화로 내수+수출≠생산.
자료: 자동차공업협회.

내수가 115만 대를 초과하고 수출은 270만 대에 이르고 있다. 연생산대수는 380만 대 수준이다. 이와 같이 자동차산업은 명실공히 한국의 주력산업 중 하나이다.

Ⅱ. 자동차산업의 기업 현황

1997년의 외환위기를 거치면서 자동차산업의 판도는 크게 바뀌었다. 외환위기 이전에는 현대, 기아, 대우가 3각 구도를 이루면서 치열한 내수경쟁을 하였으나 외환위기 이후의 구조조정을 거치면서 자동차산업은 〈표 6-3〉과 같이 재편되었다.

현대가 생산능력으로 38%의 점유율을 갖는 최대기업이고, 기아가 30.2%의 점유율을 갖는 2위 기업이다. 현대가 기아를 인수함으로써 두 회사는 사실상 하나의 기업이나 마찬가지이다. 따라서 생산능력으로 현대 · 기아는 거의 70%의 점유율을 차지하고 있다. 기아자동차는 현대자동차가 거의 40%의 주식지분을 확보하고 있는 현대자동차의 자회사이면서 현대자동차그룹의 계열사이다. 현대자동차그룹은 정몽구 개인이 지배하는 재벌그룹이기 때문에 현대 · 기아는 정몽구 회장의 지배하에 있는 단일자동차회사나 마찬가지이다. 따라서 한국의 자동차산업은 정몽구 회장이 70%의 점유율을 갖는 독점산업이라고 볼 수 있다.

3위 회사인 GM대우는 23% 가까운 생산능력을 차지하고 있으나 가동률이 매우 낮기 때문에 국내의 시장점유율은 10% 정도에 머무르고 있는 실정이다. 그리고 GM대우는 GM인베스트멘트가 48.19%의 주식지분을 소유한 외국회사이다. 미국 GM그룹의 다국적 법인이 되었다. 르노삼성은 삼성그룹이 삼성자동차를 르노그룹에 매각한 또 하나의 외국회사이다. 삼성카드가 19.9% 지분을 소유하고 있지만 실질적 경영권은 르노그룹이 행사하는 외국회사이다. 그리고 생산능력 점유율도 5% 수준에 불과하다. 쌍용자동차도 중국에 매각된 외국회사가 되었다가 회사 부실로 중국이 경영권을 포기함으로써 한때 주인 없는 기업으로서 회생 노력중이다가 이제는 인도의 회사로

표 6-3 국내의 자동차 기업 현황

(단위: 만 대, %)

기업명	주요 주주 (2006. 4. 1 소유지분율)	생산량		생산능력 (가동률)	생산능력 점유율(%)
		내수(비율)	수출(비율)		
현대	현대모비스(15.03) 현대제철(5.87) 정몽구(5.2)	57 (33.5)	113 (66.5)	176 (86.0)	38.0
기아	현대자동차(38.67) 현대캐피탈(3.95) 정의선(1.99)	27 (24.5)	83 (75.5)	140 (78.5)	30.2
GM대우	GM인베스트멘트 (48.19)	11 (16.9)	54 (83.1)	104 (62.5)	22.5
르노삼성	르노그룹(70.1) 삼성카드(19.9) ※ 2005. 12. 31 기준	11 (97.3)	0.3 (2.7)	24 (47.1)	5.2
쌍용	인도 회사	7 (53.8)	6 (46.2)	19 (68.4)	4.1

주: 승용차, 다목적형(RV), 상용차 포함.
자료: 자동차공업협회.

넘어갔다. 생산능력 점유율은 4% 수준에 불과하다.

종합컨대 한국의 자동차산업은 생산능력 면에서 국내기업인 현대 · 기아가 70% 정도를 차지하고, 나머지는 외국에 매각된 GM대우, 르노삼성, 쌍용이 차지하고 있는 2원 구도이다. 말하자면, 국내기업과 외국기업이 7:3으로 나누어 지배하고 있는 독점구조이다. 형식상으로는 과점구조이지만 실질적으로는 독점이라고 볼 수 있다.

Ⅲ. 자동차산업의 유통구조

자동차 제조업체는 직접판매방식과 간접판매방식을 동시에 운영하고 있다. 직접판매방식은 관공서 등과 같은 대규모 수요처를 대상으로 본사에서 직접 판매하는 본사 직판과 개별 소비자를 대상으로 직영점을 통해 판매하는 지점 직판방식이 있다. 간접판매방식에는 대리점을 통해 판매하는 위탁판매방식과 타 회사에 위임하여 판매하는 위탁판매방식이 있다. 판매대리점은 독립사업자로서 제조업체와 배타적 전속계약을 맺고 영업하고 있으며 판매수수료를 받고 있다. 타 회사에 위임하여 판매하는 경우는 대우자동차판매(주)를 들 수 있다. 대우자동차판매(주)는 GM대우, 타타대우, 대우버스 등으로부터 완성차를 매입하여 자사의 대리점을 통해 판매하고 있다.

국내 자동차 유통시장의 직영점과 대리점 판매 비중은 〈표 6-4〉와 같다. 2002년까지는 양 판매방식이 각각 반반 정도 차지하였으나 그 이후부터는 대리점 판매의 비중이 점점 감소하는 추세이다. 2005년에는 직영 판매 비율

표 6-4 자동차의 직영점 대리점 판매비율

구분	2001	2002	2003	2004	2005
총판매액 (억 원)	183,844	219,519	186,005	165,602	184,553
직영점 판매비율(%)	51.9	50.3	52.8	55.1	56.4
대리점 판매비율(%)	48.1	49.7	47.2	44.9	43.6

자료: 공정거래위원회.

표 6-5 현대자동차(주)의 직영점과 대리점 비중

(단위: 억 원, 개, %)

구분	2001	2002	2003	2004	2005
총판매액 (판매점수)	97,630 (909)	113,866 (906)	97,798 (894)	96,446 (880)	106,367 (871)
직영점 판매 비율 (판매점수 비율)	56.3 (47.7)	54.8 (48.0)	56.2 (48.6)	57.8 (49.4)	55.7 (50.5)
대리점 판매 비율 (판매점수 비율)	43.7 (52.3)	45.2 (52.0)	43.8 (51.4)	42.2 (50.6)	44.3 (49.5)

자료: 현대자동차, 공정거래위원회.

이 56.4%이고 대리점 판매 비율이 43.6%이다.

가장 큰 완성차업체인 현대자동차(주)도 이러한 판매방식을 따르고 있고 그 비율도 거의 비슷하다. 〈표 6-5〉에 의하면 직영점 판매 비율은 55~57% 수준이고 대리점 판매 비율은 43~45% 수준이다. 직영점수는 일정한데 대리점수는 빠르게 감소하여 전체적으로는 판매점수가 줄어들고 있다. 현대자동차는 직영점체제로 판매구조를 변화시키고 있는 중이라고 볼 수 있다. 대리점의 수는 감소하는데도 대리점의 판매액 비율은 변하지 않고 있다. 대리점의 수는 줄어도 규모는 커졌다고 볼 수 있다.

Ⅳ. 자동차산업의 시장구조

한국의 자동차 내수시장은 독점이다. 현대가 기아를 인수함으로써 〈표 6-6〉에서 보는 것처럼 한국의 자동차시장은 현대 · 기아라는 단일경영주체

표 6-6 자동차 내수시장 현황

회사명	2002		2005		2007		2009	
현대	72.4	46.4	70.4	48.0	69.5	48.4	76.8	48.4
기아		26.0		22.4		21.1		28.4
GM대우	9.7		9.0		10.1		7.2	
쌍용	8.9		6.4		4.7		1.5	
르노삼성	7.1		9.7		9.1		9.2	
진도	0.0		0.0		0.0		0.0	
대우버스	0.0		0.3		0.3		0.2	
타타대우	0.0		0.3		0.7		0.4	
수입자동차	1.8		3.9		5.7		4.8	
합계	100% (1,652,759대)		100% (1,188,783대)		100% (1,292,562대)		100% (1,457,382대)	
CR_3	91.0		89.1		88.6		93.2	
HHI	0.547		0.519		0.506		0.606	

주: 승용차, 버스, 트럭, 특장차 등 포함.
자료: 자동차공업협회, 공정거래위원회.

가 자동차시장의 70% 이상을 점유하는 독점적 시장구조가 되었다. GM대우와 르노삼성이 각각 10% 정도를 차지하면서 현대 · 기아와 경쟁하고 있는 형국이지만 실제로 한국의 자동차시장은 현대 · 기아가 독주하는 독점체제이고, 나머지 기업들은 자투리 시장을 조금씩 나누어 가지는 정도이다.

2009년도를 기준으로 할 때 연간 내수판매가 150여만 대인데, 이 중 110만 대 이상을 현대 · 기아가 판매하고, GM대우, 르노삼성, 쌍용이 40만 대 정도를 담당하고 있다. 그리고 수입차 비중이 7만 대 정도이다. 현대 · 기아의 압도적인 시장지배현상이다.

2002년 이후의 점유율 추세를 보면, 현대 · 기아의 점유율에는 큰 변화가 없고 나머지 회사들의 점유율에는 많은 변화가 있어 왔다. 현대 · 기아는

70% 이상을 꾸준히 유지하고 있는 상황에서 GM대우는 9.7%에서 7.2%까지, 쌍용은 8.9%에서 1.5%까지 감소하고, 르노삼성은 7.1%에서 9.2%까지 증가하고 있다. 이런 현상은 GM대우, 르노삼성, 쌍용 간에 시장경쟁이 많이 이루어지고 있다는 것을 말해 준다. 자동차시장의 경쟁상태는 현대 · 기아의 시장을 뺏으려는 경쟁이라기보다, 현대 · 기아를 제외한 나머지 회사들 간의 경쟁이라고 볼 수 있다. 현대 · 기아는 독점적 지위를 계속 유지하고 있기 때문이다. 특히, 내수가 2002년의 170만 대에서 2004년 110만 대를 거쳐 2009년의 150만 대까지 진폭이 큰데도 현대 · 기아는 70% 이상의 점유율을 그대로 유지하고 있다.

2002년에서 2009년까지 GM대우와 쌍용은 합해서 점유율이 9.9%만큼이나 감소하였는데 르노삼성은 2.1% 증가에 그치고, 현대 · 기아가 4.4%, 수입차가 3%나 증가하였다. 따라서 자동차시장의 경쟁은 현대 · 기아의 독주하에 2진 그룹의 회사들끼리 경쟁하는 정도의 구도라고 볼 수 있다. 자동차시장의 경쟁에서 특기할 만한 것은 르노삼성의 점유율과 수입자동차의 점유율이 빠르게 증가하고 있다는 사실이다. 이들이 앞으로 현대 · 기아의 시장을 어느 정도 잠식하느냐가 자동차시장의 경쟁상황을 대변할 것이라고 볼 수 있다.

한국 자동차시장의 시장집중률(3사 집중률)은 90% 전후이다. 이 수치는 자동차시장이 독점시장이라는 것을 그대로 말해 주는 수치이다. HHI지수는 0.5를 넘으면서 2009년에는 0.6을 넘기도 하였다. 매우 독점적 시장구조라는 것을 확실히 말해 준다. 자동차시장은 독점적 시장구조이면서 주도기업과 2진기업들 사이에 매우 미미한 정도의 경쟁이 존재하는 모습이다. 반면에 2진기업들 사이의 경쟁은 다소 뚜렷한 양상이다. 르노삼성과 수입자동차가 어느 정도 시장점유율을 늘려 나가느냐가 자동차시장의 경쟁을 가늠할 수 있는 바로미터가 될 것 같다.

V. 공정거래정책상의 과제

자동차시장의 경쟁 관련 문제점은 시장이 독점적 구조로 이루어져 있다는 점이다. 단일경영주체가 70% 이상의 시장점유율을 차지하는 독점적 시장구조이다. 구조가 독점적이면 시장행태도 독점적이 될 가능성이 매우 높다. 우선 가격이 높아질 가능성이 높고 서비스가 나빠질 가능성이 높다.

외환위기 이전에는 자동차시장이 현대, 기아, 대우 3사의 경쟁체제로 이루어졌는데, 이때는 소비자들이 이들 사이의 경쟁관계를 피부로 느낄 수 있었다. 수시로 무이자 할부판매가 시행되고, 서비스센터를 통한 서비스 경쟁도 치열하였다. 그리고 TV 광고도 매우 많았다. 그러나 현재와 같은 독점체제하에서는 무이자 할부판매라는 세일행사를 거의 찾아볼 수 없다. 소비자들은 실제로 현대 · 기아가 누구와 경쟁하는지 느끼기도 어렵게 되었다.

자동차시장과 관련된 공정거래정책의 제1과제는 시장구조를 개선하는 것이다. 그러나 구조를 바꾸는 일은 쉽지 않다. 공정위가 허용한 현대와 기아의 합병을 무효화시킬 수도 없고, 이를 다시 분할할 수도 없다. 그렇다고 단기간 내에 GM대우나 르노삼성이 점유율을 증대시켜 현대 · 기아와 경쟁하는 체제로 부상할 것 같지도 않다. 정부가 정책적으로 이를 추진할 수도 없다. 수입차의 비중이 점점 높아지고 있지만 수입차를 통해 국내 자동차시장을 경쟁구조로 전환시키는 것은 국익에도 합치되지 않는다. 그러므로 현 단계에서는 구조적으로 자동차시장을 경쟁화시키는 것은 거의 불가능하다고 볼 수 있다.

그렇다면 다음 단계로 자동차시장에서의 독점적 폐해를 방지하기 위한 정책적 수단은 무엇일까? 우선은 시장행태가 독점적으로 가지 않도록 방지하는 것이다. 독점기업의 시장행동을 엄격히 감시하여 독점적 행태를 치밀하게 조사 · 탐지하는 것이다. 그리고 이를 엄격히 처벌하는 일이다. 이를 통해 독점적 행태를 사전에 방지하는 것이 우선적으로 취할 수 있는 정책수단이 될 수 있다.

공정거래위원회는 2007년 1월에 현대자동차의 독점적 행위(시장지배적 지위남용)에 대해 제재를 가한 적이 있다. 현대자동차는 직영점과 대리점을 통해 자동차를 판매한다. 그런데 독립사업체인 대리점에 부당한 제한을 가하였다. 대리점들의 영업점 이전을 제한하고, 대리점들의 영업사원 채용을 제한하였다.

이 사건은 매우 흥미 있는 사건이다. 가격을 통제한 것도 아니고 판매량을 통제한 것도 아니다. 자기 상품을 판매하는 대리점의 영업을 방해한 매우 아이러니컬한 사건이다. 대리점이 좋은 지역으로 사업장을 옮기는 것도 불허하고 유능한 영업사원을 채용하는 것도 불허하였다. 자기 상품을 판매하는 대리점을 도와 주어도 부족할 판인데 방해를 한다는 것이 말이 되는가?

이것은 현대자동차가 독점사업자이기 때문에 가능한 일이다. 현대자동차가 독점사업자가 아니고 경쟁자를 많이 가진 경쟁사업자라면 이런 일은 불가능하다. 현대자동차는 독점사업자이면서 직영점을 통해서도 판매하고 대리점을 통해서도 판매하는데, 이 두 사업자는 동일 지역에서 서로 경쟁관계에 있다. 그런데 독립사업자인 대리점의 사업을 방해하면 그 고객은 직영판매점으로 이동한다. 현대자동차 입장에서는 판매량에 아무런 영향이 없다. 대리점을 통해 판매할 자동차가 직영점으로 옮겨 간 것뿐이다. 만약 현대자동차가 독점사업자가 아니라면 대리점을 떠난 고객이 현대자동차의 직영점으로 가리라는 보장은 없다. 이들은 다른 자동차회사의 고객으로 이동할 가능성이 매우 높다. 이런 상황이라면 현대자동차는 대리점을 방해하는 것이 아니라 오히려 도와 주어야 할 것이다.

직영점의 직원은 현대자동차의 직원이면서 노조를 만들고 있었다. 노조는 자기들의 이익을 위해 대리점을 홀대하고 직영점의 판매량을 늘리려

표 6-7 미국 자동차산업의 시장구조

(단위: %)

품명 \ 연도		1993	1999	2004	2007	2009
Big 3	GM	34.2	29.8	25.0	23.7	20.4
	포드	22.0	19.9	13.6	15.4	16.3
	크라이슬러	9.8	8.6	6.3	12.8	9.1
	Big 3 합계	66.0	58.3	44.9	51.9	45.8
일본	도요타	8.7	10.2	14.7	16.2	17.4
	혼다	8.4	3.8	11.2	9.5	11.3
	닛산	5.7	4.6	7.2	6.6	7.6
	기타	6.4	5.8	6.2	4.4	3.1
	합계	29.1	30.5	39.3	37.1	39.4
유럽		3.6	8.0	9.8	6.6	7.5
한국		1.3	3.2	6.1	4.8	7.2
CR_3		66.0	59.9	53.3	55.3	54.1
HHI		0.198	0.169	0.141	0.145	0.137

주: 2007년도 총판매량은 16,254,700대이고, 2009년의 총판매량은 10,155,715대이다.
자료: World's Automotive Reports.

고 하였다. 노조는 본사로 하여금 대리점에 부당한 계약조건을 삽입하도록 압력을 가하였다. 본사는 대리점을 통해 판매하든 직영점을 통해 판매하든 자기 판매량에 영향이 없기 때문에 이러한 노조의 압력을 받아들였다. 현대자동차가 독점사업자이기 때문에 가능한 것이다.

이 사건은 매우 특이한 사건이면서 독점사업자이기 때문에 나타날 수 있는 사건이다. 공정거래위원회는 시장지배적 사업자의 지위남용행위로 처벌하였다.

한국과 달리 미국과 일본의 자동차시장은 매우 경쟁적이다. 〈표 6-7〉에서 보는 것처럼 미국 시장은 GM이 주도적 사업자이지만 2009년에는 20.4%의 시장점유율에 머무르고 있다. 그리고 외국차 점유율이 50%를 넘어서고 있다. 이 중 일본차의 비중이 39.4%, 유럽차 비중이 7.5%, 한국차 비중이

7.2%를 차지하고 있다. 그러므로 미국의 자동차시장은 미국의 Big 3뿐만 아니라 도요타, 혼다 등 일본 메이커와 유럽 및 한국 메이커들이 치열하게 경쟁하는 시장구조이다.

2009년을 기준으로 하였을 때 CR_3는 54.1%, HHI는 0.137로 경쟁적 구조로 판단할 만큼 낮은 수치이고, 1993년 이후 이 수치가 꾸준히 감소하면서 시장구조가 점점 경쟁적으로 바뀌어 왔다. 회사별 시장점유율은 연도별로 많은 변화를 거듭하고 있다. 특히, 주도적 사업자인 GM의 시장점유율이 꾸준히 그리고 급격히 감소하고 있다. 이것은 구조적으로도 시장경쟁이 높아질 뿐만 아니라 행태적으로도 시장경쟁이 더욱 높아지고 있다는 것을 나타낸다.

특히, 외국차와의 경쟁이 점점 증가하고 있다는 것을 알 수 있다. 일본차의 시장점유율은 1993년의 29.1%에서 2009년에는 39.4%까지 증가하였다. 유럽차의 비중도 증가하는 편이지만, 특히 한국차의 비중이 매우 뚜렷하게 증가하고 있다. 미국 시장에서 유럽차와 한국차는 거의 비슷한 비중을 차지하고 있다. 이처럼 미국의 자동차시장에서는 미국차와 외국차가 많이 경쟁하는 상황이라고 볼 수 있다.

일본 시장도 미국보다는 덜하지만 한국보다는 훨씬 더 경쟁적이다. 〈표 6-8〉에 의하면 주도적 사업자인 도요타가 30% 전후의 시장점유율을 차지하고 있으나 기업수도 많고 닛산, 혼다, 다이하츠 등의 2위 경쟁도 치열하다. 다이하츠는 2000년대 들어 시장점유율을 급격히 증가시키고 있다. CR_3와 HHI가 경쟁적 구조로 판단할 만큼 매우 낮지는 않지만 증감을 되풀이하면서 전반적으로 감소하는 추세를 보이고 있다. 그리고 회사별 점유율도 연도에 따라 많이 변화하는 모습을 보여 주고 있다. 이것은 기업들 사이의 시장경쟁이 매우 높다는 것을 말해 준다.

한국과 미국, 일본을 비교할 때 한국은 매우 비경쟁적 시장구조로 이루어져 있고 시장행태도 비경쟁적이라고 볼 수 있다. 미국과 일본은 한국에

표 6-8 일본 자동차산업의 시장구조

(단위: %)

품명 \ 연도	1990	1998	2004	2006	2008
도요타	37.1	27.8	33.0	29.7	29.1
닛산	20.7	16.8	14.5	13.8	13.7
미쓰비시	6.2	7.9	3.9	5.9	4.6
혼다	10.1	14.4	14.5	12.3	12.4
스즈키	4.9	8.8	10.7	12.1	13.3
마쓰다	7.8	5.9	5.0	4.7	4.8
다이하츠	5.0	7.1	9.3	10.9	12.7
후지	3.2	4.7	4.0	4.3	4.1
이스즈	0.7	0.1	0.0	1.6	1.2
수입	4.3	6.5	5.1	4.6	4.1
CR_3(%)	67.9	59.0	62	55.8	56.1
HHI	0.208	0.155	0.179	0.159	0.161

주: 2006년도 총판매량은 5,695,634대이고, 2008년도 총판매량은 5,045,112대이다.
자료: JAMA(Japan Automobile Manufacturers Association).

비해 시장구조도 훨씬 더 경쟁적이고 시장행태도 훨씬 더 경쟁적이다. 그리고 미국은 일본보다 구조면에서뿐만 아니라 행태면에서도 더 경쟁적이라고 볼 수 있다.

Chapter 7 정유산업과 공정거래정책

Ⅰ. 정유산업의 발전 과정

Ⅱ. 정유산업의 특성과 유통구조

Ⅲ. 정유산업의 시장구조와 가격경쟁

Ⅳ. 정유산업의 특성과 공정거래정책상의 과제

Ⅰ. 정유산업의 발전 과정

우리나라 정유산업의 발전 과정은 해방 후 국내 최초의 일관 정유회사인 대한석유공사가 설립된 1962년을 기준으로 그 이전과 이후로 나누어 살펴볼 수 있다. 그 이전은 국내에서 정제할 수 없는 시기이기 때문에 정제된 석유를 외국에서 수입해 소비하던 시기이다.

우리나라에서 석유가 처음 사용된 것은 1880년(고종 17년)으로 알려져 있다.[1] 그 이후 1897년부터 미국의 석유회사인 '스탠더드'로부터 석유가 수입되어 본격적으로 보급되고 사용되었다. 이어 러시아로부터도 석유가 들어오기 시작하여 한국 시장을 두고 두 나라 석유회사가 치열하게 경쟁하였다. 한국 강토를 두고 열강들이 쟁탈전을 벌였던 그 당시 시대상이 석유시장에서도 그대로 나타난 씁쓸한 장면이다. 1898년부터는 석유등이 가로등으로 설치되기도 하였다.

일제시대에는 일본이 대륙침략의 발판으로 1935년에 '조선석유'라는 회사를 만들어 연간 30만 톤 규모의 정유공장을 원산에 건설하였다. 그 이후 석유수요의 증가에 따라 이 공장을 40만 톤 규모로 확장하고 물량이 부족할 때는 미국산 정제유를 수입해 왔다. 따라서 미국의 스탠더드(Standard Vacuum Oil)와 텍사스(Texas Oil), 영국의 셸(Shell Oil)이 한국에 대리점을 두기도 하였다.

일본의 패전과 더불어 이러한 석유공급체계도 종말을 고하고 미군정시대가 도래하였다. 미군정은 1946년에 석유배급대행회사(Petroleum Distribution Agency)를 설립하여 국내수요에 대해 군용제품을 공급하였다. 일제시대 때 만들어진 조선석유는 미군정에 귀속되었다. 1948년 정부수립 후에는 1949년

1) 개화승 이동인이 일본에서 석유, 램프, 성냥을 가져와 사용하였다는 기록이 있으나 1876년의 병자수호조약 이후 일본과의 교류 과정에서 석유가 국내에 들어온 것은 거의 확실하다.

에 대한석유저장주식회사(Korea Oil Storage Co.: KOSCO)를 설립하여 석유류의 저장과 판매업무를 주관하도록 하였다가 얼마 후 저장만 담당하고 판매는 스탠더드, 칼텍스(Caltex), 셸 등에게 맡겼다. 이들은 전국에 대리점을 개설하여 석유류 판매업을 영위하였다.

1950년의 한국전쟁으로 3개 메이저회사는 한국으로부터 철수하였다. 그 자리는 KOSCO가 대행하였다. 그리고 국내 수요의 부족분은 미군을 통해 수입하였다. 정부는 계속되는 수요 증가를 충족하기 위해 1955년 미국과 한미석유운영협정을 체결하여 칼텍스, 스탠더드, 셸 3대 메이저에 의해 구성된 KOSCO가 석유제품의 수입 · 저장 · 배급을 주관하도록 하였다. 이 체제는 1964년 대한석유공사(유공)가 그 시설과 업무를 인수할 때까지 유지되었다.

한국의 정유산업은 대한석유공사의 설립부터 그 발전이 본격화되었다. 5.16 후 군사정부는 1962년에 경제개발 5개년계획을 수립하면서 대한석유공사 설립안을 국무회의에서 가결하였다. 그리고 동년 9월 주식 250만 주에 자본금 6억 2,500만 원을 납입하면서 유공을 법인으로 공식 출범시켰다.

곧이어 울산정유공장의 건설이 시작되었는데, 국내자본으로 건설비를 충당하지 못해 걸프(Gulf)로부터 외자를 유치하여 1963년 12월에 공장을 준공하였다. 처음에는 정유산업의 중요성을 감안하여 순수 국내자본으로만 건설하려고 하였으나 국내의 자금사정과 외환 부족으로 불가피하게 걸프의 자금제공과 경영참여를 받아들였다. 걸프는 500만 달러 출자(주식지분 25%)와 2,000만 달러의 장기저리차관(3년 거치, 12년 상환, 연리 4.5%)으로 유공의 경영에 참여하였다. 이로써 걸프는 우리나라에 출자한 최초의 외국기업이 되었다.

경제성장과 더불어 유공은 급신장하여 설립 당시의 3만B/D에서 지금은 수십 배로 커졌으며, 석유화학분야에서도 국내 최초로 나프타 분해시설을 갖추었다. 한국경제와 더불어 계속 성장 · 발전해 오던 유공은 정부의 민영화 방침에 따라 1980년 합작선이었던 걸프가 철수하고, SK(당시는 선경)가 걸프의 50% 주식지분과 경영권을 인수하였다. 그리고 1982년에 상호를 대한석유공사에서 유공으로 변경하였다. 걸프는 우리나라에 진출한 최초의 외국기업이면서 동시에 철수한 최초의 외국기업이 되기도 하였다. 유공은 다시 SK(주)로 상호를 변경하였다.

정부는 유공에 이어 제2정유공장을 추진하였다. 이에 GS(당시는 럭키)는 미국의 칼텍스와 합작으로 호남정유를 설립하여 1969년 여천공단에 정유공장을 준공하였다. 호남정유는 여천공장을 계속 증설하여 유공보다 큰 국내 최대 정유공장을 만들었다. 호남정유는 1996년에 상호를 LG칼텍스정유(주)로 변경하고 LG그룹 내의 석유유통 관련 계열사들을 합병시켰다. 이어 LG칼텍스는 LG그룹의 분할상속 과정에서 GS칼텍스로 다시 상호가 변경되었다.

한국화약의 경인에너지는 미국의 석유자본 유니언 오일(Union Oil)과 50 대 50 비율로 출자하여 1972년 인천에 제3정유공장을 준공하였다. 경인에너지는 1983년에 유니언 오일로부터 5,220만 달러의 주식지분을 인수하여 독자적으로 경영권을 확보하였다. 경인에너지는 1994년에 한화에너지(주)로 상호를 변경하였다가 1999년에 현대정유(주)로 경영권을 넘기면서 인천정유(주)로 다시 상호를 변경하였다. 인천정유는 경영난으로 부도를 내고 기업회생 절차를 거쳐 SK에너지로 경영권이 넘어갔다.

일찍부터 석유사업을 시작한 극동석유는 제4정유회사로서 부산과 서산에 정유공장을 건설하여 석유사업을 본격화시켰다. 1988년에 극동정유(주)로 상호를 바꾸었다가 1993년에는 현대정유(주)로 다시 상호를 바꾸었다. 그 이후 여러 단계의 통폐합을 거쳐 2002년에 현대오일뱅크로 다시 상호가 변경되었다.

제5정유회사인 쌍용정유는 1973년의 제1차 석유위기를 거치면서 쌍용그룹과 이란 국영석유회사가 50 대 50 합작으로 1976년에 설립한 회사이다. 1980년 온산에 정유공장을 준공하였다. 쌍용정유는 1997년의 외환위기 이후 사우디 아람코 등 해외법인이 인수하면서 쌍용그룹으로부터 분리되었다.

2000년에는 S-Oil로 상호를 바꾸었다.

지금까지 설명된 것과 같이 우리나라 정유회사는 유공으로부터 시작하여 총 5개가 설립되었다. 유공은 오늘날 SK에너지로 상호가 바뀌었고, 호남정유는 GS칼텍스로, 경인에너지는 인천정유로, 극동석유는 현대오일뱅크로, 쌍용정유는 S-Oil로 상호가 바뀌었다. 형식적으로는 5개 정유회사가 존재하지만 SK에너지가 인천정유를 인수함에 따라 실질적으로는 4개 정유회사가 한국의 정유산업을 분점하고 있다.

Ⅱ. 정유산업의 특성과 유통구조

석유는 에너지원이면서 수많은 화학제품의 원료이다. 원유는 정제 과정을 거쳐 휘발유, 등유, 경유, 중유, 나프타, 아스팔트, 윤활유, LPG 등 무수히 많은 석유제품이 추출된다. 이 제품들은 에너지원으로도 사용되고 수많은 화학 관련 제품의 원료로도 사용된다.

석유를 정제하면 이 제품들이 모두 동시에 생산되기 때문에 제품별로 수요와 공급을 조정하기 어려운 산업적 특성이 있다. 예컨대, 휘발유 수요가 증가하여 휘발유 생산을 증가시키면 수요가 증가하지 않은 다른 상품들의 공급도 동시에 증가한다. 따라서 상품별로 공급량을 수요에 맞추기가 어렵다. 이러한 제품별 수급불균형은 수입과 수출을 통해 해결되고 있다.

휘발유, 등유, 경유를 경질유 제품이라고 분류하는데, 이들은 에너지원으로서 필수재이면서 대체재가 적어 수요의 가격탄력성이 매우 낮은 특성을 가지고 있다. 그리고 품질은 고도로 표준화되어 있어서 제조사별로 제품차별화가 되지 않는 특성을 가지고 있다.

석유제품은 국가경제와 안보면에서 그 중요성이 매우 높은 전략물자이다. 그러나 우리나라는 원유매장이 없어 전량을 외국으로부터 수입하고 있기 때문에 석유제품은 가격, 품질, 비축, 유통 등에 관하여 정부가 지속적으로 규제를 하고 있다. 말하자면, 석유산업은 규제산업의 성격을 강하게 가지고 있다. 하지만 가격에 대해서는 1997년부터 완전한 자유화가 실시되고 있다(LP가스는 2001년부터 가격자유화가 실시되고 있다).

석유산업은 에너지 수급관리 및 재정정책의 일환으로 정부가 중점 관리하는 산업인 만큼 석유제품에는 다양한 항목의 세금이 부과되고 있다. 제품별로 다양한 세율에 의해 특소세, 교통세, 교육세, 주행세, 판매부과금, 부가가치세 등이 부과되고 있다.

원유를 정제해서 나오는 제품 중 휘발유, 등유, 경유를 경질유라고 하는데, 이들은 〈그림 7-1〉과 같은 유통경로를 통해 소비자에게 공급된다 먼저 정유사 총판매량의 49.2%가 대리점으로 판매된다. 대리점은 특정 정유사에 전속되어 거래하는 자영대리점과 여러 회사로부터 공급받는 현물대리점으로 나누어진다. 현물대리점은 시장가격에 따라 공급회사를 다양하게 선택한다. SK는 자사제품만을 취급하는 SK네트웍스주식회사를 직영 판매대리점으로 거느리고 있다.

정유사 총판매량의 40.6%는 직접 주유소에 판매된다. 그리고 정유사 총판매량의 42.84%는 대리점을 거쳐 주유소에 판매된다. 따라서 주유소는 정유사 총판매량의 83.3%를 취급한다. 주유소는 특정 회사의 상표를 제시하고 그 회사 제품만을 판매하는 상표표시 주유소와 상표를 제시하지 않고 여러 정유사 제품이나 수입제품을 판매하는 무상표주유소로 나뉜다.[2)] 상표표시 주유소가 주종이며 무상표주유소는 전체 주유소의 약 4%에 불과하다. 2개

2) 주유소상표표시제(pole sign)는 「독점규제 및 공정거래에 관한 법률」 제23조에 의해 1992년 4월 1일부터 시행된 제도로서 주유소가 특정 정유사의 상표를 게시한 경우 그 정유사 제품만 판매하도록 하는 제도이다. 이 제도는 경질유의 거래질서를 확립하고 소비자를 보호하기 위해 도입된 제도이다.

그림 7-1 경질유 제품의 유통구조와 유통비중

(단위: %)

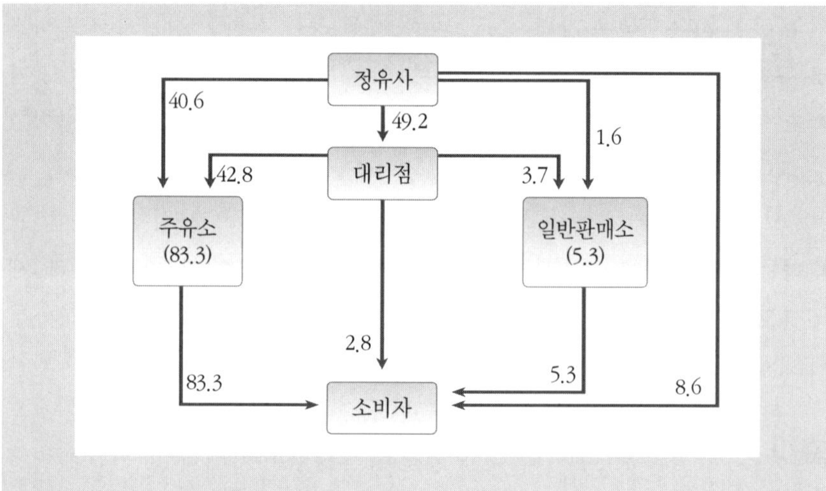

자료: 한국석유공사(2009).

이상의 상표를 제시하고 복수회사 제품을 판매하는 복수상표주유소제도도 있으나 정유사와 주유소의 비협조로 사실상 유명무실화되어 있다. 상표표시 주유소도 정유사가 직접 운영하는 직영주유소와 독립자영업자가 운영하는 자영주유소로 구분할 수 있다.

이러한 구분에 의한 정유사별 주유소 분포는 〈표 7-1〉과 같다. 2009년 기준으로 전국의 주유소는 총 12,862개이고, 이 중 97%가 상표표시 주유소이다. 상표표시 주유소 중에는 SK가 36.7%로 가장 많고, 그 다음은 GS, 현대, S-Oil 순이다. 그리고 정유사 직영주유소보다는 자영주유소가 월등히 많다.

〈그림 7-1〉에서 대리점으로 넘어간 49.2% 중 42.8%는 주유소를 거쳐 최종소비자에게 판매되고, 2.8%는 직매처를 거쳐 최종소비자에게 판매되고, 3.7%는 일반판매소를 거쳐 최종소비자에게 판매된다. 일반판매소는 대리점

표 7-1 주유소 분포 현황(2009. 12)

구분		SK		GS		현대		S-Oil		무상표	기타	계
직영	자영	1,014	3,710	735	2,890	330	2,060	153	1,681	361	9	12,862
합계		4,724		3,544		2,390		1,834				
점유율(%)		36.72		27.55		18.58		14.25		2.80	0.10	100

자료: 한국주유소협회.

에서 받은 3.7%와 정유사로부터 직접 받은 1.6%를 합쳐 5.3%를 최종소비자에게 판매한다. 그리고 한국전력 등과 같은 대형 소비자에게는 정유사가 경매를 통해 직접 판매하는데, 그 비중은 정유사 총매출액의 8.6% 정도 된다.

〈그림 7-1〉의 경질유 유통구조를 종합해 보면 대리점은 소비자와는 직접 거래하지 않는 도매업체이고, 주유소와 직매처 및 일반판매소는 소비자와 직접 거래하는 소매업체이다. 석유사업법에 의해 유통단계상 수평적 위치에 있는 소매업체 간에는 거래가 금지되어 있다.

Ⅲ. 정유산업의 시장구조와 가격경쟁

국내정유사는 SK에너지, GS칼텍스, 인천정유, 현대오일뱅크, S-Oil 등 5개이지만 SK에너지가 인천정유를 인수함으로써 실질적으로는 4개의 정유회사가 영업하고 있는 셈이다. 5개 정유사는 모두 일관정유업을 영위하는 회사로 정유 과정에서 발생하는 석유류 제품을 일관생산하고 있다. 회사규모는 매출액기준으로 〈표 7-2〉와 같다.

2009년 기준으로 SK에너지가 가장 큰 정유회사로서 매출액은 36조 원이

표 7-2 5개 정유사의 매출액과 점유율

회사명	2004		2009	
	매출액(십억 원)	점유율(%)	매출액(십억 원)	점유율(%)
SK	17,406	34.3	35,827	36.7
GS	14,063	27.8	26,089	33.3
S-Oil	10,689	21.1	17,424	14.5
현대	6,014	11.9	10,868	15.5
인천	2,502	4.9	-	-
합계	50,674	100.0	72,802	100
CR_3	83.2		85.5	
HHI	0.256		0.291	

주: 인천정유는 2008년 2월 SK에너지에 흡수합병.
자료: 정유사별 2009년 지속가능성 보고서, 한국석유공사(2010).

고 매출액점유율은 36.7%이다. 다음으로는 26조 원 규모의 GS칼텍스이고 점유율은 33.3%이다. 그 다음은 현대오일뱅크, S-Oil 순이다. 4개 정유사의 매출액 기준 CR_3는 85.5%이고, HHI는 0.291이다. 집중현상이 매우 심한 편이다. 그리고 2004년에 비해 2009년에는 집중률이 더 높아졌다.

정유사별 석유제품 생산량과 판매량 현황은 〈표 7-3〉과 같다. 재고량과 수입량이 존재하기 때문에 생산량이 국내판매량과 수출량을 합계한 값과 일치하는 것은 아니다. 생산량과 국내판매량은 SK가 1위이지만 수출량은 S-Oil이 1위이다. 생산량 및 국내판매량 순위는 SK, GS칼텍스, S-Oil 순서이고, 수출량 순서는 S-Oil, SK, GS칼텍스 순서이다. 수출량은 국내판매량의 40% 수준이기 때문에 S-Oil이 수출량 1위이지만 그 양은 많지 않다. S-Oil은 국내판매량보다 수출량이 더 많다.

시장구조의 변천 과정은 〈표 7-4〉와 같다. 정제능력기준으로 회사별 점유율을 보면 초창기에는 SK가 압도적 우위에 있다가 그 비중이 점점 감소하

표 7-3 정유사별 석유제품 생산 · 판매 현황(2004년)

(단위: 천B/D, %)

회사명	생산량		국내판매량		수출량	
	수량	비율	수량	비율	수량	비율
SK	801	33.0	562	27.3	243	30.1
GS	637	26.2	493	23.9	165	20.5
S-Oil	560	23.1	243	11.8	283	35.1
현대	297	12.2	228	11.0	73	9.0
인천	116	4.8	92	4.5	38	4.8
기타	18	0.8	444	21.5	4	0.5
합계	2,429	100.0	2,061	100.0	805	100.0

자료: 한국석유공사.

표 7-4 정제능력기준 회사별 점유율(1968~2009년)

(단위: %(HHI 제외))

연도	SK	GS	S-Oil	현대	인천	CR_3	HHI
1968	95.83	0	0	4.16	0	100.00	0.9201
1974	48.86	36.36	0	1.13	13.63	98.86	0.3897
1980	43.75	35.93	9.37	1.56	9.37	89.06	0.3383
1986	35.44	48.10	7.59	1.26	7.59	91.13	0.3686
1995	33.55	20.90	24.36	6.05	15.12	78.82	0.2421
1998	33.22	24.61	18.17	12.71	11.27	76.00	0.2328
2003	33.22	24.61	18.17	12.71	11.27	76.00	0.2328
2009	36.70	33.30	14.50	15.50	-	85.50	0.2910

자료: 대한석유협회; 국민권익위원회; 공정거래위원회.

고 있으며, GS칼텍스는 증가하다가 하락하는 추세이다. S-Oil은 1995년 전후에 GS칼텍스를 능가하는 정제능력을 갖추었으나 그 이후에는 그 비중이 하락하였다. 현대오일뱅크는 최근에 그 비중이 많이 증가하였고, 인천정유는 하락, 증가, 하락을 반복하고 있다.

정유산업은 구조적으로 전형적인 과점이다. 5개 회사(SK의 인천정유 인수 후에는 4개)가 한국의 석유류 제품시장을 나누어 차지하고 있는데, 특히 SK와 GS칼텍스는 선두주자로서 거의 모든 석유류 제품시장에서 절반 이상의 점유율을 차지하고 있다. 그런데 어느 한 기업이 시장을 독주하는 체제는 아니고 SK와 GS칼텍스가 선두경쟁을 하는 경쟁형의 과점이다. 말하자면, 과점 중에서도 경쟁 가능성이 높은 약과점(loose oligopoly)이다. 그러나 현실적으로는 경쟁이 많이 이루어지지 않고 있다. 그 때문에 정유회사들은 서로 경쟁을 자제하는 협조체제를 만들고 있다는 의심을 받는다. 석유류 제품가격은 원유가 오를 때에는 재빨리 많이 오르고 원유가 내릴 때에는 천천히 적게 내린다. 이것은 정유사끼리 묵시적으로 협조하는 관행이 만들어져 있기 때문이라고 보고 있다.

정유산업의 과점구조는 앞으로 더욱 심화될 것으로 보인다. 정유산업은 규모의 경제가 매우 큰 범위까지 존재하기 때문에 개별 기업이 더욱더 큰 규모로 영업할수록 더 효율적으로 생산할 수 있다. 거기다가 국내정유시장은 초과공급 상태이다. 따라서 소규모 정유사는 대규모 정유사에 흡수되는 현상이 나타날 가능성이 높다. 인천정유가 SK에 흡수된 것은 그 한 예이다. 이렇게 되면 과점적 시장구조는 더욱 강화될 것이다. 지금도 4개의 독립적 정유사가 존재하는 전형적 과점인데, 합병에 의해 3개로 줄어든다면 정유산업은 전형적인 과점구조로 이동할 것이다. 이 과점이 경쟁적 과점이 될지 비경쟁적 과점이 될지는 공정위가 이들의 협조적 시장조정을 얼마만큼 차단해 낼 수 있는지에 달려 있다.

경질유 제품의 가격은 세금 전 공장도가격에 각종 세금과 유통마진이 붙어 정해진다. 세금에는 교통세(특소세), 교육세, 지방주행세, 부가세 등이 있다. 〈표 7-5〉에 의하면 휘발유의 경우 최종소비자가격에서 각종 세금이 57.3% 차지하고 있다. 휘발유소비자는 가격의 절반 이상을 세금으로 납부하

표 7-5 경질유 제품의 가격 구성요소(2006. 7)

(단위: 원/리터, %)

구분	세금 전 공장도가격	세금 합계	유통마진	최종 소비자가격
휘발유	580 (37.6)	885 (57.3)	79 (5.1)	1,543 (100)
경유	659 (50.89)	612 (47.2)	25 (1.9)	1,296 (100)
등유	632 (65.9)	264 (27.5)	63 (6.5)	959 (100)

주: ( ) 안은 비율을 나타냄.
자료: 산업자원부.

고 있는 셈이다. 경유는 세금 비중이 47.2%로 휘발유 다음인데, 등유는 세금 비중이 27.5%로 가장 낮다. 유통마진은 5~6% 선이다. 경유는 2% 정도밖에 되지 않는다.

경질유 제품은 1991년까지 정부가 직접 가격을 결정하였으며, 1991년 이후 단계적으로 가격자유화가 시행되다가, 1997년부터 정부는 가격상한제와 유가연동제를 폐지하여 완전한 가격자유화를 도입하였다. 따라서 정유회사는 자율적으로 세금 전 판매가격을 정할 수 있다.

정유사들이 발표하는 가격은 공장도가격, 일일판매기준가격, 현물시장가격 등이 있는데, 정유사들은 유통경로와 유통환경에 따라 다양한 가격을 책정하기 때문에 석유제품 가격은 어느 점에서 포착하느냐에 따라 매우 다양하게 나타난다. 공장도가격은 언론을 통해 공시하는 기준가격일 뿐이고 실제 거래가격은 아니다. 발표되는 공장도가격은 각 판매단계에서 정하는 가격의 기준 역할 정도를 할 뿐이다. 일일판매기준가격도 본사가 지역본부나 지사에 매일 통보하는 가격으로 실제가격의 기준 역할을 할 뿐이지 실제 거래가격은 아니다. 실제 거래가격은 구매자에 따라 다양한 형태의 할인도 이루어지기 때문에 임의적으로 정의할 수 없다. 현물시장가격은 복수의 정유사 또는 수입사와 거래하는 현물대리점이 주유소 및 일반판매소에 공급할 때 적용하는 가격인데, 이 가격 역시 실제 거래가격은 아니다. 실제 거래가격은 이를 기준으로 다양하게 가감되어 정해진다.

이와 같이 석유류 제품의 실제 거래가격은 유통단계, 유통환경, 거래상대방 등에 따라 다양하게 정해지기 때문에 하나의 가격으로 정의하기가 매우 어렵다. 정유사가 정하는 가격은 실제 거래가격의 기준 역할을 할 뿐이다. 그런데 각 정유사가 정하는 기준가격이 경쟁 베이스에 의해 정해지지 않으면 정유사 간에는 그만큼 시장경쟁이 억제된다고 볼 수 있다. 정유사들이 경쟁을 자제한 채 협조적으로 기준가격을 발표하면 실제 거래가격도 경쟁가격보다는 높게 정해질 것이 틀림없다.

Ⅳ. 정유산업의 특성과 공정거래정책상의 과제

정유산업은 비경쟁적 과점체제에 의해 시장이 조정된다고 보고 있다. 2001년 이후 정유사들은 3년 만에 3.2배의 영업이익을 올렸다. 그 이유로는 여러 가지가 주장되기도 하나 정유 5사가 원유도입가격을 기준으로 경쟁하에서 가격을 정한 것이 아니라 일본이나 싱가포르의 석유제품 현물시장가격을 기준으로 경쟁 없이 가격을 정하였기 때문이라고 보고 있다. 원유도입가격과 생산원가를 기준으로 정유사 간에 실질적인 가격경쟁이 이루어진 것이 아니라 일본이나 싱가포르의 현물시장가격을 기준으로 정유사들이 협조적으로 가격을 정하였기 때문에 2004년도와 같은 막대한 영업이익이 발생할 수 있었다고 보고 있다. 말하자면, 정유시장에는 암묵적 담합행위가 이루어졌다는 의심을 받고 있다.

석유제품의 가격 움직임은 그런 의심을 받을 여지가 충분히 있었다. 가격 인상 요인이 생겼을 때는 선도자가 먼저 가격을 올리고 이어서 다른 정유사들도 잇달아 가격을 인상하였다. 그리고 가격 인하 요인이 생겼을 때는 모두가 가격 인하에 소극적이었다. 시장구조는 하나의 사업자가 월등히 큰 시장점유율을 차지하는 강과점(light oligopoly)이 아니라 SK와 GS칼텍스 등 2개 이상 기업의 시장점유율이 비슷한 약과점(loose oligopoly)체제이기 때문에 겉으로는 경쟁이 매우 많이 이루어질 것 같으나 현실적으로는 가격경쟁이 많이 자제되는 모습을 보였다. 따라서 정유산업은 담합의 의심을 받을 수밖에 없었다.

원유도입가 차이와 생산설비 효율성 차이로 정유사별로 생산비에는 상당한 차이가 있었다. 그러나 제품가격에는 큰 차이가 나지 않았다. 그것은 석유류 제품이 표준화되어 있기 때문이기도 하지만 정유사 간에 협조적 가격책정 관행이 만들어져 있기 때문일 수도 있다. 이런 점에서 정유산업은 비경쟁적 과점이라고 판단할 수 있다.

석유가격이 자유화된 1997년 이후에는 수입사들의 시장점유율이 증가하면서 시장경쟁이 점점 높아졌으나 〈표 7-6〉에서 보는 것처럼 수입사의 시장점유율도 2002년을 기점으로 급격히 하락하였다. 2003년 말 이후부터는 석유제품에 대한 수입관세율이 인상되어 석유수입사들은 사실상 시장경쟁

표 7-6 경질유 제품 수입사의 시장점유율 추이(1999~2009년)

(단위: %)

구분	1999	2001	2002	2004	2009
휘발유	0.6	3.3	6.5	1.6	0.5
경유	0.6	5.1	9.0	3.5	1.5
등유	1.2	4.5	6.5	3.4	2.9

자료: 한국석유공사; 한신정평가(주).

력을 상실하고 국내시장에서 퇴출되었다. 거기다가 수입사들은 정유사들의 방해로 유통망 확보에 애로사항이 많았기 때문에 기존 정유사들과 경쟁하는 데 한계가 있었다. 수입사들이 퇴조함에 따라 국내정유사들은 그만큼 더 쉽게 비경쟁적 협조체제를 유지해 나갈 수 있었다.

정유산업은 적발이 되든 안 되든 공동행위를 의심받는 대표적 산업 중 하나이다. 그 이유는 공동행위의 위법성이나 해악성에 대한 인식이 부족한 한국의 보편적인 기업문화와 더불어 회사별 제품에 품질차이가 없어 동질적인 가격이 책정될 수밖에 없는 정유산업 고유의 특성 때문이기도 하다.

어쨌든 정유산업은 공정위가 가장 주시해야 할 산업 중 하나이다. 경질유 제품은 정유사별 제품에 품질차이가 거의 없기 때문에 가격결정이 상호의존적일 수밖에 없고, 복수의 정유사와 거래하는 대리점이나 주유소를 통해 타 회사의 가격정보를 비교적 쉽게 알 수 있기 때문에 경질유 제품의 가격은 하나의 가격으로 수렴할 수밖에 없다. 이 과정에서 가격경쟁을 자제하려는 각 회사의 의도가 쉽게 상대 회사에게 전달되어 궁극적으로는 협조적으로 가격책정이 이루어질 수 있다. 말하자면, 정유산업은 명시적 합의 없이도 공동행위가 성립될 수 있는 특성을 갖추고 있는 산업이다. 성공적인 가격동조화를 위해 합의의 유인이 강하게 존재하는데, 이 합의는 구체적이고 명시적일 필요는 없다. 다만 최소한의 의사교환 등으로 서로간의 의사만 확인하면 충분하다.

정유사들의 담합이 정식으로 노출된 것은 군납유류 구매입찰 담합사건이다(사건번호: 2000공동1596). 정유 5사는 1998년, 1999년, 2000년에 걸쳐 각 연도의 군납유류 입찰 전체 건에 대해 유종별로 낙찰예정 업체, 응찰가격, 들러리 가격 등에 대해 구체적으로 합의안을 작성하고 합의한 대로 낙찰을 받았다. 정유5사는 연도별로 사전에 모임을 갖고 전체 입찰유종에 대해 유종별 낙찰예정 업체, 낙찰예정 업체의 투찰가, 들러리 업체의 들러리 가격, 투찰물량 등을 합의하여 응찰하였다. 이 사건으로 정유 5개사는 공정위로부터 총 1,999억 원 상당의 과징금을 부과받았다.

그 이후에도 정유 4사(정유 5사에서 인천정유 제외)는 2004년에 민간수요에 대해 담합가격을 책정한 혐의로 공정위로부터 많은 과징금을 부과받았다(사건번호: 2006서카4707). 이 담합은 2004년 4월을 전후하여 정유 4사가 시장가격 안정추진모임을 통해 시장가격을 점진적으로 인상하기로 결의하고, 이를 이행하기 위해 일일판매기준가격을 인상하고, 가격할인을 자제하고, 현물시장의 공급물량을 조절하자고 합의한 사건이다.

이 합의는 군납입찰 담합과는 달리 가격인상폭과 인상을 실행하는 방법 등을 구체적으로 정하는 명시적인 합의는 아니고 가능한 한 시장가격을 인상시키거나 높게 유지하자는 묵시적인 합의일 뿐이었다. 경질유 제품은 제품과 유통구조의 특성상 명시적 합의는 매우 어려운 측면이 있다. 우선 경질유 제품의 가격은 일일단위로 결정될 뿐만 아니라 석유류 제품의 국제가 등에 의해 수시로 조정되기 때문에 가격인상폭을 구체적으로 합의해 정하는 것은 사실상 불가능하다. 거기다가 가격 인상의 실행방법도 생산량 제한이나 상호 감시에 의한 것이 아니라 경험적으로 또는 관행적으로 상호 이해하는 이심전심의 방식으로 행해진다. 따라서 가격을 가능한 한 높게 유지하자는 기본 사항에 대해 묵시적인 합의만 이루어지면 가격경쟁은 제한될 수밖에 없다.

이런 특성을 고려할 때 2004년의 경질유 제품 가격담합은 묵시적 합의에 의해 가능한 한 가격을 높게 유지하거나 적어도 인하는 자제한다는 선의 담합이라고 볼 수 있다. 이 담합을 실행시키기 위해 강제적인 수단을 동원하지는 않았다. 가격경쟁에 들어서면 공멸한다는 상호간의 위기의식에 공감대가 형성되어 이심전심으로 가격 인상을 자제한 묵시적 담합이었다. 이 때문에 공정위도 정황으로는 상당 기간 동안 담합이 행해졌다고 판단하면서도 위법처리한 담합기간은 2004년 4월 1일부터 2004년 6월 10일까지로 극히 한정하였다. 이 기간은 다른 기간에 비해 담합의 징후가 뚜렷한 기간이었기 때문이다.

정유산업은 가격담합이 큰 문제이기도 하지만 수입제품으로부터의 경쟁을 공동으로 방어하려는 공동행위도 경쟁제한효과가 큰 담합행위이다. 가격자율화가 시행된 1997년 이후 석유제품 수입업체들이 늘어나자 정유 5사는 1998년 11월경 '수입석유 대응 태스크포스팀'을 구성하여 수입업체의 영업을 조직적으로 방해하여 공정위로부터 제재를 받기도 하였다(사건번호: 2000공동1486). 정유 5사는 국내 유류저장시설을 일괄 임차하여 수입업체의 유통기지를 원천봉쇄하려 하고, 수입업자의 덤핑가격 공세에 공동으로 대처하려 하고, 수입상품을 취급하는 주유소의 설립을 억제하려 하고, 수입제품을 취급하는 주유소에 대해 제재를 가하려 하고, 수입유류 수송차량의 정유사나 주유소 출입을 통제하려 하는 등으로 수입업자의 영업을 조직적으로 방해하였다. 그 이후 여러 가지 복합적 요인으로 석유수입업체는 거의 폐업하고 한국의 석유시장은 정유 5사가 적절히 나누어 먹고 있는 상황이 되었다. 〈표 7-6〉에서 보는 것처럼 수입 비중은 거의 없어져 가고 있다. 정유산업은 구조, 행태 모두 비경쟁화되는 경향이 매우 높다. 앞으로 공정위가 심각하게 고민해야 할 부분이다.

경쟁을 제고시킬 수 있는 가장 유효한 방법은 수입석유류가 쉽게 국내에서 영업할 수 있도록 하는 길이다. 석유는 어차피 전량 수입되는 제품이기 때문에 원유뿐만 아니라 정유를 거친 경질유가 수입되어도 크게 국익을 해칠 여지는 없다. 오히려 국내 시장을 경쟁화시켜 소비자후생을 증가시킬 뿐만 아니라 국내에서 정유한 경질유의 수출을 촉진시키기도 할 것이다. 그리고 국내 경쟁을 거치는 과정에서 국제경쟁력도 한층 더 제고될 수 있다.

Chapter 8

주류산업과 공정거래정책

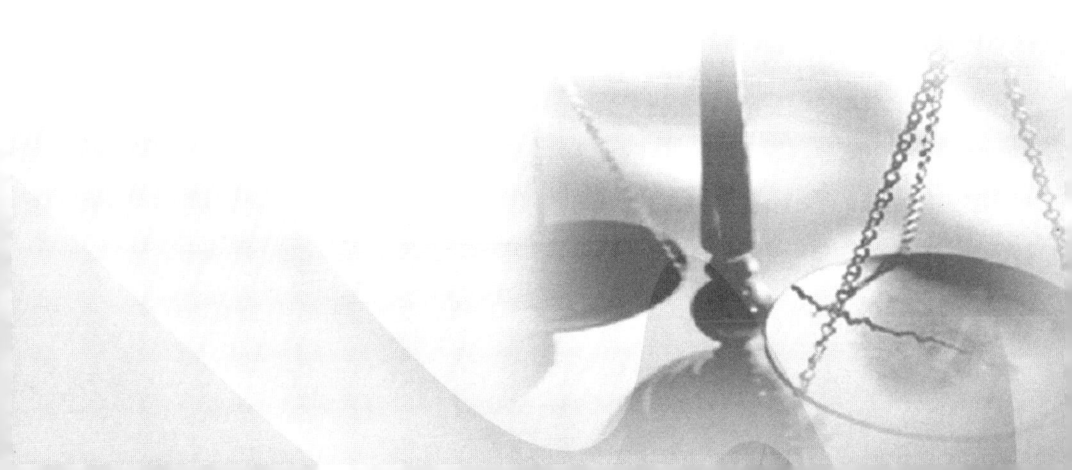

Ⅰ. 주류산업의 특성

한국의 주류시장은 7조 8,000억 원 규모이다(2009년 말). 이 매출액에서 거두어들이는 주세수입은 2조 8,000억 원이다. 따라서 주류시장은 그 크기나 정부의 조세수입 측면에서 결코 가벼이 볼 수 없는 시장이다.

주류에는 여러 가지 종류가 있다. 대표적인 주류는 소주와 맥주인데, 이 밖에도 청주, 위스키, 브랜디, 과실주, 약주 등 다양한 종류의 술이 시판되고 있다. 단일종류로 가장 규모가 큰 술은 맥주로서 연매출액이 4조 1,000억 원 규모이고(2009 전체 주류매출액의 53%), 여기서 거두어들이는 주세수입은 1조 6,000억 원이다(전체 주세수입의 57%). 그 다음 규모는 희석식 소주로 매출액이 2조 7,000억 원이고(전체 주류매출액의 35%), 여기서 거두어들이는 주세수입은 9,000억 원이다(전체 주세수입의 33%). 따라서 맥주와 소주는 전체 주류에서 90% 가까운 비중을 차지한다.

여기에서는 주류시장에서 절대적 비중을 차지하고 있는 소주와 맥주를 기준으로 시장구조와 시장경쟁에 대해 분석한다. 소주와 맥주는 이제 거의 모든 국민이 소비하는 필수품과 같은 상품이 되었다. 따라서 이 시장에서의 경쟁은 소비자의 후생에 많은 영향을 미칠 수 있다. 술은 상품의 성질상 과대소비가 억제되는 상품이지만 적정량이 소비된다는 전제하에서는 시장경쟁이 활성화되어 소비자의 후생을 증대시키는 것이 중요하다.

주류는 주세법 시행령에 의해 〈그림 8-1〉에서 보여 주는 것처럼 주류판매업 면허를 소지한 종합주류도매업자, 슈퍼 · 연쇄점 본부, 농 · 수협중앙회만이 주류제조업자로부터 주류를 공급받아 소매점 등에 판매할 수 있다. 그러나 이들 공급업자도 영업활동의 범위는 엄격하게 제한되어 있다. 종합주류도매업자는 가정용 주류와 업소용 주류를 취급할 수 있는데, 전자는 대

그림 8-1 술의 유통구조

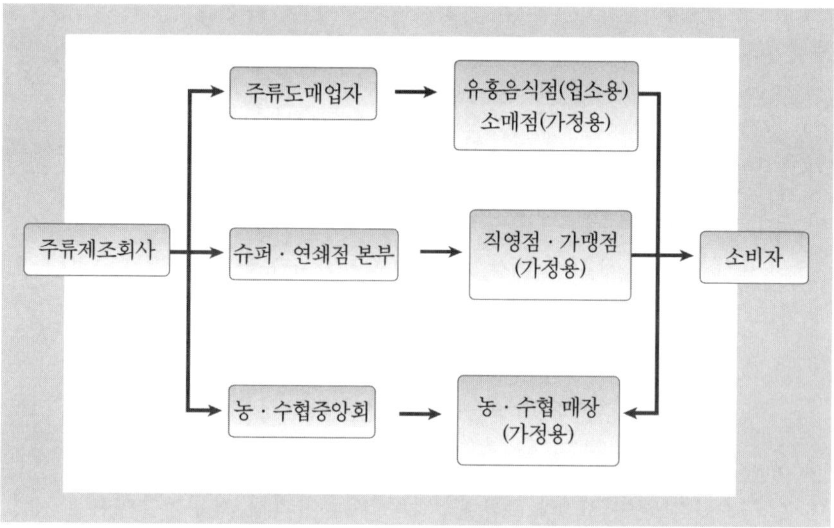

형 할인매장 및 소매업자에게 판매할 수 있고, 후자는 음식점 등 업소에만 판매할 수 있다. 슈퍼와 연쇄점 본부는 가정용 주류만 취급할 수 있으며, 자신의 직영점이나 가맹점에만 공급할 수 있다. 농 · 수협중앙회는 가정용 주류만 취급할 수 있으며 자신의 매장에서만 판매할 수 있다. 주류는 이와 같이 유통체제가 정부에 의해 엄격하게 관리되고 있는데, 그 이유는 주세의 원활한 관리와 징수를 위해서라고 할 수 있다.

주류도매업자가 정한 주류가격은 국세청 고시에 의해 관할세무서에 신고하도록 되어 있었으나(판매가격신고제), 1998년 11월 3일부터는 제도가 개선되어 주류도매업자가 거래처별로 임의로 가격을 정하여 판매할 수 있도록 되었다. 말하자면, 도매업자 단계에서부터는 가격경쟁이 이루어질 수 있도록 되었다.

국세청은 탈세를 방지하기 위해 가격결제로 주류구매 전용카드를 사용하도록 유도하고 있다. 이 제도는 음식점(업소)이나 소매점이 주류를 구입할 때는 구입과 동시에 주류구매 전용카드로 주류대금을 결제하도록 하는 방식이다. 이는 주류도 · 소매업자 간의 거래투명성을 확보하여 탈세를 방지하도록 하기 위해 국세청이 적극 권장하고 있는 제도이다.

이러한 유통구조를 볼 때 주류의 가격경쟁은 어느 정도 제한될 가능성이 있다. 주류제조회사, 도매업자, 소매업자의 영업범위가 엄격히 제한되기 때문에 그만큼 상품 간의 경쟁도 제한될 수밖에 없다. 형식적으로는 주류제조업자 단계에서부터 가격경쟁이 이루어질 수 있도록 되어 있지만 실제로는 가격경쟁도 매우 제한적이다.

Ⅱ. 소주산업의 역사

우리나라에 소주가 전래된 것은 고려시대로 거슬러 올라간다. 페르시아에서 발달한 증류법이 원(元)나라와 만주를 거쳐 고려로 들어왔다는 것이 정설이다. 고려와 조선시대에는 소주가 고급술로 일부 특권층만 마셨는데, 근대에 이르러서는 대중화되어 서민의 술이 되었다. 1900년대 초에는 가내공업 형태로 제조되어 서민에게 판매되기도 하였다. 일제시대에 접어들어서는 소주제조법이 일대 혁신을 이루었다. 재래식 시주가 주조용 시주로 바뀌고 처음으로 소주받이에 냉각사관을 부착히였다. 그리고 1924년에는 오늘날 (주)진로의 전신인 진천양조상회가 설립되어 대량생산이 가능해졌다. 1926년에는 전국에 무려 1,300여 개의 양조장에서 23만 7,000섬의 양곡이 소주 생산에 소비되었다.[1)]

광복 이후에는 일본인 경영의 양조업체가 한국인의 손으로 넘어갔다. 이때부터 소주는 '서민의 술'로 자리매김하기 시작하였다. 그러나 광복 이후 불어닥친 식량난으로 쌀을 원료로 한 양조가 금지되어 소주 생산은 크게 위축되었다. 정부는 1964년에 양곡을 원료로 하는 주류제조를 금지하는 「양곡관리법」을 실시함으로써 1965년 1월부터 모든 소주생산업체는 '증류식 소주'의 제조를 '희석식 소주'의 제조로 대체하였다.[2] 그 후 1973년에 와서는 전국에 250여 개에 달하는 업체가 난립하여 과당경쟁을 함으로써 유통질서가 매우 문란해졌다. 이에 정부는 '1도 1사'(一道 一社)라는 원칙을 내세워 제조업체의 통합에 나섰다.[3] 그리고 정부는 '1도 1사'원칙을 정립한 후 지방의 영세 소주업체를 보호하기 위해 '주정배정제도'를 실시하였다.[4] 더 나아가 1976년부터는 지방산업 보호 차원에서 해당 시 · 도에 속하는 주류도매상들로 하여금 관내 회사의 소주를 전체 구매량 중 일정 비율(50%)을 사들이도록 하는 '자도주 구입제도'를 도입하였다.

이 제도로 인해 전국 소주시장은 일정 수의 업체들이 분할점령하는 시대가 되었다. 이 제도는 1992년에 폐지되었으나 1996년에 와서 다시 부활되었다. 그러나 그 해 12월 헌법재판소의 위헌판결로 이 제도는 다시 폐지되었다. 현재는 소주업체들이 원료주정을 자체 생산하거나 주정회사에서 구입해 사용하고 있다. 2002년 6월 현재 주정회사는 두산, 서안주정, 서연주정,

1) 대한주류공업협회.
2) 증류식 소주는 알코올과 물의 비등점 차이를 이용한 소주 제조방식이다. 알코올의 끓는 점은 78°C이고 물의 끓는 점은 100°C이다. 담근 술은 물과 알코올이 섞여 있으므로 78°C로 가열하면 이론상 알코올만 빠져 나오게 되어 있다. 증기로 빠져 나온 알코올을 차게 식히면 다시 알코올이 된다. 이것이 바로 증류식 소주이다. 희석식 소주는 고구마나 타피오카 등 싸구려 원료를 발효시켜 정제한 주정(에틸 알코올)에 물, 조미료, 향료 등을 섞어서 소주 맛을 낸 알코올이다. 나쁜 재료로 주정을 만들면 에틸 알코올 때문에 머리가 아픈 경우가 많다. 그래서 정제하여 에틸 알코올을 제거하며 이때 향기 성분과 맛 성분도 모두 제거된다. 희석식 소주에는 발암성이 문제되어 다른 식품에서는 사용이 금지된 사카린이 아직 사용되고 있다.
3) 과당경쟁으로 주정파동이 일어나고 출혈경쟁과 주세포탈 등의 문제점이 나타났다.
4) 업체의 전년도 시장점유율에 따라 회사별로 주정을 배정하는 이 제도는 1974년에 시작되어 1993년에 폐지되었다.

표 8-1 소주회사의 영업규모(2008년)

(단위: kl)

영업규모 / 회사명	국내시장규모	수출규모
진로	660,862(50.8)	48,008(47.5)
금복주	110,658(8.5)	627(0.6)
대선주조	98,067(7.6)	53(0.5)
무학	97,329(7.4)	841(0.8)
보해양조	74,277(5.7)	4,009(3.9)
롯데주류BG(두산)	167,307(12.8)	46,384(45.9)
선양수조	41,424(3.1)	229(0.2)
하이트주조	16,215(1.2)	193(0.1)
한라산	14,934(1.1)	21(0.0)
충북소주	17,311(1.3)	70(0.0)
합계	1,298,384(100)	100,914(100)

사료: 대한주류산업협회.

유원산업, 일산실업, 무학주정, 보해산업, 보해주정, 진로발효, 포주주정공업, 하이트주정, 한국알콜산업 등 12개사인데, 대한주류공업협회는 이들 주정회사로부터 소주업체가 사들인 주정의 구입실적을 기준으로 업체별 출고실적을 집계하고 있다.

2004년 현재 영업 중인 소주회사는 10개이며, 업체별 영업규모는 〈표 8-1〉과 같다. 국내영업에서는 진로와 금복주가 각각 1, 2위를 차지하고 있으나 진로는 금복주의 5배에 달하는 크기이다. 수출에서는 진로와 두산이 각각 1, 2위를 차지하고 수출규모는 거의 비슷하다.

Ⅲ. 소주산업의 시장구조

한국의 소주시장은 2009년 출고가격기준으로 2조 7,000억 원의 시장규모를 가지고 있으며 연 주세수입이 9,000억 원에 이르고 있다. 소주시장의 주요 사업자는 〈표 8-1〉에서 보는 것처럼 10개 사업자(진로, 금복주, 대선주조, 무학, 보해양조, 두산, 선양주조, 하이트주조, 한라산, 충북소주)로서 이들이 2조 7,000억 원 시장을 나누어 가지고 있다. 그러나 이 중 절반 이상은 주도적 사업자인 진로가 차지하는 매우 비대칭적 시장구조로 되어 있다.

소주는 총생산량의 8.5% 정도가 해외에 수출되고 있다. 〈표 8-1〉에서 보는 것처럼 8만kl 정도가 해외에 수출되고 있다. 이 중 48%는 진로에 의한 수출이고, 46%는 롯데주류BG(두산)에 의한 수출이다. 나머지 소주회사는 영세규모의 양만 수출하고 있다. 롯데는 내수규모는 진로보다 훨씬 작지만 수출규모는 진로와 거의 맞먹는 수준이다.

한국의 소주시장은 시장경쟁면에서 하나의 독특한 특징을 가지고 있다. 이것은 시장획정의 문제로서 전국을 하나의 소주시장으로 보느냐, 각 지방을 독립된 소주시장으로 보느냐 하는 문제이다. 소주산업의 발전역사에서 이미 논의되었듯이 과거에 정부가 주정배정을 통해 지방 소주의 지방기득권을 인정하였던 것이 원인이 되어 아직도 지방에는 그 지역 소주회사가 시장을 주도하는 독특한 현상이 나타나고 있다. 따라서 소주시장의 시장구조와 시장경쟁을 논의하기 위해서는 전국을 하나의 시장으로 획정하였을 때와 각 지방시장을 독립된 시장으로 간주하였을 때로 나누어 시장분석을 시도해 볼 필요가 있다.

우선 전국을 하나의 시장으로 간주하였을 때는 시장구조가 〈표 8-1〉과 같다. 2008년 기준으로 전국 총출고량 130만kl 중 50.8%를 진로가 점유하고

표 8-2 전국시장에서의 소주회사별 점유율

(단위: %)

회사명		1999	2004	2006	2008
진로		37.94	55.43	51.81	51.4
금복주		11.21	9.92	8.72	8.8
대선주조		8.36	8.42	7.54	7.8
무학		8.60	8.04	7.17	7.8
보해양조		7.90	5.96	5.58	5.7
롯데주류BG(두산)		15.35	5.46	12.58	11.1
선양주조		4.83	2.96	3.13	3.5
하이트주조		3.17	1.63	1.27	1.3
한라산		1.33	1.34	1.13	1.2
충북소주		1.30	0.84	1.07	1.3
합계	점유율	100	100	100	100
	출고량(kl)	878,148	1,053,399	1,265,580	1,001,100
CR_3		64.5	73.77	73.1	71.3
HHI		0.18	0.33	0.29	0.28

자료: 대한주류산업협회.

있다. 제2위 기업인 롯데는 13%에 불과하고, 제3위, 제4위인 금복주와 대선주조는 각각 8.5%와 7.6%씩의 시장점유율을 차지하고 있다. 나머지는 거의 군소기업화되어 있다. 따라서 소주의 전국시장은 진로가 일방적으로 지배하는 강과점(fight oligopoly)시장이라고 볼 수 있다. 소주시장의 기업수는 10개지만 진로가 전국시장을 일방적으로 지배하는 강과점구조라는 것이 소주시장의 뚜렷한 특징이다.

진로의 전국시장 점유율 추세는 50% 이상에서 매우 안정적이다. 〈표 8-2〉에 의하면 1999년에는 전국시장 점유율이 38%에 불과하였으나 5년 후인 2004년에는 55%까지 증가하고 있다. 전국시장의 진로 지배화는 점점 심화되고 있다. 따라서 진로 이외 회사의 점유율은 거의 감소하는 것으로 나타나고 있다. 특히, 두산은 1999년의 15.35%에서 2004년에는 5.46%로 급감하였다. 롯데가 인수한 이후 2006년과 2008년에 와서야 10%를 넘어서고 있으나 과거의 15% 수준에는 훨씬 못 미치고 있다. 따라서 전국의 소주시장은 진로에 의한 일방적 지배현상이 그대로 유지되고 있다고 볼 수 있다.

시장구조지수에서도 이런 현상은 뚜렷이 나타나고 있다. 〈표 8-2〉에 의하면 CR_3가 1999년의 64.5에서 2004년에는 73.77로 증가하였다. 2006년과 2008년에도 70% 이상을 꾸준히 유지하고 있다. HHI도 1999년의 0.18에서 2004년에는 0.33까지 증가하였다. 전국 단위의 소주시장은 구조의 독점화와 진로의 독점지배력이 매우 뚜렷한 현상으로 나타나고 있다.

시장범위를 지방시장으로 분리해 보면 독점현상은 더욱 심해진다. 〈표 8-3〉에는 전국을 서울, 경기-인천, 강원, 충북, 충남-대전, 전북, 전남-광주, 경북-대구, 경남, 부산, 제주 등 10개 시장으로 분리하였다. 이렇게 구분한 후 2008년도를 기준으로 시장별 시장구조를 살펴보면 크게 두 가지 특징이 관찰된다. 하나는 독점(monopoly)구조를 갖는 지역시장이고, 다른 하나는 복점(duopoly)구조를 갖는 지역시장이다. 서울, 경기, 인천의 경우 진로가 80% 이상의 점유율을 갖는 강력한 독점시장이다. 경북-대구의 경우는 금복주가 86.6%의 점유율을 차지하는(진로는 12.7%) 강력한 독점시장이다. 제주도의 경우는 한라산소주가 88%의 점유율을 갖는(진로는 11.6%) 강력한 독점시장이다. 경남은 무학소주가 74%를 차지하는 독점이고(대선은 18.5%이고 진로는 6.8%), 부산은 대선소주가 81.6%를 차지하는 독점이다(무학은 12.1%이고 진로는 5.8%). 전남-광주는 보해가 80%를 차지하는 독점이고(진로는 19%), 충북은 진로가 60%를 차지하는 다소 약한 독점시장이다(충북소주는 37%). 이와 같이 대부분의 지방시장(10개 시장 중 7개)은 지역독점이 형성되어 있다. 경인지방은 진로에 의해 독점화되어 있고, 지방시장은 그 지역 소주업체에 의해 독점화되어 있다.

나머지 3개 지방시장은 전형적인 복점시장(duopoly)이다. 강원도의 경우

표 8-3 지역시장에서의 소주회사별 점유율

(단위: %)

지역	회사	1995	1999	2004	2008
경인	진로	72.1	71.25	92.9	80.8
	롯데주류BG(두산)	–	–	5.8	18.4
강원	진로	13.6	15.0	45.8	59.0
	롯데주류BG(두산)	83.9	84.2	54.1	41.0
충북	진로	45.4	53.1	73.5	59.6
	충북소주	29.3	31.7	24.1	37
충남, 대전	진로	39.8	25.9	57.3	48.8
	선양	44.9	62.0	40.9	46.1
전북	진로	0.0	29.3	50.6	49.5
	하이트주조	100	57.1	42.5	34.1
전남, 광주	진로	14.0	7.0	19.2	19.0
	보해	82.1	81.2	80.4	79.6
경북, 대구	진로	39.4	5.1	5.7	12.7
	금복주	52.4	94.9	94.2	86.6
경남	진로	29.6	5.1	4.1	6.8
	무학	52.9	84.0	80.0	74.1
	대선	12.3	10.9	15.8	18.5
부산	진로	39.5	7.4	5.4	5.8
	대선	51.9	87.5	86.0	81.6
	무학	3.0	7.9	7.4	12.1
제주	진로	7.4	6.0	8.8	11.6
	한라산	91.5	93.5	91.1	88.0

자료: 대한주류산업협회.

는 진로가 59%, 롯데가 41%, 충남-대전의 경우 진로가 49%, 선양이 46%, 전북의 경우 진로가 50%, 하이트주조가 34%를 차지하는 전형적인 복점시장이다. 충북의 경우는 진로가 60%, 충북소주가 37%로 독점적 과점이라고 볼 수 있다.

이상에서 살펴본 것처럼 한국의 소주시장은 전국을 하나의 시장으로 보았을 때와 각 지역을 독립적인 시장으로 보았을 때 시장분석이 각기 달라지는 특성을 가지고 있다. 전국시장은 진로가 50% 이상을 점거하면서 잔여분을 10개의 군소업체들이 나누어 갖는 형태이다. 반면에 각 지방시장은 지방업체가 시장을 독점적으로 지배하는 가운데 진로가 이를 파고드는 형태이다. 따라서 전국의 소주시장은 진로와 지방업체 간의 싸움이라는 시장경쟁이 이루어지고 있다. 지방업체가 자기 지역시장을 주도하는 가운데 진로가 이를 빼앗아 가는 시장경쟁이다. 그런데 지방시장도 충남-대전과 전북은 이미 진로가 50% 가까이를 점거하면서 지역업체를 앞지르고 있고, 강원도는 진로가 59%를 차지하면서 41%를 점유하고 있는 롯데를 이미 앞지르고 있다. 충북도 진로가 60%를 차지하면서 37%를 차지하는 충북소주보다 훨씬 높다.

서울, 인천, 경기는 진로 독무대이다. 그나마 경인지방에 진출해 있는 업체는 롯데 정도에 불과하다. 그런데 경인지방은 진로가 롯데의 강력한 도전을 받고 있다. 점유율상으로는 여전히 80%로 진로가 압도적 비중을 차지하고 있지만 롯데가 매우 빠른 속도로 점유율을 신장시키고 있다.

소비자 입장에서 볼 때 소주시장은 독점시장으로 볼 수밖에 없다. 전국의 소주 소비자 중에서 선택적 소비가 가능한 지역은 강원도, 충남-대전, 전북, 충북 정도뿐이다. 다른 지역의 소비자는 거의 한 가지 소주밖에 마실 수 없다. 따라서 소주시장은 경쟁정책 측면에서 개선의 여지가 매우 많은 시장이다.

Ⅳ. 맥주산업의 역사

맥주가 우리나라에 들어온 것은 19세기 말이다. 1876년 개항 이후 서울과 개항지에 일본인 거주자가 늘어나면서 일본 맥주가 흘러들어왔는데, 초기에 들어온 것이 '삿뽀로맥주'였고, 그 이후 1900년을 전후해서 '에비스맥주'와 '아사히맥주', '기린맥주' 등이 들어왔다. 초기에는 상류층과 부유층만 마시는 술이었다. 1920년대에는 수입주류 가운데서 맥주가 가장 큰 비중을 차지하게 되었다. 우리나라에서 본격적으로 맥주회사가 설립된 것은 1933년 일본의 대일본맥주주식회사가 조선맥주주식회사를 설립한 것이 그 시초이며, 뒤이어 같은 해 12월에는 역시 일본의 기린맥주주식회사가 소화기린맥주(동양맥주주식회사의 전신)를 설립하였다.[5)]

이후 두 회사는 한반도 내 맥주 수요를 양분하면서 양사 간의 운명적인 경쟁이 시작되었다. 해방과 함께 두 회사는 1945년 적산관리 공장으로 지정되어 미국 군정에 의해 관리되어 오다가 1952년에 이르러 민간에게 불하되었는데, 이것이 조선맥주주식회사와 동양맥주주식회사이며 이 두 회사가 현재의 하이트맥주주식회사와 OB맥주주식회사로 이어지고 있다.

과거 소득수준이 높지 않았을 때 맥주는 일반대중이 소비하기에는 경제적으로 부담스러운 술이었다. 그러나 1980년대에 들어와 국민소득이 증대됨에 따라 술에 대한 소비자의 취향이 점차 고급화되었고, 1987년을 기점으로는 출고량에서 맥주가 탁주를 제침으로써 맥주는 대중주로 확고한 위치를 차지하게 되었다. 특히, 국내맥주시장은 조선맥주와 동양맥주의 강력한 복점(duopoly)체제로 유지되어 왔다. 따라서 맥주시장은 소비자 중심의

5) OB맥주 홈페이지.

시장이기보다는 이들 두 회사에 의한 생산자 중심의 시장으로 성장해 왔다고 볼 수 있다.

현재 한국 맥주시장을 선도하고 있는 하이트맥주(주)는 1933년 8월 자본금 600만 원으로 창립된 조선맥주가 그 기원이다. 조선맥주는 1993년 5월 회사의 사활을 건 신제품 '하이트맥주'를 내놓아 맥주시장에 새 바람을 불러일으켰다. 1996년 '하이트맥주'는 국내 최초로 4년 연속 히트상품으로 선정되었고, 그 해 7월 증권감독원의 상반기 영업실적이 국내맥주업계 1위로 자리잡게 되었다. 이를 계기로 조선맥주는 1998년 3월 하이트맥주주식회사로 상호를 변경하였고, 창립 65주년이 되는 6월에는 하이트맥주(주)로 사명을 다시 변경, 공식 사용하면서 오늘에 이르고 있다.

하이트맥주(주)와 치열한 경쟁관계에 있는 OB맥주는 1996년 하이트맥주(주)에 의해 시장점유율이 역전될 때까지 줄곧 시장점유율 1위를 지키면서 맥주 대중화를 선도해 왔었다. 1995년 3월 상호를 OB맥주주식회사로 변경하였다. 1997년에는 두산음료를 흡수합병하였고, 그 다음 해에는 두산계열사 8개를 흡수합병하였다. 1998년 5월에는 계속되는 경영악화와 시장점유율의 부진 등으로 OB맥주의 50% 지분과 경영권이 InBev에 매각되었다. 또 1999년에는 OB맥주가 진로쿠어스를 합병하여 Cass를 인수하였다. 이로써 한국의 맥주시장은 하이트와 OB-Cass로 양분되었다.

V. 맥주산업의 시장구조

한국의 맥주시장규모는 2009년 기준으로 출고량은 180만 Kl이고 매출액은 4조 1,000억 원이다. 이 시장은 하이트와 OB가 양분하고 있다. 1999년 이

표 8-4 맥주시장의 회사별 점유율

<table>
<tr><th colspan="2">연도</th><th>1994</th><th>1996</th><th>1998</th><th>2000</th><th>2002</th><th>2004</th><th>2006</th><th>2009</th></tr>
<tr><td colspan="2">출고량(kl)</td><td>1,679,651</td><td>1,737,359</td><td>1,456,705</td><td>1,644,342</td><td>1,821,130</td><td>1,789,452</td><td>1,724,017</td><td>1,799,534</td></tr>
<tr><td rowspan="3">점유율(%)</td><td>하이트</td><td>36.0</td><td>45.0</td><td>49.0</td><td>52.9</td><td>56.3</td><td>58.0</td><td>62.2</td><td>57.2</td></tr>
<tr><td>OB</td><td>59.0</td><td>36.0</td><td>34.0</td><td rowspan="2">47.1</td><td rowspan="2">43.7</td><td rowspan="2">42.0</td><td rowspan="2">37.8</td><td rowspan="2">42.8</td></tr>
<tr><td>Cass</td><td>5.0</td><td>19.0</td><td>17.0</td></tr>
<tr><td colspan="2">CR_3</td><td>1</td><td>1</td><td>1</td><td>1</td><td>1</td><td>1</td><td>1</td><td>1</td></tr>
<tr><td colspan="2">HHI</td><td>0.48</td><td>0.37</td><td>0.39</td><td>0.50</td><td>0.51</td><td>0.51</td><td>0.53</td><td>0.51</td></tr>
</table>

주: OB와 Cass는 1999년에 합병되었음. Hite와 OB는 1996년에 시장점유율이 역전되었음.
자료: 대한주류산업협회.

전까지는 하이트, OB, Cass 3사체제로 유지되었으나 1999년에 OB가 Cass를 합병함으로써 한국의 맥주시장은 전형적인 2사체제가 되었다.

〈표 8-4〉에서 보는 것처럼 OB와 Cass의 합병 직전인 1998년에는 하이트가 49%, OB가 34%, Cass가 17%씩 시장을 나누어 가지고 있었다. 그러나 OB가 Cass를 합병한 1999년 이후에는 맥주시장이 복점체제(duopoly)로 개편되면서 하이트와 OB가 경쟁하는 시장이 되었다. OB와 Cass의 합병 직후인 2000년도 시장구조를 보면 하이트의 점유율이 53%이고 OB의 점유율이 47%이다. 하이트와 OB가 맥주시장을 거의 양분하고 있다. 그러나 그 이후 OB의 점유율은 점점 줄어드는 대신 하이트의 점유율은 증가하여 2006년에는 하이트의 시장점유율이 62%까지 이르고 있다. 그 이후에는 다소 감소하여 2009년에는 57%이다.

한국의 맥주시장은 전통적으로 OB와 하이트의 경쟁구조였으며, 1996년 이전까지는 OB의 점유율이 하이트를 앞지르고 있었다. 그러나 이 점유율은 1996년에 역전되기 시작하여 하이트의 점유율이 점점 증가하여 왔다. 하이트와 OB의 시장경쟁이 매우 치열하였다고 볼 수 있다. OB가 Cass를 합병하여 하이트를 누르려고 시도하였으나 성공하지 못하고 하이트가 60%를 넘기는 시장확대를 모색해 왔다.

한국의 맥주시장은 전형적인 복점시장(duopoly)으로 경쟁도가 매우 높았다고 볼 수 있다. 주세의 특성상 가격경쟁은 치열해지기 어려우나 비가격경쟁은 매우 치열하였다고 볼 수 있다. 이는 시장점유율이 역전되는 상황 등으로부터 미루어 짐작할 수 있다.

그런데 복점시장에서 시장행동은 경쟁적이었으나, 경쟁의 결과 하이트가 시장을 점점 확대해 감으로써 시장구조는 오히려 독점화되고 있다. HHI가 0.37에서 0.53까지 증가한 것이 이를 말해 준다. 복점체제이기 때문에 CR_3는 1이 될 수밖에 없으나 HHI는 점점 증가하고 있다. 따라서 하이트의 부상이 계속되면 맥주시장은 하이트에 의한 독점으로 갈 가능성도 배제할 수 없다. 하이트가 62:38까지 OB를 누르면 하이트에 의한 일방적 시장지배가 우려되기도 한다. 따라서 한국의 맥주시장은 경쟁적 복점이면서 독점화의 위험을 보여 주는 시장이다. 그리고 복점은 궁극적으로 비경쟁적으로 흐를 가능성이 높다. 최근에 한국은 맥주맛이 외국 맥주에 비해 매우 뒤진다는 비판이 일고 있는데, 이것은 복점구조에서 품질경쟁을 자제하기 때문이라고도 볼 수 있다.

Ⅵ. 주류시장의 변화와 공정거래정책상의 과제

1. 하이트와 진로의 기업결합(사건번호: 2005기결1186)

한국 소주의 대명사로서 가장 사업성이 높은 회사 중 하나로 간주되던 (주)진로는 2세 승계 후 내리막길을 걷기 시작하다가 1997년 9월에 부도를 내고 화의를 신청하였다. 다음 해(1999년 3월) 서울지법으로부터 화의 인가를 받은 진로는 대대적인 구조조정에 돌입하였다. 맥주사업부문인 진로쿠어스를 OB맥주에 매각하고(1999년 11월), 위스키사업도 진로발렌타인스에 양보하였다(2000년 2월). 그러나 진로는 자체 회생에 성공하지 못하고 2003년에 주식상장이 폐지되고(1월), 법정관리가 개시되었다(5월). 그리고 매각절차에 들어갔다.

2004년 9월에 메릴린치가 매각주간사로 선정되어 2005년 1월에 매각공고가 나갔다. 이에 14개 컨소시엄이 진로인수의향서(LOI)를 제출하였고, 예비심사를 거쳐 이 중 12곳이 자격자로 선정되었다(국내자본으로는 롯데, CJ, 두산, 대한전선, 대상, 동원, 하이트맥주, 태광산업 등 8개, 외국계 자본으로는 오리엔탈 컨소시엄, CVC, JP모건, 서버리스 등 4개). 그러나 실제로 입찰서를 제출한 컨소시엄은 10개이다. 이 중 하이트맥주 컨소시엄이 우선협상 대상자로 선정되었고, CJ, 두산, 대한전선 컨소시엄은 예비협상 대상자로 선정되었다.

2000년 4월 하이트맥주는 이행보증금 700억 원을 납부하고 채권단과 양해각서(MOU)를 체결하였다. 6월에는 본계약이 체결되었다. 그러나 지방소주사 노조는 하이트맥주의 진로 인수 반대 탄원서를 제출하였고, OB맥주는 하이트맥주의 진로 인수 반대 입장을 공식 표명하였다. 하이트의 진로 인수는 업계에서뿐만 아니라 학계에서도 반대 이론이 개진되었다.

하이트맥주는 2005년 4월 공정거래위원회에 기업결합 사전심사를 신청하였다. 공정위는 2005년 7월 20일 전원회의 심의를 거쳐 하이트맥주의 진로 인수를 조건부로 승인하였다.

공정거래위원회가 진로 인수를 승인하자 하이트맥주는 인수대금 3조 4,288억 원 중 이미 지불한 계약금 3,428억 원을 뺀 잔금 3조 428억 원을 지급하고 인수를 마무리하였다. 전체 인수금액 중 2조 4,288억 원은 유상증자를 통해서 조달하고, 1조 원은 회사채로 조달하였다. 하이트맥주 컨소시엄의 투자 비율은 하이트맥주가 52.2%, 한국교직원공제회가 21%, 군인공제회가

16.5%, 한국산업은행이 4.1%, 새마을금고연합회 및 산은캐피탈이 6.2%였다.

하이트맥주의 진로 인수는 주류시장의 경쟁상황에 영향을 미칠 수 있다는 것이 공정위의 심결 과정에서 제기된 주요 이슈였다. 맥주와 소주를 동일 상품으로 보느냐, 또는 다른 상품으로 보느냐에 따라 경쟁에 관한 시장분석이 각기 달라지지만, 어느 경우에든 두 기업의 합병은 주류시장에서 초대기업이 출현하는 것으로 시장경쟁을 제한할 우려가 있는 것으로 간주되었다. 만약 맥주, 소주, 양주, 기타 주류 등을 모두 동일 상품으로 보고 모든 주류를 합하여 하나의 주류시장을 획정한다면, 전체 주류시장의 규모는 7조 5,000억 원(2006년)인데 이 중 하이트맥주의 점유율은 25.4%(1조 9,230억 원)이고 진로의 점유율은 17.2%(1조 3,000억 원)이기 때문에 합병시의 점유율은 42.6%(3조 2,230억 원)가 된다. 이 경우 하이트와 진로의 합병은 수평합병으로서 전체 주류시장을 독점화시키고 경쟁을 제한할 가능성이 높다.

반대로 맥주와 소주를 별개 상품으로 보면 하이트와 진로의 합병은 혼합결합이지만 이 경우에도 두 기업의 합병은 시장경쟁에 영향을 미칠 수 있다. 우선 하이트맥주는 계열사인 하이트주조(보배소주를 인수 사명 변경)를 통해 전북지역에서 42%의 소주시장을 장악하고 있다. 따라서 하이트맥주와 진로의 합병은 소주시장의 시장집중률을 증가시킨다(전북 시장에서는 두 회사의 점유율이 90% 이상, 전국시장에서는 56% 이상). 이만큼 소주시장에서의 경쟁은 제한될 수 있다. 또 하이트와 진로는 유통망을 공동으로 사용하기 때문에 두 기업의 합병은 시장구조 이외의 측면에서도 경쟁제한을 야기시킬 요인이 있다.

공정위는 하이트와 진로가 결합할 때 경쟁이 제한될 수 있는 요인을 4가지 측면에서 살펴보았다. 첫째, 하이트와 진로는 같은 유통망을 사용하고 있을 뿐만 아니라 각자 자기 상품에 대해 독점력을 가지고 있기 때문에 합병시 취약지역에서 서로의 상품을 끼워팔기하면서 경쟁사업자를 배제시킬 가능성이 있다는 우려가 제기되었다. 예컨대, 수도권의 소주시장에서 절대적 독점력을 가진 진로가 도매업자들에게 하이트맥주를 끼워서 공급하면 맥주의 경쟁업자인 OB는 경쟁에서 매우 불리해질 수 있다. 마찬가지로 상대적으로 우위에 있는 지방 맥주시장에서 하이트가 진로소주를 끼워서 공급하면 지방 소주회사들은 경쟁에서 매우 불리해질 수 있다.

둘째, 하이트와 진로의 합병은 진입장벽을 증대시켜 신규 진입을 억제시킬 가능성이 있다. 주류시장의 신규 진입은 유통망 확보가 매우 중요하다. 따라서 맥주시장은 소주 유통망을 이용해 기존 소주회사가 진입을 시도하고, 소주시장은 맥주 유통망을 이용해 기존 맥주회사가 신규 진입을 시도하는 것이 지금까지 나타난 주류시장의 주된 신규 진입 사례였다. 그런데 하이트와 진로의 합병은 하이트의 소주시장 진입 필요성을 없애 버렸고, 진로의 맥주시장 진입 필요성을 없애 버렸다. 그뿐만 아니라 하이트와 진로의 합병은 이들에 의한 유통망(도매상) 지배를 더욱 공고히 하기 때문에 제3의 사업자가 기존의 유통망을 이용해 맥주시장이나 소주시장에 신규 진입하는 것도 그만큼 더 어려워진다.

셋째, 하이트와 진로의 합병은 소주시장에서의 잠재적 경쟁을 소멸시킨 효과도 가지고 있다. 그 동안 소주시장에서는 하이트맥주의 존재가 가장 강한 경쟁압력으로 작용하였다. 하이트맥주는 소주시장의 강력한 잠재적 진입자(potential entrant)였다. 하이트와 진로의 합병은 이러한 잠재적 경쟁을 소멸시키는 효과를 가지고 있다.

넷째, 하이트와 진로의 합병은 시장지배력의 남용 가능성을 제고시켰다. 하이트는 맥주시장에서의 가격선도자이고, 진로는 소주시장에서의 가격선도자이다. 그런데 맥주와 소주는 강력한 대체재이기 때문에 이 회사들이 자기 상품의 가격을 인상시킬 때 항상 상대방의 반응(rcaction)을 염두에 두지 않을 수 없었다. 그런데 이 두 회사가 합병됨으로써 각 시장에서의 가격선도자는 더 이상 상대방의 눈치를 볼 필요가 없게 되었다. 따라서 합병 후에는 가격 인상 등 시장지배력 남용이 증대될 우려가 있다. 거기다가 합병자금 마련 등으로 재무상황이 어려워진 하이트는 맥주와 소주의 가격 인상에 더 집착할 가능성이 있기 때문에 이 점에서 합병된 두 회사는 시장지배력을 남용할 우려가 있다.

이상과 같은 경쟁제한적 정황으로 인해 OB맥주와 지방 소주회사들은 하이트와 진로의 합병에 크게 반발하였다. 공정위는 이러한 정황을 인정하여 경쟁제한성을 완화시킬 수 있는 시정조치를 취하면서 조건부로 합병을 승인하였다.

합병으로 인한 효율성 증대 효과에 대해서는 하이트맥주 측의 주장을 부분적으로 인정하였지만 경쟁제한효과를 능가할 정도로 보지는 않았다. 그리고 경쟁제한성이 합병을 불허할 정도라고도 보지 않았다. 따라서 공정위는 시정조치와 함께 합병을 승인하였다. 그러나 이 합병은 주류시장에서 경쟁제한을 야기시킬 잠재성은 분명하기 때문에 경쟁당국에서 끊임없이 주시하고 감독해야 할 합병이라고 볼 수 있다.

2. 무학소주와 대선주조의 합병 불허(사건번호: 2003심삼0403)

경남지역의 소주시장에서 82.1% 점유율을 장악하고 있는 무학소주가 부산지역의 소주시장에서 85.7%의 점유율을 차지하고 있는 대선주조를 인수할 목적으로 대선주조의 주식 41.21%를 취득하였다(2002년 6월). 그리고 무학은 공정거래위원회에 기업결합을 신고하였다. 이에 공정거래위원회는 이 합병을 심의한 결과 경쟁제한성이 존재한다고 판단하여 취득주식의 매각명령을 내렸다(2003년 1월).

무학은 2005년 공시를 통해 법인 및 개인이 보유하고 있는 대선주조 주식 전량을 롯데햄과 롯데우유 및 관련 개인에게 매각하였다고 밝혔다. 더 나아가 롯데는 대선주조의 소유지분 및 그 우호지분 50.79%까지 매입하여 대선주주를 완벽하게 인수하였다. 이로써 무학과 대선 간의 인수 관련 갈등은 일단락되면서 롯데가 소주시장에 진출하는 소주시장의 판도변화가 이루어졌다.

무학의 대선 인수에서 가장 쟁점이 되는 사항은 시장획정이었다. 먼저 소주와 소주 이외의 주류를 동일상품으로 보느냐, 별개 상품으로 보느냐의 문제이다. 예컨대, 소주와 맥주를 동일 상품으로 본다면 무학의 대선 인수가 야기시키는 시장판도 변화는 시장경쟁 제고효과를 가져올 수 있다. 주류시장의 주도적 대형업체인 하이트, OB, 진로 등에 대적하기 위해서는 가능한 한 큰 주류업체의 출현이 필요하기 때문이다. 무학과 대선의 합병은 이런 면에서 경쟁제고적인 측면이 있을 수 있다.

그러나 소주와 맥주를 별개 상품으로 본다면 상황은 완전히 달라진다. 거기다가 소주시장을 전국시장으로 획정하지 않고 지역시장으로 획정한다면 무학의 대선 인수는 분명히 독점을 제고시키는 기업결합이다. 부산지역을 하나의 소주시장으로 획정하고, 경남지역을 또 하나의 분리된 소주시장으로 획정한다면 무학의 대선 인수는 양 시장에서의 시장집중률을 증가시킨다.

부산의 소주시장은 대선, 진로, 무학이 각각 84.4%, 7.2%, 7.1%의 시장점유율을 확보하고 있었다(2001년). 이때 대선이 무학으로 넘어가면 1위 사업자의 점유율은 91.5%가 되어 부산의 소주시장은 완벽한 독점시장이 된다. 경남의 소주시장은 무학, 대선, 진로가 각각 84.3%, 12.9%, 2.7%의 시장점유율을 차지하고 있었다(2001년). 여기서도 무학이 대선을 인수하면 1위 사업자의 시장점유율은 97.2%가 되어 거의 순수독점이 된다.

공정위는 부산 및 경남을 각기 분리된 소주시장으로 획정하면서 무학과 대선의 기업합병은 경쟁제한적인 기업합병이 될 수밖에 없다고 보았다. 따라서 이 두 회사의 기업결합을 불허하였다.

무학은 기업결합이 가져올 효율성 증대 효과도 내세웠다. 그러나 공정거래위원회는 비록 효율성 증대 효과가 있다고 할지라도 경쟁제한성에서 오는 폐해를 상쇄할 정도는 아니라고 보았다. 따라서 기업결합은 승인되지 못하였다.

3. 공정거래정책상의 과제

한국의 주류시장(맥주 및 소주시장)은 구조적으로 독점 및 과점시장이라고 요약 정리할 수 있다. 그리고 시장행동에서는 가격경쟁보다 비가격경쟁에 의존하는 형태이다. 따라서 주류시장은 공급자가 지배하는 시장이고 소비자후생이 최대화되지 못하고 있는 시장이다.

시장경쟁과 관련하여 주류시장에서 논의될 수 있는 주요 현안은 소주의 지역시장 독점 문제, 유통망의 시장지배력 문제, 소주 및 맥주시장에서 최강자가 합병함으로써 나타날 수 있는 양 시장에서의 독점력 강화 문제 등이라고 볼 수 있다.

소주의 지역시장 독점 문제는 양날을 가진 칼과 같은 형국이다. 이쪽으로 휘둘러도 소비자가 다치고 저쪽으로 휘둘러도 소비자가 다친다. 예컨대, 지역독점 문제를 해결하려고 하면 진로의 전국독점력이 강화될 우려가 있고, 진로의 전국독점력을 해결하려고 하면 지방 소주사에 의한 지역독점력이 강화될 우려가 있다.

지역 소주시장에서 지방 소주사의 독점을 깰 수 있는 최대경쟁업체는 진로이다. 그런데 진로가 지역시장을 잠식해 들어가면 지역시장의 경쟁 정도는 높아질지 모르지만 진로의 전국적 시장점유율은 오히려 증가하여 궁극적으로 진로가 전국시장을 독점화시킬 가능성이 있다. 반면에 진로의 전국시장 독점화를 방지하기 위해 지방 소주업체를 후원하면 이들은 진로가 독점화하고 있는 경인지방의 진로 몫은 빼앗지 못하고 자기 지역에서의 기존 독점력만 더욱 강화시킬 우려가 있다. 따라서 현재 소주시장의 경쟁정책은 매우 어려운 국면에 처해 있다.

가장 이상적인 방향은 진로가 독차지하고 있는 경인지방 시장 몫을 지방 소주업체들이 파고들어가고, 진로는 경인지방에서 빼앗긴 몫만큼, 또는 그 이하를 지방시장에서 벌충하는 것이다. 이런 방향의 시장구성이 지속되면 궁극적으로 지역시장의 개념이 허물어지면서 전국시장은 여러 소주업체가 나누어 먹는 경쟁적 시장구조로 전환될 것이다.

그러나 진로가 압도적 우위에 서 있는 현재의 소주시장 상황에서 진로의 시장을 지방 소주업체들이 파고 들어간다는 것은 쉬운 일이 아니다. 오히려 진로가 경인지방의 자기 시장은 그대로 지키면서 지역시장에서 지방 소주업체를 밀어 내고 자기 몫을 증대시켜 나가는 시장변화가 일어날 가능성이 더 크다. 이렇게 되면 지역시장이 경쟁적으로 바뀌는 효과는 있을 수 있으나 전국 소주시장에서 진로에 의한 독점적 지배는 더욱 커질 것이다.

따라서 소주시장을 경쟁시장으로 전환시키기 위해 요구되는 시급한 과제는 경인지방에서 하루 속히 진로와 경쟁할 수 있는 소주업체가 출현하는 것이다. 경인지방의 소주시장이 독점에서 경쟁구조로 바뀌면 지방 소주시장에서 독점체제가 무너지는 것은 시간 문제라고 할 수 있다. 경인지방의 선도업체들은 쉽게 지방시장으로 진출할 수 있기 때문에 지역시장의 독점체제는 더 이상 유지되기 어렵다. 소비자 입장에서는 서울이든 지방이든 선택해서 마실 수 있는 것이 가장 이롭다. 지금처럼 서울에서는 진로 이외의 소주는 마시기 어렵고, 지방에서는 지방 소주만 마실 수밖에 없는 현상은 가장 나쁜 시장상황이다. 이런 측면에서 소주시장은 경쟁체제의 도입이 시급한 시장이라고 할 수 있다.

주류시장에서는 또한 맥주시장에서의 최강자인 하이트와 소주시장에서의 최강자인 진로가 합병하는 대사건이 일어났다(2005년). 이 합병이 주류시장의 경쟁상황에 영향을 미칠 것은 거의 틀림없는 사실이다. 소주와 맥주는 같은 유통망을 통해 같은 소비자에게 공급되는 상품이다. 그런데 소주의 최강자인 진로도 그 유통망에 큰 영향력을 행사할 수 있고, 맥주의 최강자인 하이트도 그 유통망에 큰 영향력을 행사할 수 있다. 유통업체들은 진로와 하이트로부터 자기들이 원하는 만큼의 소주와 맥주를 공급받기 위해 진로와 하이트의 요구를 거역할 수 없다. 이런 상황에서 진로와 하이트는 공동으로 유통망을 압박하여 자기들의 시장지배를 더욱 확장시킬 가능성이 있다. 대표적으로 거론될 수 있는 방법이 끼워팔기이다. 진로의 강세지역에서는 하이트맥주를 끼워 팔고, 하이트 강세지역에서는 진로소주를 끼워 팔 수 있다. 또는 유통업체들로 하여금 진로와 하이트의 판촉을 강화하도록 요구할 수도 있다. 따라서 하이트와 진로의 합병 이후에는 이들의 시장지배력 남용에 대해 더욱 철저한 감시가 요청된다고 할 수 있다.

맥주와 소주산업에서는 유통업체들의 반경쟁적 횡포도 우려되는 사항 중 하나이다. 주류는 제조업체에서 주류도매상을 거쳐 식당과 술집에 공급하여 최종소비자가 소비하는 상품이다. 이 과정에서 주류도매상들은 강한 결집력을 행사한다. 이들은 단합하여 유통망의 신규 진입도 방해할 뿐만 아니라 제조업체와도 결탁하는 경향이 있다. 이렇게 되면 제조업체와 유통업체는 유착하여 소비자들의 희생을 바탕으로 자기들의 이익을 증대시킬 수 있다. 예컨대, 제조업체와 유통업체는 자기들의 마진을 증가시키기 위해 궁극적으로 최종소비단계의 가격을 인상시킬 수 있다. 이런 반경쟁적 행동을 유통단계에서 주도할 수 있는 것이 주류유통업의 특성이다. 따라서 정부는 주류유통업을 최대한 경쟁적 구도로 전환시키면서 이들의 공동행위 등을 철저히 단속하여야 한다.

소주시장에 비해 맥주시장은 경쟁 가능성이 높은 시장이라고 볼 수 있다. 두 기업이 비슷한 점유율의 복점(duopoly)시장이기 때문이다. 그러나 한국의 맥주시장은 새로운 제품이 출시되지 않고 품질개선이 이루어지지 않는다는 측면에서 볼 때 경쟁적 복점이라고 보기는 어렵다. 가격경쟁도 최대한 자제되고 있는 것으로 나타난다. 맥주시장은 수입맥주에 의한 경쟁이 더해지는 정도인데, 수입맥주는 가격이 워낙 높기 때문에 경쟁증대효과는 거의 없다. 따라서 맥주시장의 경쟁정책은 두 기업이 협조적 복점으로 가는 것을 막는 데 치중해야 할 것이다.

이를 위해서는 맥주산업의 신규 진입을 대폭 유도해야 한다. 소규모의 특성 있는 맥주업체가 많이 생겨나서 양대 업체의 점유율을 잠식해 가도록 해야 한다. 이를 위해서는 커다란 진입장벽이 되고 있는 주류제조시설 용량 기준을 대폭 완화시켜야 한다. 독일의 맥주산업처럼 중소맥주업체가 많이 생겨나면 맥주의 품질도 개선되고 가격도 내려갈 것이다.

소주시장의 경쟁정책은 분할된 지역시장을 통합된 전국시장으로 유도하면서 전국시장이 경쟁적 구도로 전환되도록 하는 것이 중요하다. 그 1단계로 우선 경인지방의 진로 독점을 해체시키는 것이 급선무라고 할 수 있다. 이렇게 되면 그 이외의 지역시장은 저절로 독점이 해체될 것이다. 먼저 경인지방이 경쟁적 시장구조로 바뀌고, 이어서 그 이외 지역시장까지 경쟁적 시장구조로 바뀌면 결국은 전국이 맥주시장처럼 하나의 시장으로 획정되면서 경쟁적 시장구조로 전환될 수 있을 것이다.

Chapter 9

유선통신산업과 공정거래정책

Ⅰ. 유선통신산업의 현황과 특성

우리나라에 전신업무가 최초로 소개된 것은 1885년의 일이다. 청나라 자본으로 설립된 한성전보총국에서 서울과 인천 사이에 전신업무를 시작하였다. 그러다가 2년 후인 1887년에는 국내자본으로 조선전보총국이 설립되어 전신업무를 시행하였다. 정보통신부와 같은 국가기관은 1900년에 설립된 통신원이 그 시작이라고 볼 수 있다. 전화업무가 최초로 도입된 것은 1902년의 일이다. 서울의 시내통화와 서울과 인천 간의 시외통화가 동시에 개통되었다.

한일합방과 더불어 전신업무는 식민통치의 수단으로 일본에 의해 주도되고 발달해 왔다. 1923년에는 우편업무에서 분리된 경성중앙전화국이 설립되었고, 1933년에는 서울과 오사카 사이에 국제전화업무도 개시되었다.

해방 후 정부수립과 더불어 체신부가 발족되어 우리 손에 의해 전신사업이 새출발하였다. 전신사업은 국가사업으로 유지되었다. 1954년에 최초로 공중전화가 설치되고 1970년에 충남 금산에 위성통신지구국이 개통되었다. 그리고 1971년에는 장거리자동전화(DDD)가 개통되었다. 통신기술의 급속한 발달과 더불어 통신사업은 새로운 궤도로 들어서고 있었다. 이에 발맞추어 1981년에 한국전기통신공사(KT의 전신)가 설립되어 국가통신산업을 주도해 나갔다. 이후 통신산업은 IT산업의 발전과 더불어 획기적 변모를 거듭하였다.

통신업이 자연독점(natural monopoly)으로 간주되어 한국전기통신공사가 독차지하던 시대도 저물어 가고, 바야흐로 통신산업도 경쟁의 시대로 접어들었다. 데이콤(1982년에 한국데이터통신으로 출발), 온세통신(1996), 하나로통신(1997, 후에 SK 브로드밴드(SK Broundband)로 변천), SK텔링크(1998) 등이 설립되고, 통신산업의 각 분야가 경쟁체제로 바뀌었다. 시외전화와 국제전화 등에 먼저 경쟁이 도입되었고, 나중에는 시내전화사업에도 경쟁이 도입되었다. 기술의 발달로 통신업의 자연독점성은 완전히 사라지고 이제 통신업도 복수의 사업자가 영업하는 경쟁산업으로 탈바꿈하였다.

이와 같이 통신업에 경쟁이 들어서게 된 주된 이유는 통신기술의 급속한 발전으로 통신업의 전 과정을 한국통신이 총괄하던 체제가 더 이상 유효하지 않기 때문이다. 유선통신사업은 이제 시내전화, 시외전화, 국제전화가 각기 별개 상품으로 구분되었다. 그리고 상품별로 별개의 사업자가 영업할 수 있게 되었다. 이렇게 됨으로써 통신의 각 단계에 독립된 사업자가 뛰어들어 서로 경쟁하는 체제가 만들어졌다.

시내전화 서비스도 하나의 독립상품으로 여러 사업자가 영업할 수 있고, 시외전화 서비스도 하나의 독립상품으로 여러 사업자가 영업할 수 있고, 국제전화 서비스도 하나의 독립상품으로 여러 사업자가 영업할 수 있다. 따라서 통신사업은 더 이상 자연독점이 아니고 여러 사업자가 함께 영업하는 경쟁사업이 되었다. IT산업의 발달과 더불어 초고속인터넷이 유선통신산업의 새로운 상품으로 부상하였다. 이 사업은 전화사업보다 더 많은 기업이 참여하여 과점적 구조를 넘어 경쟁적 구조로 가고 있다.

유선통신산업의 대표적 기업은 〈표 9-1〉과 같다. KT가 이 산업을 주도하면서 새롭게 설립된 기업들이 신규 참여하고 있는 형태이다. 유선통신산업은 그 동안 자연독점으로 KT가 독점하다가 기술발달로 인해 경쟁체제로 전환하면서 새 기업들이 신규로 참여하는 상황이다. 기존 독점기업인 KT가 아직도 이 산업을 주도하는 것은 어쩔 수 없는 사정이지만, 시간이 흐르면 이런 상황이 많이 변화해 갈 것이 틀림없다.

KT는 시내전화, 시외전화, 국제전화, 초고속인터넷 등을 모두 영위하면서 2009년 기준 19조 원의 매출액을 올리는 국내의 대표적 대기업이다. 상시 종업원수도 3만 명에 이르고 있다. KT를 제외하면 설립 순서로는 데이콤에

표 9-1 유선통신산업의 주요 기업

회사명	설립일	주요 사업	매출액(10억 원)	상시종업원수(명)
(주)KT	1982. 1. 1	시내전화 시외전화 국제전화 초고속인터넷	18,955	30,841
SK 브로드밴드 (하나로텔레콤에서 출발)	1997. 9. 23	시내전화 시외전화 초고속인터넷	1,894	1,905
LG U+ (데이콤에서 출발)	1982. 3. 29	시외전화 국제전화 초고속인터넷	1,870	1,400
(주)온세통신	1996. 7. 1	시외전화 국제전화 초고속인터넷	기업부실	
드림라인(주)	1997. 9. 6	초고속인터넷	기업부실	
(주)두루넷	1996. 7. 30	초고속인터넷	SK 브로드밴드에 합병	

서 출발한 LG U+가 더 빠르나 기업규모는 하나로텔레콤으로 출발한 SK 브로드밴드가 더 크다. 데이콤은 2000년부터 LG가 인수하여 LG그룹의 계열기업이 되었다. 하나로텔레콤은 2008년에 SK가 인수하여 SK 브로드밴드라는 사명으로 새출발하였다. 온세통신, 드림라인, 두루넷 등이 유선통신산업에 신규 진입하였으나 두루넷은 SK 브로드밴드에 합병되고 온세통신과 드림라인은 사업부진으로 정부 관리하에 들어갔다.

Ⅱ. 시내전화시장의 경쟁구조

시내전화 서비스는 최종소비자에게 접속된 전화서비스로서 각 가입자와 지역전화국 사이의 통신서비스망을 지칭한다. 시내전화는 최종소비자인 각 가입자에게 접속된 네트워크이기 때문에 다른 통신서비스(시외전화, 국제전화, 초고속인터넷, 이동전화)의 기간 네트워크 역할을 수행한다. 말하자면, 유선통신에서는 시내전화망을 거쳐야 최종소비자에게 연결된다.

통신기술의 발달로 자연독점(natural monopoly)으로 간주되던 시내전화까지도 경쟁체제로 바뀌고 있다. 그 동안 KT가 독점하다가 1999년 4월 1일에 하나로텔레콤(나중에 SKBB로)의 진입으로 경쟁체제로 바뀌었으며, 2005년 1월부터는 데이콤(나중에 LG데이콤으로)이 시내전화 서비스를 시작하게 되어 3사체제로 바뀌었다. 정부도 시내전화시장을 경쟁체제로 유도하기 위해 하나로텔레콤과 데이콤의 시장 확대를 후원해 왔다.

KT의 독점체제는 무너졌다. 그러나 〈표 9-2〉에서 보는 것처럼 KT가 워낙 주도적 입장에 있는 기업이기 때문에 형식적으로는 경쟁구조이지만 실질적으로는 여전히 KT에 의한 독점체제라고 볼 수 있다. 거기다가 이동통신의 활성화로 시내전화시장의 규모 자체가 축소되고 있는 실정이다. 따라서 신규 진입기업들의 시장확대는 결코 쉽지 않다. 〈표 9-2〉에 의하면 독점하던 KT의 점유율이 2004년도에 94%(가입자수)로 줄어들면서 매년 점유율이 조금씩 하락하고 있다. 2009년에는 KT의 점유율이 89.8%까지 하락하고 있다. 신규 진입사인 SKBB와 LG데이콤의 점유율이 조금씩 증가하고 있기는 하지만 아직도 미미한 수준에 머물고 있어서 시내전화시장이 진정한 경쟁구조로 이동하는 것은 아직도 요원하다고 볼 수 있다.

선진국은 우리나라보다는 경쟁 정도가 더 높다. 〈표 9-3〉은 선진국에서

표 9-2 시내전화시장의 시장구조(2004~2009년)

구분			2004	2005	2006	2007	2008
가입자수	시장규모(천 명)		22,871	22,920	23,119	23,130	22,132
	점유율 (%)	KT	93.8	93.2	92.1	90.4	89.8
		SKBB	6.2	6.6	7.5	8.8	8.7
		LG데이콤	0.0	0.2	0.4	0.8	1.5
	HHI지수		0.884	0.872	0.854	0.826	0.814
통화량	시장규모(백만 분)		55,529	55,246	53,320	50,883	46,837
	점유율 (%)	KT	90.1	89.0	88.0	86.3	83.6
		SKBB	7.6	7.9	8.8	9.7	10.7
		LG데이콤	1.6	1.9	2.2	2.8	3.8
		SK텔링크	0.1	0.4	0.4	0.6	0.9
		온세통신	0.6	0.7	0.6	0.7	1.1
	HHI지수		0.818	0.799	0.782	0.755	0.711
매출액	시장규모(억 원)		41,848	39,931	39,363	37,097	34,499
	점유율 (%)	KT	95.2	94.7	93.1	92.7	90.9
		SKBB	4.8	5.0,	5.9	5.8	7.2
		LG데이콤	0.0	0.3	1.1	1.5	2.0
	HHI지수		0.909	0.900	0.870	0.864	0.831

자료: 정보통신정책연구원(KISDI).

표 9-3 해외 주요국의 선발회사 시장점유율(시내전화시장 가입자 기준)

(단위: %)

구분	미국	영국	일본	호주	한국
경쟁도입연도	1996	1996	1997	1997	1999
선발사 점유율	82.2 (2004. 06)	82.3 (2004. 12)	71.3 (2004. 12)	84.0 (2003. 12)	93.8 (2004. 12)

선발기업의 점유율이 어느 정도인지를 보여 주는데, 우리나라 KT의 점유율보다는 훨씬 낮다. 그만큼 신규 사업자의 점유율이 높아지고 시장이 경쟁체

제로 빠르게 이동하고 있다는 것을 보여 준다. 특히, 일본은 선발사업자의 시장 비중이 71% 수준으로 내려왔다. 경쟁 도입연도가 우리나라보다 불과 2년 빠른데, 시장구조로의 이행은 매우 빠르다고 볼 수 있다. 한국의 시내전화시장도 경쟁구조로 이행하기 위해서는 KT의 시장점유율이 적어도 70% 이하로는 내려가야 할텐데 그리 용이한 일은 아닐 것 같다. SKBB와 LG데이콤이 KT의 영역을 파고드는 것이 결코 쉽지 않은 것으로 보인다. 거기다가 전체 시장규모 자체가 작아지고 있는 형국이다. 실질적인 경쟁체제로의 이행은 시간이 오래 걸릴 것으로 보인다.

현 상황으로는 실질적 경쟁이 이루어지기는 요원하다고 볼 수 있다. 선발업체인 KT의 절대적 우위와 후발업체들의 절대적 열세 속에서 시내전화시장에 유효경쟁이 작동하리라고 기대하기는 어렵다. 그러나 과거의 하나로와 데이콤이 각각 SKBB와 LG U+로 개편되면서 경쟁에 강한 의욕을 보이고 있기 때문에 이 시장이 얼마나 경쟁화될지는 앞으로 지켜볼 일이다.

이동전화의 진입과 활성화는 시내전화시장을 경쟁화시키는 작업을 더욱 어렵게 만들고 있다. 이동전화는 시내전화의 강력한 대체재로 작용하고 있다. 유선시내전화보다는 무선이동전화가 더 보편화된 통신서비스가 되어가고 있다. 따라서 유선시내전화는 시장규모가 점점 줄어들고 있다. 〈표 9-2〉에서 보는 것처럼 유선시내전화의 통화량 규모는 점점 감소하고 있다. 이와 같이 시장규모 자체가 축소되는데, 진입한 기업들은 줄어드는 시장을 나누어 먹자는 형국이다. 이런 판에서 진입기업들이 시장점유율을 넓혀 가기는 매우 어렵다. 따라서 시내전화시장이 경쟁적 구조로 이행하기는 어렵고 실질적 경쟁이 이루어지기도 어렵다.

정부는 시내전화 번호이동성 제도를 도입하여 신규 진입기업들에게 기존 시장을 잠식할 수 있도록 유도하기도 하였다. 번호이동성 제도는 시내전화 가입자가 기존의 전화번호를 그대로 유지하면서 가입사업자를 변경할 수 있도록 한 제도로 2003년 6월 30일부터 시행되었다. 이 제도하에서는 기

표 9-4 시내전화 번호이동 현황

구분	2003		2004. 9	
번호이동건수	KT→하나로	하나로→KT	KT→하나로	하나로→KT
	13,770	58	122,207	3,782

자료: 공정거래위원회, 『심결집』.

표 9-5 지역별 시내전화 번호이동

구분	수도권	부산	대구	전남	전북	충남	충북
KT→하나로	75,209	23,213	13,634	8.620	2,686	9.197	3,418
하나로→KT	1,761	1,157	245	160	118	284	115

자료: 공정거래위원회, 『심결집』.

존의 KT 가입자도 그 번호를 그대로 유지하면서 하나로나 데이콤으로 옮겨 갈 수 있다. 따라서 하나로나 데이콤은 KT의 기존 고객을 뺏어 오는 데 불리함이 없다.

이 제도의 도입으로 〈표 9-4〉와 〈표 9-5〉에서 보는 것처럼 KT의 고객이 하나로로 많이 옮겨 갔다. 하나로가 저가전략을 폈기 때문이다. KT 고객은 불편함이 없이 낮은 가격을 찾아 옮겨 갈 수 있었다. 이를 통해 후발사업자인 하나로는 유리하게 시장점유율을 늘려 갈 수 있었다.

시내전화의 요금체계는 가입비, 기본료, 시내통화료, LM통화료(이동전화로의 통화시), 부가서비스료, 기타 요금제 등으로 구성되는데, 사업자들은 이를 다양하게 배합시켜 서로 가격경쟁을 하면서 시장을 넓혀 나간다. 하나로가 SKBB로 바뀌고 데이콤이 LG U+로 바뀜에 따라 이런 경쟁에서 다소 유리해졌다. 따라서 시내전화시장의 경쟁상황은 앞으로 더 지켜볼 필요가 있다.

시내전화시장에 실질적 경쟁체제를 도입하기 위해서는 정책적 배려가 불가피하고 단기적으로는 후발사업자에게 여러 가지 특혜를 부여하여 시장구조면에서 후발업체가 일정 수준 이상의 시장점유율을 확보하도록 만들어야 한다. 선발업체와 후발업체가 경쟁할 수 있는 구조가 확보될 때까지는 정책적으로 후발업체들의 시장점유율을 늘려야 한다. 이것은 단기적으로는 경쟁정책과 배치되지만 장기적으로 경쟁구조를 갖추기 위해 불가피한 과정이라고 볼 수 있다. 단기적으로는 소비자후생이 희생되더라도 장기적으로는 소비자후생이 증대되는 정책이기 때문이다. 경쟁구조가 갖추어진 후에는 영원히 경쟁체제가 작동하기 때문에 영구적으로 소비자후생이 증대할 수 있다.

Ⅲ. 시외전화시장의 경쟁구조

유선시외전화 서비스는 서로 다른 통화권을 유선으로 연결시켜 주는 전화서비스이다. 1998년 이전까지는 KT가 독점으로 운영하다가 1998년부터 단계적으로 데이콤, 온세통신, 하나로텔레콤, SK텔링크 등이 이 사업에 진입하여 시외전화시장은 급속히 경쟁구조로 바뀌었다. 1998년에는 데이콤이, 1999년에는 온세통신이, 2004년 7월에는 하나로텔레콤이, 2005년 2월에는 SK텔링크가 시외전화시장에 진입하여 본격적으로 서비스를 제공하고 있다.

2008년까지의 시장구조 변화를 살펴보면 〈표 9-6〉과 같다. 우선 시외전화산업의 시장규모는 점점 감소하는 추세에 있다. 통화량기준으로 볼 때 꾸준히 감소하고 있으며, 가입자수와 매출액은 2002년을 정점으로 점점 감소

표 9-6 시외전화시장의 시장구조

구분			2000	2001	2002	2003	2004	2005	2006	2007	2008
가입자수	시장규모 (천 명)		20,790	21,781	22,465	22,085	21,792	21,774	21,831	21,776	21,260
	점유율 (%)	KT	90.8	86.7	87.4	87.9	86.9	85.4	85.6	85.4	85.2
		데이콤	7.8	9.5	9.3	8.6	7.2	6.1	4.8	3.9	3.7
		온세통신	1.4	4.4	4.3	4.3	3.6	2.7	2.1	1.8	1.7
		SKBB	–	–	–	–	2.9	4.8	6.1	7.4	7.8
		SK텔링크	–	–	–	–	–	1.0	1.4	1.5	1.7
	HHI		0.831	0.762	0.772	0.781	0.763	0.736	0.739	0.737	0.734
통화량	시장규모 (백만 분)		25,803	24,229	23,652	24,850	23,752	22,591	21,141	18,337	15,535
	점유율 (%)	KT	85.4	84.2	83.4	84.1	82.2	80.5	79.4	77.8	77.8
		데이콤	11.9	12.5	12.7	12.7	11.3	8.2	7.6	7.1	7.3
		온세통신	2.7	3.3	3.9	3.2	3.8	3.4	2.6	2.5	2.5
		SKBB	–	–	–	–	2.8	7.8	9.8	11.8	11.6
		SK텔링크	–	–	–	–	0.01	0	0.6	0.8	0.8
	HHI		0.744	0.726	0.713	0.725	0.690	0.663	0.646	0.625	0.616
매출액	시장규모 (억 원)		11,557	11,457	11,751	10,281	9,358	9,401	8,561	8,300	7,294
	점유율 (%)	KT	86.9	87.1	86.9	85.1	86.5	83.5	83	84.2	84
		데이콤	10.3	9.5	9.1	10.3	8.7	6.9	6.8	5.6	4.5
		온세통신	2.8	3.4	4.0	4.6	3.9	2.7	2.1	1.6	1.7
		SKBB	–	–	–	–	1.0	4.2	5.5	5.8	6.0
		SK텔링크	–	–	–	–	–	2.7	2.7	2.7	3.7
	HHI		0.767	0.769	0.765	0.736	0.758	0.740	0.715	0.744	0.714

자료: 정보통신정책연구원(KISDI); 한국통신사업자연합회(KTOA).

하고 있다. 이와 같이 시장의 성장이 미미하거나 감소하는 추세 속에 사업자 수는 오히려 늘어나고 있기 때문에 시장경쟁은 점점 치열해질 수밖에 없다.

〈표 9-6〉에서 보는 것처럼 시장구조도 경쟁적 구조로 바뀌어 가고 있다. KT가 여전히 독주하는 독점적 시장구조이긴 하지만 신규 진입기업들의 시장잠식도 만만치 않은 상황이다. 2000년 기준으로 볼 때 가입자수는 KT가 91%를 차지하고 있지만 통화량이나 매출액은 85% 수준으로 낮아졌다. 이는 신규 업자가 가입자는 당장 많이 뺏어 오지 못해도 통화량과 매출액은 많이 뺏어 오고 있다는 것을 보여 준다. 말하자면, 신규 업자는 우량고객을 많이 확보하면서 시장을 잠식해 가고 있다. HHI를 기준으로 볼 때 시장구조가 경쟁적으로 바뀌어 가고 있는 것은 매우 분명한 현상이다.

종합하건대, 시외전화시장은 KT 독주가 많이 무너지고 경쟁적 구조로의 이행이 뚜렷해 보이기는 하나 아직 KT의 절대우위가 크게 바뀌지 않고 있다. 하지만 통화량기준으로는 KT의 절대우위가 많이 약화되고 있다. 시외전화시장도 경쟁구조로의 전환은 불가피한 현상이라고 볼 수 있다.

시외전화시장의 경쟁과 관련하여 짚어 보아야 할 사항은 시장규모 변화, 이동통신에 의한 대체속도, 사전선택제, 요금체계, 접속료 문제, 약관 문제 등이라고 볼 수 있다. 먼저 시장규모에 관해서는 대체통신수단의 발달로 유선시외전화는 수요가 점점 감소하고 있다. 따라서 시장규모는 정체 내지 감소라고 볼 수 있다. 이와 같이 시장규모는 줄어드는데 기업수는 늘어나기 때문에 경쟁은 점점 더 치열해질 수밖에 없다.

유선이나 무선 모두 가입자수는 거의 포화상태에 이르러 있기 때문에 유선가입자에 대한 무선가입자의 비중은 그렇게 크지 않으나 통화대체는 점점 커지고 있다. 이 때문에 통화량이나 매출액으로 볼 때 시외전화시장의 규모는 감소하는 추세가 매우 뚜렷하다. 때문에 유선시외전화 서비스시장에서의 경쟁은 점점 증가할 수밖에 없다.

거기다가 1997년 11월부터는 사전선택제가 도입되어 후발업체는 경쟁수단을 하나 더 확보한 셈이다. 사전선택제는 시외전화를 걸기 전에 사업자의 고유식별번호를 먼저 누른 후 시외전화를 걸도록 하는 방식이 아니라 가입자가 시외전화 서비스를 제공받고자 하는 사업자를 사전에 선택하여 주는 제도로서 별도로 사업자의 고유식별번호를 입력하지 않고 시외전화 서비스를 받는 제도이다. 따라서 후발업자들도 사전에 고객을 확보해 둘 수 있다. 이는 기존 사업자인 KT에게 일방적으로 유리하였던 제도를 경쟁활성화 측면에서 개선한 제도라 할 수 있다.

시외전화의 요금체계는 가입비나 기본료 없이 통화량에 따른 통화료로만 구성되어 있다. 과거에는 거리별로 3개 대역으로 구분하였다. 그러나 2000년 11월에 기존 2, 3대역을 통합하여 2개 대역으로 조정하였다. 그리고 시외 2대역의 과금단위를 30초에서 10초 단위로 변경하였다. 이것도 경쟁촉진을 위한 제도변화이다.

시외전화는 시내전화망을 거쳐야 그 서비스가 완성된다. 그런데 시내전화망은 KT나 하나로의 시내전화 가입자 선로이다. 따라서 시내전화 가입자 선로가 없는 온세통신, 데이콤 등은 KT나 하나로의 시내전화 가입자 선로를 이용해야 하고 이에 대한 대가로 접속료를 지불해야 한다. 접속료 산정기준과 절차 및 지급방법 등은 정부가 기준을 정하여 고시하고 있다. 이 기준도 신규 사업자가 불리하지 않도록 하여 가능한 한 시장경쟁이 촉진될 수 있도록 하고 있다.

그리고 시외전화 사업자는 시외전화 서비스 제공과 관련한 이용요금과 이용조건 등을 약관에 규정하여 정부에 신고하도록 하고 있다. 이것도 경쟁적 시장질서를 확보하기 위한 장치이다.

이상과 같이 제도적으로는 시외전화시장이 경쟁체제로 이행할 수 있도록 여러 가지 보완조치를 마련하고 있으나, 여전히 KT가 우월적 지위에 서 있기 때문에 공정한 경쟁이 확보되는 데는 한계가 있다. 후발사업자는 여러 가지 면에서 KT에 불리할 수밖에 없다. 따라서 시외전화시장을 정부의 경쟁유지정책 없이 완전한 경쟁에 노출시킨다면 KT로의 시장집중이 심화될 우려가 있다.

이 시장 역시도 단기경쟁정책과 장기경쟁정책을 구분해서 접근할 필요가 있다. 단기적으로는 경쟁적 행동이 제한되는 한이 있더라도 우선은 경쟁구조를 확보시키는 것이 필요하다. 일단 경쟁이 성립될 수 있는 시장체제가 확보되면 장기적으로는 경쟁을 통해 시장이 조정되면서 소비자후생이 증대될 수 있다. 따라서 시외전화시장 역시 매우 정교한 시장정책이 구상되어야 할 영역이다.

Ⅳ. 국제전화시장의 경쟁구조

국제전화 서비스는 국내와 국외 간의 전화역무를 의미하며, 사업자는 기간통신사업자와 별정통신사업자로 나누어져 있다. 기간통신사업자는 전기통신회선 설비를 직접 설치하고 전기통신역무를 제공하는 사업자이고, 별정통신사업자는 기간통신사업자의 전기통신회선 설비를 이용하여 기간통신업무를 제공하거나, 정보통신부령이 정하는 구내에서 전기통신역무를 제공하거나, 기간통신사업자로부터 전기통신회선 설비를 임차하여 기간통신역무 외의 전기통신역무(부가통신역무)를 제공하는 사업자를 의미한다. 2004년 11월 기준으로 기간통신사업자는 KT, 데이콤, 온세통신, 하나로텔레콤(SKBB), SK텔링크 등 5개이고, 별정통신사업자는 삼성네트웍스, KTF, LGMRO, 원텔, 한화에스엔씨, 새롬기술 등 110개이다.

국제전화 서비스는 가입을 전제로 한 서비스도 아니고 교환기만 보유하면 사업자의 진입이 가능하기 때문에 소비자가 사업자를 용이하게 선택할 수 있는 상품이다. 따라서 경쟁이 높아질 수 있는 시장이다. 특히, 별정통신사업자의 발신통화량이 증가하여 전체 국제전화 발신통화량은 대폭 증가

표 9-7 국제전화시장의 시장구조

구분		2004	2005	2006	2007	2008
매출액(단위: 억 원)		7,891	7,318	6,946	7,550	7,400
매출액 점유율 (%)	KT	31.3	31.8	30.1	34.4	30.4
	LG데이콤	17.8	19.4	19.2	18.3	19.2
	온세텔레콤	3.6	3.8	3.1	2.4	2.5
	SK텔링크	15.6	16.0	17.9	19.3	20.8
	SKBB	2.2	4.8	5.5	4.5	4.8
	별정사업자	29.7	24.3	24.1	21.1	22.3
	기간 3사업자	64.7	67.2	67.2	72.0	70.4
발신총량(단위: 백만 분)		1,090	1,133	1,141	1,437	2,015
발신 점유율 (%)	KT	48.4	40.6	36.3	43.3	48.3
	LG데이콤	21.0	25.5	25.9	24.2	26.9
	온세텔레콤	8.0	8.0	5.8	4.3	4.4
	SK텔링크	13.5	16.1	20.3	19.7	14.8
	SKBB	4.0	5.3	4.5	3.2	2.3
	별정사업자	4.7	4.3	4.2	5.1	2.9
	기간 3사업자	82.9	82.2	82.5	87.2	90.0

자료: 정보통신정책연구원(KISDI), 『정책연구』, 09-62.

하였지만 지속적인 요금 인하로 전체 매출액은 오히려 감소하고 있다. 기간통신사업자의 매출은 점차 감소하고 1998년부터 국제전화시장에 진입한 별정통신사업자들은 저렴한 요금경쟁력을 바탕으로 시장경쟁을 증대시키고 있다.

국제전화시장의 시장구조 현황은 〈표 9-7〉과 같다. KT의 시장주도력은 다른 유선통신시장에 비해 매우 낮은 편이다. 그만큼 경쟁이 높은 시장이라고 볼 수 있다. 기간 3사업자(KT, LG데이콤, SK텔링크)에 의한 집중률이 아직도 높기는 하나 이들 간의 경쟁은 점점 더 높아지고 있다. 문제는 기간 3사업자

이외의 사업자들이 어떻게 시장을 확보해 나가면서 경쟁력을 확보하느냐 하는 것이다. 국제전화시장이 더욱 경쟁적 구조로 가기 위해서는 KT 이외의 사업자들이 점유율을 증가시켜 나가야 한다. 기간사업자들뿐만 아니라 별정사업자들도 KT의 시장을 더욱 집중적으로 잠식하여 KT의 점유율이 대폭 낮아져야 국제전화시장은 KT가 주도하는 시장에서 탈피하여 명실공히 경쟁적 시장구조로 전환할 수 있을 것이다.

국제전화시장은 시장구조에 비해 시장행동은 경쟁이 매우 높은 편이다. 특히, 경쟁의 진수인 가격경쟁이 매우 높다. 기간통신사업자의 국제전화상품은 표준요금상품, 할인요금상품, 저가요금상품으로 나눌 수 있는데, 별정사업자들의 공격적인 마케팅에 대응하기 위해 기간통신사업자들도 별정통신사업자의 요금과 비슷한 수준인 저가의 국제별정통신 서비스 상품을 제공하고 있다. 이렇게 가격경쟁이 활성화됨에 따라 소비자 입장에서는 싼 가격으로 국제전화를 이용할 수 있게 되었다. 그만큼 소비자후생이 증가하고 있다는 것을 의미한다.

시내전화와 시외전화 시장에서는 유선사업자와 이동통신사업자 간의 경쟁이 시장경쟁의 특징인데, 국제전화시장은 기간사업자와 별정사업자 간의 경쟁이 시장경쟁의 특징이다. 별정통신사업자는 기간통신사업자로부터 설비를 임차해 사업을 수행하므로 매몰비용이 작아 시장의 진입과 퇴출이 비교적 용이하다. 별정통신사업자는 저가요금을 통해 기간통신사업자의 시장을 잠식해 가고 있다. 기간사업자 간에도 경쟁이 점점 심화되고 있다.

Ⅴ. 초고속인터넷시장의 경쟁구조

초고속인터넷 서비스는 데이터의 송/수신 및 인터넷 접속을 제공하는 서비스로 유선계와 무선계로 나누어지는데, 현재 대부분의 초고속인터넷 서비스는 유선통신망을 통해 이루어지고 있다. 유선 초고속인터넷 서비스의 방식은 크게 xDSL방식과 케이블 모뎀방식이 있는데, 2003년 11월 말 기준으로 xDSL방식이 58%, 케이블 모뎀방식이 34%, 그 외 LAN방식이 8% 정도를 차지하고 있다.

초고속인터넷 서비스시장은 1998년 7월에 두루넷이 케이블 TV망(케이블 모뎀 서비스)을 이용하여 최초로 초고속인터넷 서비스를 개시하였고, 그 이후 1999년 4월에는 하나로가 최초로 ADSL 상용서비스를 개시하였다. 1999년 12월에는 KT가 ADSL 상용서비스를 개시하는 등 국내 초고속인터넷 서비스는 ADSL과 케이블모뎀 서비스를 중심으로 성장하였다.

1999년부터 급격한 성장세를 보이던 국내 초고속인터넷 서비스시장은 2002년 1,000만 가입자시대를 열면서 인구 100명당 초고속인터넷 가입자수가 OECD 국가 중 1위를 기록하였다. 이와 같이 초고속인터넷시장은 단시간에 급속한 발전을 거듭하였으나 2002년에 가입자수가 포화상태에 이르러 그 이후부터 성장세가 급격히 둔화되었다. 2000년에는 초고속인터넷 서비스의 가입자수 성장률이 572%, 매출액 성장률이 1,027%에 이르렀으나 2003년에는 각기 성장률이 5.7%와 6%에 머무르고 있다.

초고속인터넷시장의 시장구조는 〈표 9-8〉과 같다. 사업자는 기간통신사업자 외에도 부가/별정통신사업자와 방송사업자가 초고속인터넷 서비스를 제공하고 있다. 부가/별정통신사업자들의 비중은 2003년까지 가입자수로 7.1% 수준까지 올랐으나 그 이후에는 꾸준히 감소하고 있다. 최근의 전체

표 9-8 초고속인터넷시장의 시장구조(가입자수기준)

구분		2001	2002	2003	2004	2005	2006	2007	2008
총가입자수(천 명)		7,775	10,405	11,178	11,921	13,008	14,043	14,709	15,474
가입자수 점유율 (%)	KT	49.6	47.3	50.0	50.9	48.0	45.2	44.3	43.4
	SKBB	26.4	27.6	24.4	23.1	21.3	25.7	24.9	22.9
	두루넷	16.7	12.5	11.6	10.8	6.4	-	-	-
	온세텔레콤	2.6	4.3	3.8	3.3	2.7	1.6	-	-
	드림라인	2.2	1.6	1.3	1.1	0.8	0.2	0.007	0.003
	LG데이콤	1.6	1.4	1.8	1.7	1.6	0.8	0.5	0.2
	LG파워콤	-	-	-	-	2.0	8.6	11.7	14.1
	부가/별정 사업자	-	5.2	7.1	1.8	2.2	1.3	1.1	1.0
	방송사업자	-	-	7.0	7.1	14.9	16.6	17.5	18.4
CR_3(%)		92.7	87.4	86.0	84.8	75.6	79.5	80.9	80.2
HHI		0.345	0.319	0.328	0.331	0.295	0.281	0.2759	0.265
총매출액(억 원)		21,438	27,341	31,584	34,152	34,183	39,500	40,596	40,951
매출액 점유율 (%)	KT	51.8	51.6	54.9	58.3	61.1	52.1	48.4	47.6
	SKBB	25.1	28.3	26.6	25.5	24.5	26.3	25.3	23.2
	두루넷	15.7	12.3	10.8	9.1	7.5	0.0	0.0	0.0
	온세텔레콤	2.3	3.6	4.1	3.6	3.1	2.1	0.3	0.0
	드림라인	3.0	2.1	1.5	1.1	0.9	0.5	0.0	0.0
	LG데이콤	1.8	1.8	1.8	2.4	2.6	1.1	0.8	0.3
	LG파워콤	-	-	-	-	0.4	5.8	11.6	14.1
	부가/별정 사업자	-	-	-	0.0	0.0	0.9	1.0	1.1
	방송사업자	-	-	-	0.0	0.0	11.1	12.6	13.7
CR_3(%)		92.8	92.2	92.3	92.9	93.1	84.2	85.3	84.9
HHI		0.358	0.363	0.386	0.442	0.467	0.445	0.42	0.413

자료: 정보통신정책연구원(KISDI), 『정책연구』, 09-62.

적인 시장구조는 KT를 비롯한 3대 사업자(KT, SKBB, LG파워콤)가 주도하는 시장이라고 볼 수 있다. KT의 비중은 가입자수에서 40% 이상을 꾸준히 유지하고, 매출액에서는 50% 전후를 장악하고 있다.

매출액에서 주도사업자의 점유율이 50%이면서 CR_3가 90% 전후인 점으로 볼 때, 시장구조는 과점이라는 것을 알 수 있다. 과점 중에서는 강과점(tight oligopoly)이라고 볼 수 있다. CR_3가 감소하는 추세이기는 하지만 그 값은 여전히 높고 HHI는 최근 들어 감소하는 추세로 돌아섰다. 제1사업자의 점유율도 최근에는 감소하고 있다. 이런 현상을 종합할 때 초고속인터넷시장은 구조적으로 강과점이면서 시장 전체를 제1사업자가 주도할 수 있는 비경쟁적 구조이지만 최근에는 이런 구조가 많이 개선되고 있는 상황이다.

그런데 중소사업자의 도산과 단위사업자에 의한 인수 · 합병 등으로 경쟁이 위축되는 측면도 있다. 이것은 KT라는 주도사업자가 지배해 온 통신시장 고유의 특성에 기인하는 면이 강하다. 초고속인터넷 서비스는 새롭게 개발된 상품이어서 경쟁이 높아질 수 있는 여지가 존재하지만 KT라는 대규모 기존 기업의 기득권이 분명하게 작용하는 한 시장경쟁에는 한계가 있을 수 있다.

Ⅵ. 공정거래정책상의 과제

유선통신산업에서 가장 우려되는 공정거래법 위반행위는 담합과 시장지배력 남용행위라고 볼 수 있다. 강과점적 시장구조로 담합이 비교적 용이한 시장구조일 뿐만 아니라 주도기업들이 확실한 시장지배력을 확보하고 있기 때문이다.

표 9-9 유선통신사업자의 부당공동행위 과징금(2005년 심결)

(단위: 백만 원)

위반사건 / 회사	시내전화 서비스의 부당공동행위	시외전화 서비스의 부당공동행위	국제전화 서비스의 부당공동행위	합계
KT	113,048	19,284	4,974	137,306
하나로	2,155	60	–	2,215
데이콤	–	942	750	1,692
온세	–	118	148	266
합계	115,203	20,404	5,872	141,479

자료: 공정거래위원회, 『심결집』.

유선통신사업자들은 2005년에 부당공동행위로 공정위로부터 시정명령과 함께 대규모 과징금을 부과받았다. 〈표 9-9〉에서 보는 것처럼 KT는 3개 시장에서의 담합행위로 1,373억 원이라는 거액의 과징금을 부과받았고, 하나로, 데이콤, 온세 등도 적지 않은 과징금을 부과받았다. 특히, 시내전화시장에서의 담합행위는 두 회사에 1,152억 원이라는 거액의 과징금을 부과하도록 하였다.

시내전화시장에서의 담합은 KT와 하나로 사이에서 이루어진 가격차 축소 담합이었다. 2003년 6월에 KT와 하나로는 양사 간의 요금차를 좁히기 위해 KT는 가격을 그대로 유지하고 하나로는 KT보다 낮게 책정하였던 요금을 상향조정하도록 합의하였다. 하나로가 가격을 상향조정함으로써 줄어들 것으로 예상되는 하나로의 시장점유율은 KT가 디마케팅 등으로 보전해 주기로 합의하였다. KT는 2007년까지 하나로에게 매년 순증 1.2%의 시장점유율을 이관해 주기로 합의하였다. 이 합의로 KT와 하나로는 각각 1,130억 원과 22억 원의 과징금을 부과받았다.

이 담합은 가격 인상 담합인데 KT는 가격을 그대로 유지한 채 그 동안 낮게 책정되었던 하나로의 가격을 KT 수준에 가깝도록 상향조정하는 담합이었다. 이 담합이 실행되면 하나로는 수익성은 향상시킬 수 있을지 모르나 시장을 잃을 수 있다. 후발사업자인 하나로가 KT보다 요금을 낮게 책정해 둔 것은 KT 고객을 뺏어 오기 위해서였다. 그런데 가격을 상향조정하면 이 전략은 성공할 수 없다. 이 때문에 KT는 하나로에게 일정한 양의 시장점유율을 이관해 주기로 하고 이 담합을 성사시켰다. 특히, 기존의 가격차에서는 번호이동성제도의 시행과 더불어 많은 고객들이 하나로로 이동할 것이 예상되기 때문에 KT는 일정량의 시장점유율을 인위적으로 이관해 주면서까지 하나로에게 가격을 인상시키도록 요구하였다. KT는 이동통신에게까지 많은 통화량을 뺏기고 있는 상황에서 하나로에게까지 시장을 뺏기면 영업에 큰 손실이 생길 것으로 예상할 수 있었다.

이런 상황에서 KT는 수익성 유지를 위해 유선시내전화시장에서 하나로에게 어느 정도의 시장지분을 인정하더라도 가격경쟁만큼은 피하는 것이 필요하였다. 자금사정이 취약한 하나로의 입장에서도 어느 정도의 시장점유율이 확보된다면 KT와의 가격경쟁을 피하는 것이 절대적으로 필요한 조치라고 판단하였다. 따라서 KT와 하나로 사이에는 하나로의 요금을 끌어올려 두 회사 간의 요금차이를 줄이려는 가격담합이 성립될 수 있었다.

시외전화시장에서의 담합은 KT, 데이콤, 온세통신, 하나로 등 4개 회사 사이에서 이루어진 담합이고, 담합형태는 가격담합과 시장분할담합이 동시에 있었다. 먼저 가격담합에 관해서는 하나로가 시장진입을 하기 전인 2002년 8월 KT, 데이콤, 온세통신 사이에 시외전화에 대해 요금경쟁을 최소화하기 위해 동일한 내용의 '맞춤형 정액제 상품'을 도입하자는 합의가 있었다. 그리고 합의한 대로 '맞춤형 정액요금 상품'을 출시하였다. KT는 데이콤과 온세통신 등 후발사업자들이 KT와 다른 유형의 파격적인 정액요금 상품으로 요금경쟁을 야기시킬 것을 방지하기 위하여 이들에게 접속료 부담문제를 해결해 주면서 동일한 정액요금 상품에 대한 합의를 이끌어 냈다.

2004년 6월 말부터는 하나로가 시외전화 서비스시장에 본격적으로 진입함에 따라 KT, 데이콤, 온세통신, 하나로 등 시외전화 4사는 2004년 6월 사업자 간 요금경쟁을 억제하기 위해 사업자별로 적정 가입자수를 확보해 주고(시장분할), 시외전화요금은 동일 수준으로 유지하고, 번들상품의 출시는 금지하는 등의 합의서를 작성하고 서명하였다. 말하자면, KT, 데이콤, 온세통신은 하나로의 시장진입에 대비하여 2002년부터 이미 협조 분위기를 만들어 갔고, 이 협조체제에 하나로도 포함시키는 합의가 이루어지면서 이 합의가 시행되었다.

국제전화시장에서의 담합은 KT, 데이콤, 온세통신 사이의 담합이었다. 이들은 별정통신사업자의 저가요금 공세에 공동으로 대응하기 위해 국제전화요금을 인하하기로 방향을 정하였는데, 2002년 5월 국제전화 할인상품 중 미국, 중국, 일본 등 주요 3개국 요금은 합의를 통해 조정하였다. 그리고 2003년 초에는 국제자동통화 표준요금의 국가별 인하 수준, 야간할인제 축소 조정, 선택요금상품의 내용변경, 약관의 시행시기 등에 대해 합의하고 시행하였다.

초고속인터넷시장에서도 담합이 있었다. 이 담합은 KT, 하나로, 데이콤, 온세통신, 드림라인, 두루넷 사이의 담합이었다. 이들은 2003년 초 월이용요금의 면제를 금지하는 등 요금경쟁을 지양하고, 가입자 유치수수료 및 개통수수료에 상한선을 설정하여 가입자 유치경쟁을 자제하려는 등의 합의를 하였다. 그리고 가입설치비의 면제 여부도 자유롭게 하지 못하고 반드시 약관에 반영하여 시행하도록 합의하는 등 경쟁제한적인 담합행위를 하였다.

유선통신시장은 시장구조가 강과점(tight oligopoly)이면서 뚜렷한 주도사업자가 존재하기 때문에 담합 가능성이 높을 수 있는 시장이다. 따라서 유선통신시장은 공정거래당국이 항상 주시하는 시장이 될 수밖에 없다.

유선통신시장은 자연독점(natural monopoly)산업으로 간주되었던 만큼 대부분의 나라에서 정부가 공기업체제로 유지하거나 민간기업일지라도 강력한 규제가 도입되는 산업이었다. 통신부문의 기술발전으로 자연독점성은 완전히 사라졌지만 과거의 관행상 아직은 신규 진입하는 데에는 한계가 있고, KT라는 주도기업이 여전히 우뚝 서 있는 산업이다. 그리고 통신산업이라는 특수성으로 정부의 규제가 많은 산업이다. 따라서 일반제조업과는 달리 공정거래정책도 매우 섬세한 접근이 필요한 산업이다.

우선 시장구조를 어떻게 경쟁적 구조로 유도하느냐가 매우 중요한 과제가 된다. 이제는 더 이상 KT가 독점하는 산업은 아니고 신규 진입이 이루어져 형식적으로는 경쟁체제가 마련되어 있다. 유선통신의 4개 사업영역 중 국제전화부문과 초고속인터넷부문은 KT의 점유율이 50% 이하루 떨어져 경쟁이 매우 활성화되고 있다. KT가 제1위 사업자이기는 하지만 신규 진입 사업자들로부터의 도전이 만만치 않다. 그러나 이 시장들도 KT의 비중이 더 낮아져야 진정한 경쟁시장으로 이전해 갈 수 있다. 그리고 담합의 가능성도 낮아질 수 있다.

반면에 시내전화시장과 시외전화시장은 아직도 거의 독점적 구조를 면치 못하고 있다. 주도사업자인 KT의 시장점유율이 90% 전후에서 크게 벗어나지 않고 있다. 그러므로 이 두 시장은 실질적인 경쟁이 이루어질 수 없다. 공정거래정책의 1차적 과제는 후발사업자들의 점유율을 높이고 KT의 비중을 낮추는 일이다. 그런데 이 과정은 경쟁을 통해 이루어지기는 어렵다. 현재의 상황에서 이 시장을 적자생존의 경쟁세계로 내몰면 후발사업자들은 오히려 고사하고 KT만 살아남을 가능성이 높기 때문이다. 그렇다고 경쟁을 억제시켜 후발사업자를 보호하는 것도 옳은 경쟁정책이 될 수는 없다. 이 점이 바로 공정거래정책의 딜레마이다. 경쟁을 확대시키면 시장구조가 점점 더 비대칭적으로 변할 가능성이 높고, 시장구조를 경쟁적으로 바꾸려면 단기적으로는 시장행태를 비경쟁적으로 유지시켜야 할 가능성이 높다.

따라서 시내전화시장과 시외전화시장은 경쟁정책상 별도의 배려가 필요한 시장이다. 경쟁정책을 단기와 장기로 구분하는 전략이 필요하다. 시장구조를 경쟁적으로 바꾸려면 단기적으로 시장행태가 비경쟁으로 가는 것은 어느 정도 용인할 수밖에 없다. 장기적인 후생 증대를 위해 단기적으로는 소비자후생을 희생하는 것이 불가피하다. 적절한 선에서 후발사업자들이 시장을 확장해 나갈 수 있는 배려가 필요하다. 그것이 비록 경쟁을 제한하는 한이 있더라도 장기적으로 시장경쟁을 제고시키는 길이라면 어쩔 수 없는 선택이다. 후발사업자들이 시장점유율을 상당 부분 확보하고 수익성까지 갖추면 장기적으로 이 시장도 경쟁으로 흘러갈 수밖에 없다.

이 점에서 경쟁정책과 산업정책이 충돌하고 있다. 산업정책은 후발사업자를 보호하여 이 부문을 구조적으로 경쟁체제로 만들려고 한다. 그래서 KT와 후발사업자 사이에 비대칭규제를 시행하고 있다. KT는 가격책정을 사전에 승인받게 하고, 후발사업자는 자유롭게 가격책정을 할 수 있게 한다. 그리고 KT가 가진 망에 접속하는 후발사업자를 어느 정도 보호하는 정책을 구사하고 있다. 이런 조치들은 행정지도라는 형태로 시행되는데, 기업들은 이 과정에서 가끔 가격경쟁 억제와 같은 경쟁제한행위에 빠져들어 공정거래법의 제재를 받기도 한다.

이것은 구조정책과 행태정책의 마찰, 산업정책과 경쟁정책의 마찰, 단기정책과 장기정책의 마찰로 나타난다. 그리고 기업들은 그 속에서 어느 장단에 춤을 추어야 하느냐고 아우성이다. 이 문제는 행정당국끼리의 협조를 통해 해결할 수밖에 없다. 진정으로 국가와 국민에게 이로운 방향이 무엇인지를 정한 후 정책당국이 협의하여 해결할 수밖에 없다. 일단은 시장구조를 경쟁적 체제로 전환시켜야 장기적으로 진정한 경쟁이 지속될 수 있다. 유선통신시장은 시장행태가 경쟁적이어야 하는 것도 중요하지만 시장구조가 경쟁적으로 바뀌어야 하는 것도 매우 중요하다.

Chapter 10

이동통신산업과 공정거래정책

Ⅰ. 이동통신산업의 발전 과정

Ⅱ. 이동통신산업의 시장구조

Ⅲ. 이동통신산업의 경쟁구도

Ⅳ. 공정거래정책상의 주요 과제

Ⅰ. 이동통신산업의 발전 과정

현재 이동통신은 대화만을 할 수 있는 단순한 기능을 넘어서서 문자 및 영상 데이터를 전송하고, 인터넷을 할 수 있고, TV를 시청할 수 있는 다기능 통신수단이 되고 있다. 저렴한 가격에 모든 사람이 그 서비스를 이용할 수 있는 보편화된 단계에 와 있다.

우리나라에서 이동전화 서비스가 산업화된 시기는 1980년대이다. 정부는 1984년에 이동통신을 전담하는 회사인 한국이동통신(한국전기통신공사의 자회사)을 설립하여 수도권에서 제한적으로 서비스를 시작하였다. 그 후 1988년에 지방으로 서비스를 확대하기 시작하여 1991년 말에 이르러서는 전국적인 서비스망을 구축하였다. 그러나 서비스가 가능한 지역은 인구밀집 지역이나 고속도로 주변 지역으로 한정되었다.

1996년에는 한국이동통신을 민영화시키면서 제2이동전화사업자로 신세기통신을 선정하였다. 이로써 이동전화사업은 독점에서 경쟁체제로 전환되었다. 1996년부터는 두 회사가 디지털방식의 CDMA서비스를 제공하면서 본격적인 시장경쟁에 들어갔다. 이어서 1997년에 정부는 3개의 PCS 사업자를 선정하여 이동전화 서비스시장을 5개 업체에 의한 경쟁시장으로 구축하였다.

이런 과정을 거쳐 국내의 이동통신시장은 급속하게 성장하여 2000년 말에 가면 셀룰러 이동전화는 가입자가 1,445만 명, PCS는 1,236만 명에 달해, 전체 이동전화 가입자가 2,682만 명에 이르는 대시장으로 성장하였다. 2002년에는 국내이동통신 3,000만 가입자 시대를 열기도 하였다.

이동전화 서비스는 서비스 영역이 무선인터넷, 금융거래, 커뮤니티 활용, 엔터테인먼트, TV 시청, 각종 정보 획득 등 유선상에서만 이루어질 수 있던 서비스가 모두 손안의 휴대폰으로 가능하게 되었다. 이제는 가입자수가 4,800만에 이르는 필수품이 되었다.

이동전화 서비스산업은 주파수라는 공공재를 이용하는 사업이기 때문에 정부의 규제가 불가피하고, 신생사업이기 때문에 신규 진입자를 정부가 선정하여 허가하는 것이 불가피하였다. 원래 정부계획은 한국통신(KT)이 제1이동통신인 한국이동통신을 맡고, 제2이동통신 사업자는 1992년 8월 SK에게 배정하기로 한 것이었으나, 유망 신규 업종을 놓고 재벌 간의 다툼이 극심하고 사업자 선정 문제가 정치 문제로 변질되어 이 계획은 무산되었다. 그 후 김영삼정부가 들어서면서 1993년 6월에 신규 사업자 선정을 전경련에 위임하여 업자들이 자율조정하여 결정하도록 하였다.[1] 그런데 이 과정도 순조롭지 못하자 정부는 제1이동통신인 한국이동통신을 먼저 민영화하고, 그 이후에 제2이동통신 사업자를 선정하도록 하였다. 이 과정에서 SK가 한국이동통신을 인수하고, 제2이동통신을 코오롱과 POSCO가 컨소시움을 만들어 사업권을 배정받았다.[2]

본래 제2이동통신의 사업배정을 노렸던 SK는 뜻밖에도 제1이동통신을 맡는 횡재를 누렸으며, SK 이후에 새롭게 치열한 경합을 벌였던 코오롱과 POSCO가 1994년에 제2이동통신의 사업권을 따고 신세기이동통신을 출범시켰다. SK가 따낸 제1이동통신은 오늘날의 SKT이고, 코오롱과 POSCO가 공동으로 설립한 신세기이동통신은 2000년에 SKT에 인수 · 합병되는 운명을 맞는다.

1996년에는 이동통신 서비스의 또 다른 영역인 PCS 사업자의 선정이 이루어졌다. 1995년에 체신부가 정보통신부로 확대 개편되면서 정보통신산업

1) 사업자 선정을 민간이익단체인 전경련에 위임한 것은 정부가 자기 역할을 방기한 것이라고 볼 수 있다. 기업들은 서로 경쟁을 통해 신규 사업에 진입하는 것이 시장원리인데, 정부가 사업자들로 하여금 담합하여 신규 사업에 진출하도록 한 것이기 때문이다.
2) 재벌들이 이 과정에서도 제2이동통신 사업자 선정에 합의를 이루지 못하여 정부는 이를 국민기업으로 사업자를 선정하겠다는 배수진을 치기도 하였다.

정책이 체계적으로 수립 집행되었고, 1996년에 정통부 주관하에 3개의 PCS 사업자가 선정되었다. KT프리텔, LG텔레콤, 한솔PCS가 그것이다. 3개 PCS 사업자는 1997년부터 사업을 시작하였다. 2000년에 한솔PCS는 KT프리텔에 흡수 · 합병되어 PCS 사업자는 KTF와 LGT로 압축되었다.

이러한 사업자 선정과 인수 · 합병 과정을 거쳐 셀룰러 이동전화는 SKT로, PCS는 KTF(나중에 KT에 합병)와 LGT로 정리되어 이동전화 서비스산업은 오늘날과 같은 3사 경쟁체제가 구축되었다. 즉, 3사에 의한 과점적 시장구조가 만들어졌다.

Ⅱ. 이동통신산업의 시장구조

이동통신사업자는 SKT, KT(KTF), LGT 3개사이다. 출발은 5개사였지만 그 동안 흡수 · 합병 등으로 3개사로 압축되었다.

〈표 10-1〉에서 보는 것처럼 가장 큰 회사는 SKT이다. 2008년도 기준으로 매출액이 11조 원이 넘고, 당기순이익이 1조 3,000억 원에 달한다. 2위 회사는 KTF로 매출액은 8조 원이고, 당기순이익은 1,700억 원이다. LGT는 3사 중

표 10-1 이동통신 3개사의 재무 요약(2008년)

(단위: 10억 원)

회사명	매출액	총자산	자기자본	당기순이익	부가가치
SKT	11,675	18,617	10,729	1,278	4,154
KTF	8,346	8,056	4,366	165	1,734
LGT	4,798	3,858	1,967	284	420

자료: 「한국 대기업 그룹 재무분석」, 신산업경영원, 2010.

표 10-2 무선통신시장의 가입자수기준 시장구조(1999~2008년)

<table>
<tr><th colspan="2">구분</th><th>1999</th><th>2000</th><th>2001</th><th>2002</th><th>2003</th><th>2005</th><th>2008</th></tr>
<tr><td colspan="2">총가입자수(만 명)</td><td>2,342</td><td>2,679</td><td>2,903</td><td>3,233</td><td>3,358</td><td>3,790</td><td>4,560</td></tr>
<tr><td colspan="2">가입자 증가율(%)</td><td>-</td><td>14.39</td><td>8.36</td><td>11.37</td><td>3.87</td><td>3.64</td><td>4.83</td></tr>
<tr><td rowspan="5">사업자별점유율(%)</td><td>SKT</td><td>43.1</td><td>40.7</td><td>40.8</td><td rowspan="2">53.2</td><td rowspan="2">54.5</td><td rowspan="2">51.0</td><td rowspan="2">50.5</td></tr>
<tr><td>신세기</td><td>13.7</td><td>13.1</td><td>11.4</td></tr>
<tr><td>KT(KTF)</td><td>18.1</td><td>19.7</td><td rowspan="2">30.0</td><td rowspan="2">31.9</td><td rowspan="2">31.0</td><td rowspan="2">32.3</td><td rowspan="2">31.5</td></tr>
<tr><td>한솔 PCS</td><td>11.6</td><td>11.6</td></tr>
<tr><td>LGT</td><td>13.1</td><td>14.7</td><td>14.7</td><td>14.8</td><td>14.3</td><td>16.5</td><td>18</td></tr>
<tr><td colspan="2">CR_3</td><td>0.751</td><td>0.752</td><td>0.885</td><td>1</td><td>1</td><td>1</td><td>1</td></tr>
<tr><td colspan="2">HHI</td><td>0.235</td><td>0.224</td><td>0.295</td><td>0.401</td><td>0.414</td><td>0.391</td><td>0.387</td></tr>
</table>

자료: 정보통신부, 공정거래위원회.

가장 작은 규모로, 매출액은 5조 원이고, 당기순이익은 2,800억 원이다.

그 동안 3개 회사는 가장 빠르게 성장하였다. 그것은 이동통신산업의 급성장에 기인한다. 하지만 2005년 이후는 성장률이 급격히 둔화되고 있다. 이동통신 가입자가 포화상태에 이른 탓이다. 새로운 서비스를 계속 개발해 가지 않는 한 성장둔화는 불가피한 현상이라고 볼 수 있다.

이동통신시장은 전형적인 강과점(tight oligopoly)시장이다. 우선 기업수가 3개라는 점과 주도적 기업이 존재한다는 점이다. 〈표 10-2〉와 〈표 10-3〉은 이동통신시장의 시장구조 현황을 각각 매출액기준과 가입자수기준으로 보여 준 것이다. 흡수 · 합병을 거친 후 2001년부터는 3사체제가 확립되어 오늘에 이르고 있고, SKT가 점유율 50% 이상의 압도적 지위를 계속 유지하고 있다. 따라서 이 시장은 전형적인 과점이면서 경쟁보다 비경쟁 쪽으로 시장이 조율될 가능성이 높은 강과점적 시장이라고 볼 수 있다.

시장 내에 기업의 수가 3개 이하일 때는 3사 집중률이 시장구조를 분석하는 지수로 사용될 수 없다. 그 값이 항상 1이기 때문이다. 이동통신시장에

표 10-3 무선통신시장의 매출액 기준 시장구조(1999~2008년)

구분		1999	2000	2001	2002	2003	2005	2008
총매출액(억 원)		89,316	123,836	147,706	161,914	168,114	193,193	270,253
매출액 성장률(%)		–	38.65	19.27	9.62	3.83	3.07	12.9
사업자별점유율(%)	SKT	47.9	46.5	42.1	53.3	56.6	50.9	51.9
	신세기	14.0	16.1	16.3				
	KT(KTF)	16.3	16.2	28.6	32.8	30.1	31.3	30.3
	한솔 PCS	10.0	9.5					
	LGT	11.5	11.5	12.7	13.8	13.2	17.6	17.8
CR_3		0.784	0.789	0.872	1	1	1	1
HHI		0.274	0.267	0.335	0.410	0.427	0.386	0.393

자료: 정보통신부, 공정거래위원회.

서 인수 · 합병이 일어나기 전에는 기업수가 5개였기 때문에 3사 집중률이 1 미만이었다. 그런데 〈표 10-2〉와 〈표 10-3〉에서 보는 것처럼 이 값은 이 기간 동안에 계속 증가하였다. 합병 과정을 거치면서 이 값은 1까지 증가하였다. 그리고 합병이 완료된 2002년 이후에는 이 값이 계속 1이다. 따라서 이때부터는 3사 집중률이 시장구조의 분석수단이 될 수 없다.

대신 HHI는 시장구조 현황을 파악할 수 있는 중요 자료가 된다. 인수 · 합병이 완료되기 이전 기간에는 이 값이 매우 낮았다. 그러나 합병이 완료된 2002년 이후에는 이 값의 크기가 급격히 점프하여 0.4를 넘어섰고, 2003년까지는 이 값이 증가하였다. 그러나 그 이후로는 꾸준히 감소하였다.

이러한 HHI값의 변화를 통해 볼 때 이동통신시장은 비경쟁적 구조의 시장이기는 하지만 점점 경쟁적 구조로 바뀌고 있다는 것을 알 수 있다. 5사체제에서 3사체제로 바뀌는 과정은 시장이 비경쟁적으로 바뀌는 과정이었지만 3사체제가 성립된 이후 기간에는 HHI값이 점점 하락하고 있다. 시장이 조금은 경쟁적 구조로 바뀌었다고 판단할 수 있다.

이런 변화의 주요인은 1위인 SKT의 점유율은 다소 하락한 반면 3위인 LGT의 점유율이 조금 증가하였기 때문이다. 경쟁론적인 관점에서는 바람직한 방향의 변화라고 볼 수 있다. 비록 그 크기는 크지 않지만 단기간이라는 점을 감안하면 결코 가벼이 할 수 없는 변화이다. 이런 변화가 지속된다면 이동통신시장은 구조적으로 점점 경쟁적이 되어 갈 수 있을 것이다.

이런 변화가 지속되어 HHI가 0.3 이하로 하락한다면 이 시장은 약과점(loose oligopoly)체제로 넘어갈 수 있다. 구조는 과점이지만 경쟁이 상당히 이루어질 수 있는 과점이 될 것이다. 그러나 이런 변화의 추세가 계속 유지될지는 미지수이다.

Ⅲ. 이동통신산업의 경쟁구도

이동통신은 상품이 용역(services)이기 때문에 경쟁 양상이 재화(goods)일 경우와는 차이가 있다. 용역은 1회성 상품이다. 중고품이나 재고가 존재하지 않기 때문에 재판매가 이루어지지 않는다. 이런 특성 때문에 시장경쟁은 재화시장에서의 경쟁과는 다른 양상을 보여 준다.

이동통신은 공익산업(public utilities)적인 특성을 가지고 있다. 공익산업은 국민 전체가 필수품으로 사용하는 상품을 공급하는 산업이다. 그리고 수요의 가격탄력성이 낮다는 특성을 가지고 있다. 초창기에는 이동통신이 사치품이었으나 이제는 필수품이 되었다. 그런데 이동통신은 자연독점(natural monopoly)은 아니다. 수도, 전기, 가스처럼 공익산업은 자연독점이 일반적인데, 이동통신은 공익산업적인 성격은 있지만 자연독점은 아니고 과점이다. 따라서 시장 전체의 수요탄력성은 낮지만 개별 기업단위의 수요탄력성은 매우 높을 수 있다. 기업 간의 경쟁 때문이다.

이동통신산업은 설비투자가 많이 소요된다. 따라서 신규 진입이 매우 어렵다. 반면에 투자된 설비는 많이 사용할수록 기업에게 유리하다. 따라서 기존의 이동통신기업은 잠재기업과의 경쟁은 낮지만 기존 기업과의 경쟁은 매우 높아질 가능성이 있다. 주어진 설비를 가능한 한 많이 활용하는 것이 유리하기 때문이다.

이동통신산업은 비가격경쟁이 활성화되어 있다. 대표적인 비가격경쟁은 품질경쟁, 서비스경쟁, 광고경쟁 등인데, 이동통신시장에서는 이러한 경쟁이 비교적 활성화되어 있다. 반면에 가격경쟁은 매우 신중한 모습을 보이고 있다.

이동통신산업의 가격구조는 매우 복잡하다. 주로 서비스형태를 다양화시켜 출시하기 때문이다. 요금도 음성통화요금과 데이터 부가요금이 구분될 뿐만 아니라 음성통화요금도 기본료와 통화료가 구분된다. 이처럼 복잡한 가격구조를 이루고 있다. 복잡한 가격구조는 가격경쟁을 제고시킬 수도 있고 위축시킬 수도 있다.

이동통신산업은 규제산업이다. 서비스 형태와 가격 등 많은 부문에 정부가 간섭하고 있다. 이것은 주파수라는 공공재를 사용하기 때문이다. 주파수는 사유재가 될 수 없는데, 민간기업으로 하여금 이를 사용하도록 허락하기 때문에 정부가 개입하여 국가와 국민과 소비자에게 최대한의 혜택이 갈 수 있도록 해야 할 필요성이 있다.

이동통신산업에도 번호이동성제도가 실시되었다. 번호이동성제도란 가입자가 기존에 사용하던 전화번호를 유지하면서 다른 통신회사로 이동할 수 있는 제도이다. 소비자가 이동전화 서비스회사를 바꿀 경우 번호까지 변경해야 하는 불편함을 해소하여 회사 간의 경쟁을 높이기 위해 도입된 제도이다.

이 제도를 도입하면서 정부는 특정 회사에게로의 쏠림현상을 방지하기 위해 사업자별로 시차를 두고 소비자가 전화회사를 이동할 수 있도록 하였다. 2001년 1월 1일부터는 SKT 가입자만이 KTF(KT에 합병)나 LGT로 이동할 수 있도록 하고, 2004년 7월 1일부터는 KTF 가입자도 SKT나 LGT로 이동할 수 있도록 하고, 2005년 1월 1일부터는 LGT 가입자도 SKT나 KTF로 이동할 수 있도록 하였다. 즉, 이때부터는 모든 가입자가 다른 통신회사로 이동할 수 있도록 되었다.

이 제도로 인해 가입자들은 번호를 바꾸는 불편 없이 전화회사를 변경시킬 수 있기 때문에 그만큼 시장경쟁이 제고되었다. 그리고 회사별 가입자 수에도 변화가 있었다.

정부는 전기통신사업법 제29조에 의거 SKT의 이동전화요금은 인가제로, 나머지 KTF와 LGT의 요금은 신고제로 운영하고 있다. 이는 선발사업자이고 주도사업자인 SKT의 가격횡포를 방지하기 위한 장치이다. SKT가 가격을 먼저 올리면서 KTF와 LGT가 이를 추종하게 하는 것도 문제이고, SKT가 가격을 과도하게 내리면서 KTF와 LGT의 시장을 뺏어 오는 것도 문제이기 때문이다.

정부는 3개사가 모두 적정 수익을 내면서 시장에서 생존하도록 하는 것이 목적이다. 거기다가 소비자에게 너무 과도한 부담이 되지 않도록 하는 것도 목적이다. 이 두 목적은 양립하기 어려운 목적이다. 3개사가 사이좋게 수익을 내면 시장경쟁이 저해되고 소비자가 피해를 본다. 반면에 소비자에게 혜택이 되도록 3개사에게 치열한 경쟁을 유도하면 결국은 열위에 있는 LGT나 KTF가 패퇴하고 SKT가 시장을 독점해 버릴 위험성이 있다. 이러한 모순된 목적을 조화롭게 달성하기 위해 정부는 이동전화요금의 가격 결정에 개입한다. 주도기업인 SKT의 요금 결정에는 인가제로 개입하고, 약자인 KTF와 LGT의 요금 결정에는 신고제로 개입한다.

인가제는 신고제보다 더 강한 정부개입이다. 사실상 정부의 허가하에 요금을 책정할 수 있는 제도이다. 특히, SKT가 가격을 내리려고 할 때는

KTF(KT에 합병)와 LGT도 생존할 수 있는 범위 내에서 가격을 인하하도록 한다. 반면에 KTF와 LGT는 자기의 능력 범위 내에서 가격을 많이 인하하는 것은 나쁠 것이 없다. 이들이 가격경쟁을 통해 SKT의 시장을 빼어 오는 것은 이동통신시장을 더욱더 경쟁적 구도로 만드는 것이기 때문이다. 이 경우 정부는 신고만 받으면 된다.

Ⅳ. 공정거래정책상의 주요 과제

이동통신시장은 아주 많은 기업들이 영업할 수 있는 시장이 아니다. 주파수를 필수요소로 사용하는 산업일 뿐만 아니라 고정설비가 많이 요구되는 산업이기 때문에 원천적으로 기업수가 많아질 수 없다. 말하자면, 규모의 경제를 충분히 활용할 수 있는 대규모의 기업이 서너 개 정도면 전체 시장수요를 충분히 충족시켜 줄 수 있다. 이 경우 기업수를 늘려 시장구조가 경쟁적 구조로 가도록 하기는 어렵다. 이처럼 이동통신산업은 과점적 시장구조가 불가피한 산업이다. 따라서 기업수를 늘려 시장경쟁을 촉진시키려는 기업정책은 추진하기 어렵다.

그러나 최근에는 기술의 발전으로 기존 망을 임차해서 중소업체들도 이동통신 서비스를 제공할 수 있게 되었다. 이제는 이런 업체들이 각기 고유의 특성을 개발하면서 많이 시장에 진입하도록 하는 정책을 추진해야 한다. 이렇게 되면 기존 3사의 시장지배력은 크게 약화될 수 있다.

이동통신산업은 행동접근으로 시장경쟁을 촉진시킬 수도 있다. 과점적 시장구조는 인정한 채 그 기업들이 비경쟁적 행동이나 협조적 행동을 할 수 없도록 하는 시장행동정책이 추진되어야 한다. 이런 관점에서 경쟁당국이

주시할 부분은 주도적 기업에 의한 시장지배력 남용, 부당공동행위, 불공정 거래행위 등이다. 특히, 주도기업이 시장을 협조적으로 유도하는 행위 등은 경쟁당국이 관심을 가져야 할 부분이다. 주도기업에 의한 담합적 시장조정이 가능하기 때문이다.

이동통신시장은 SKT가 확실하게 1위를 고수하고 있는 시장이다. 특히, 2000년에 있었던 신세기이동통신과의 합병은 SKT의 1위 지위를 더욱 공고히 하였다. 합병 이전에는 SKT의 시장점유율이 42.7%였는데, 합병을 하면서 그 점유율은 56.9%로 증가하였다. 따라서 이 합병은 승인되기 어려운 합병이었다. 그러나 당시 정치 · 경제상의 특수한 이유로 합병은 승인되었고, 대신 SKT는 합병 후의 점유율을 50% 이내로 묶으라는 특이한 시장명령이 내려졌다. 합병을 승인하기 위한 궁여지책이라고 보지 않을 수 없다.

SKT는 주도적 기업의 위치를 더욱 확고하게 확보하였다. 따라서 이동통신시장은 더욱더 독점적 과점구조가 되었다. 이 경우 이 시장에 자유경쟁이 실시되면 SKT로의 쏠림현상은 심화될 우려가 있다. SKT는 PCS 사업자인 타회사에 비해 셀룰러폰이라는 장점을 가졌을 뿐만 아니라 시장에 가장 먼저 진입한 선발업체라는 강점까지 가지고 있기 때문이다.

이동통신시장에 대한 경쟁정책의 딜레마는 바로 여기에 있다. 자유경쟁에 치중하면 SKT 주도현상이 더욱 심화되어 시장구조는 점점 더 독점적으로 바뀔 것이고, 공정경쟁을 확보하려면 SKT에 어느 정도 통제를 가하여 자유경쟁을 유보하는 수밖에 없다. 현재의 정책 기조는 비대칭규제로서 SKT에는 강한 규제를, 그 밖의 회사에는 약한 규제를 부과하여 자유경쟁을 일시 유보하고 공정경쟁을 유도하려는 데 무게를 두고 있다.

이동통신시장이 3사체제를 유지하면서 구조 및 행동 양면에서 더욱더 경쟁적이 되기 위해서는 우선은 공정경쟁에 무게를 둘 수밖에 없다. 단기적으로는 자유경쟁이 유보되는 한이 있더라도 2위와 3위 업체의 시장점유율이 늘어날 수 있도록 하는 정책방향이 불가피하다. SKT의 주도성이 어느 정도 감소되면 장기적으로는 자유경쟁도 가능하기 때문이다.

따라서 이동통신시장에 대한 공정거래정책의 기조는 단기적으로는 공정경쟁에, 장기적으로는 자유공정경쟁에 맞출 수밖에 없다. 우선은 시장구조가 더욱더 경쟁적 구조로 이동하도록 하는 경쟁정책이 필요하다. 이 정책이 성공하면 그 다음 단계에는 저절로 자유공정경쟁이 확보될 수 있다.

이동통신시장은 3사체제의 과점이면서 SKT가 주도적 지위를 확보하고 있기 때문에 SKT만 동의한다면 3사 간에 가격경쟁을 자제하자는 담합이 성립될 가능성이 높다. 이동통신 서비스는 그 특성상 다양한 종류의 상품이 출시되면서 가격경쟁이 심화될 가능성이 있는 시장이다. 따라서 각 사업자는 가격책정에 매우 신중할 수밖에 없다. 그런데 가격경쟁으로 가면 궁극적으로는 모두가 가격을 인하해야 할 것이기 때문에 점유율 확대는 성공하지 못하며 모두 수익성만 낮아질 것이다. 각 사업자는 이런 상황을 원하지 않는다. 따라서 각 사업자는 가격의 인상이나 인하를 억제하는 데 쉽게 합의할 가능성이 있다.

이동통신 사업자들은 실제로 가격담합을 시도한 혐의로 공정위로부터 많은 과징금을 부과받기도 하였다. KTF(KT에 합병)와 LGT는 자기들의 요금인하폭을 축소시키면서 SKT의 요금인하폭도 최소화하도록 정통부에 건의하자고 합의하였기 때문이다(2000년). 이동통신산업은 비대칭규제로 선발사업자인 SKT에게는 요금인가제를, 후발사업자인 KTF와 LGT에게는 요금신고제를 실시하고 있었다. 따라서 SKT의 요금인하폭은 정통부의 승인에 의해 정해지고, KTF와 LGT는 신고로만 요금인하폭이 정해질 수 있었다. KTF와 LGT는 정통부의 이동통신요금 인하 요구에 대응하여 자기들의 인하폭을 최소화하기로 합의하고, SKT의 인하폭도 최소화하도록 정통부에 적극 주장하였다. 이런 과정을 KTF와 LGT는 서로 합의하여 공동으로 추진하였다. 이것은 부당한 공동행위에 해당하여 KTF와 LGT가 공정위로부터 제재를 받았다.

SKT, KTF, LGT는 무제한요금 상품의 판매 및 출시 노력을 중단하기로 합의하기도 하였다(2004년). KTF(KT에 합병)와 LGT는 그 동안 시행해 오던 무제한 정액요금 상품모집을 중단하고, SKT는 정통부에 인가신청 중이던 무제한요금 상품의 인가를 더 이상 추진하지 않기로 3사가 합의하였다. 이러한 담합행위도 가격경쟁을 자제시킨 행위이다. 공정위는 이러한 담합행위에 대해서도 과징금을 부과하였다.

이와 같이 이동통신 서비스시장은 실제로 가격경쟁을 자제하려는 행위들로 공정위의 제재를 받아 왔다. 이동통신 서비스는 그 특성상 경쟁이 쉽게, 많이 이루어질 수 있는 상품이다. 상품이 다양한 패키지로 판매될 수 있으며 이 과정을 통해서 소비자에게 여러 가지 형태의 가격할인 혜택을 제공할 수 있기 때문이다. 이런 가격할인 혜택을 통해 각 사업자는 시장을 확장해 나갈 수 있다. 그러나 이런 행위는 궁극적으로 어느 사업자에게도 혜택이 되지 않는다. 모두가 가격을 내리면 시장점유율은 그대로인데 채산성만 낮아지기 때문이다. 따라서 사업자들은 담합의 유혹을 강하게 가질 수 있고, 실제로 담합을 시도하기도 하였다.

그리고 정부는 3사체제를 유지하려고 하는 한 후발사업자인 KTF와 LGT에게도 적정한 수익률을 보장해 주어야 한다. 만약 SKT의 가격 인하 요청을 계속 승인해 주면 KTF와 LGT는 시장을 SKT에게 뺏길 수밖에 없다. 이런 측면에서는 정부도 SKT의 가격 인하 요구를 무제한 인가해 줄 수 없는 한계가 있다. 그런데 정부의 이런 규제는 가격경쟁을 억제시킬 수 있다. 이것은 통신정책의 딜레마이고, 공정거래정책의 딜레마이기도 하다.

비대칭적인 시장에서 후발사업자를 육성하여 장기적으로 경쟁구도를 확보하려는 노력은 단기적으로 후발사업자를 보호하면서 시장경쟁을 제한하는 요인이 되기도 한다. 그래서 통신 3사는 담합행위의 심결에서 이 목적을 위한 정부의 행정지도 때문에 불가피하게 일어난 현상이었다고 하소연하기도 한다. 그리고 공정위의 제재에 억울해 하기도 하였다. 비대칭적 시장구조의 비대칭적 규제가 특징인 이동통신시장에서 나타나는 특수한 상황이라고 볼 수 있다.

경쟁적인 시장행동은 장기적으로 시장구조를 더 비경쟁적으로 만들 위험이 있고, 경쟁적 시장구도를 확보하기 위한 단기적 경쟁제한은 단기적으로 소비자후생을 감소시킬 수 있다. 이동통신시장에 대한 공정거래정책은 이 딜레마를 어떻게 조화롭게 풀어 나가느냐에 그 성패가 달려 있다. 단기적으로 소비자 피해를 최소화시키면서 장기적으로 경쟁적 시장구조를 확립시킬 수 있는 공정거래정책을 모색해야 한다. 이것은 경쟁정책당국인 공정위와 산업정책당국인 방통위가 잘 협조해야 달성될 수 있다.

참고문헌

강철규, 『재벌개혁의 경제학』, 다산출판사, 1999.

강철규 · 이재형, 「기업성과에 대한 기업공시 투명성의 효과: 한국 대규모 기업집단의 비교연구」, 『전문경영인연구』, 한국전문경영인학회, 2010,

강철규 · 최정표 · 장지상, 『재벌-성장의 주역인가 탐욕의 화신인가』, 비봉출판사, 1991.

경제기획원 공정거래실, 『시장지배적사업자 관리편람』, 1998.

고토 아키라 · 스즈무라 고타로 편저, 정병휴 역주, 『일본의 경쟁정책』, FKI 미디어, 2000.

공정거래위원회, 『공정거래백서』, 각 연도.

______, 『심결집』, 각 연도.

공정거래위원회 정책국, 『공정거래법 변천』, 1998.

권오승, 「독점규제 및 공정거래 관련법의 집행시스템」, 『서울대학교 법학』, 51-4, 2010, pp. 211~228.

김상권, 『경쟁정책의 국제규범화와 공정거래법』, 한국경제연구원, 1997.

서동원, 「재벌의 과거, 현재, 미래」, 『상사법연구』, 15-1, 1996, pp. 89~117.

신광식, 『시장거래의 규제와 경쟁정책』, KDI, 1992.

______, 『경쟁정책의 국제비교: 미국, 일본, 독일』, 한국개발연구원, 1994.

______, 『공정거래정책 혁신론』, 나남출판, 2006.

______, 「재판매가격유지와 법경제학」, 『법경제연구』, KDI, 1991. 3.

______, 「재판매가격유지의 후생효과와 경제적 분석」, 『공정거래』 제3호, 공정거래위원회, 1991. 4.

______, 「담합규제실적의 효율화를 위한 경쟁정책 방향」, 『한국개발연구』, KDI, 1993 여름, pp. 121~160.
신광식 역, 『반트러스트의 모순』, 교보문고, 1991(Robert H. Bork, *The Antitrust Paradox: A Policy at War with Itself*, Basic Books, 1978).
신광식 · 이승철, 『재판매가격유지행위 규제의 개선 방안』, 공정거래위원회, 1993.
신현윤, 『경제법』, 법문사, 2006.
유승민, 『재벌, 과연 위기의 주범인가』, 비봉출판사, 2000.
오성환, 『공정거래심결소회』, 산학연, 2005.
이규억, 『시장구조와 독과점규제: 한국의 제조업을 중심으로』, 한국개발연구원, 1983.
이봉의, 『일반 불공정거래행위에 대한 사업자준수지침 제정 방안에 관한 연구』, 공정거래위원회, 2003.
이승철, 『불공정거래행위의 경쟁정책』, 한국경제연구원, 1992.
______, 『공정거래경제학』, 한국경제연구원, 1999.
______, 「공정거래법의 경제분석」, 『한국법의 경제학 I』, 한국경제연구원, 1997.
이재우, 『공정거래정책 공정한가–기업집단정책의 신화와 현실』, 한국경제연구원, 1997a.
______, 『경쟁과 담합』, 한국경제연구원, 1997b.
______, 「제도적 경쟁제한요인 연구–공동행위 심결사례 분석을 중심으로–」, 『경제학연구』, 47, 1999.
이재형, 『우리 산업의 경쟁구조와 산업 집중분석: 광공업 및 서비스산업을 대상으로』, KDI, 2007.
이주선, 『부당고객유인행위에 관한 연구』, 한국경제연구원, 1997.
임영철, 『공정거래법: 해설과 논점』, 법문사, 2007.

조성봉 외, 『공정거래법 전면 개정방안(안)』, 상 · 하, 한국경제연구원, 2004.
최배근, 『시장경제의 유형과 민주주의: 영미형과 동아시아형의 비교』, 집문당, 2005.
최정표, 『재벌해체』, 비봉출판사, 1993.
______, 『선진화를 위한 재벌의 선택–소유경영분리』, 도서출판 고원, 1996.
______, 『재벌시대의 종언』, 도서출판 고원, 1999.
______, 『한국 재벌의 이론과 현실』, 건국대학교 출판부, 2004.
______, 『실패한 재벌정책』, 도서출판 해남, 2007.
______, 『산업조직경제학』(제4판), 형설출판사, 2011.
______, 「재벌화와 계열기업의 이윤성과」, 『상경연구』, 건국대학교 경제경영연구소, 1992. 7.
______, 「재벌의 해체와 소유경영분리체제의 확립–일본의 대기업에 관한 분석」, 『한일경상논집』, 한일경상학회, 1997. 5.
______, 「그룹식기업경영의 전략적 역할에 관한 실증분석」, 『경제학연구』, 한국경제학회, 2000. 6.
______, 「재벌개혁의 현황과 과제」, 『ITBI 리뷰』, 국제무역경영연구원, 2000. 6.
______, 「기업지배구조의 한일비교와 한국의 재벌정책」, 『한일경상논집』, 한일경상학회, 2002. 6.
______, 「기업그룹의 다각화전략과 그 효과에 관한 실증분석」, 『국제경제연구』, 한국국제경제학회, 2002. 8.
______, 「한일 재벌의 소유구조비교」, 『ITBI 리뷰』, 국제무역경영연구원, 2003. 6.
______, 「기업집단지정제도의 유효성에 관한 실증분석」, 『산업조직연구』, 11-3, 한국산업조직학회, 2003. 9, pp. 1~35.
______, 「재벌에 의한 경제력집중의 정태 및 동태적 분석」, 『산업조직연구』, 12-4, 한국산업조직학회, 2004. 12, pp. 63~88.

______, 「재벌체제의 시장경쟁 제한효과」, 『한국경제연구』, 제16권, 한국경제연구학회, 2006. 6, pp. 197~225.

______, 「지주회사와 재벌」, 『상경연구』, 31-2, 건국대 경제경영연구소, 2006. 12.

______, 「기업활성화와 건강한 시장경제」, 『한국경제포럼』, 한국경제학회, 2008 여름, pp. 49~50.

______, 「외환위기 직후의 재벌개혁과 그 성과에 관한 연구」, 『산업조직연구』, 17-1, 2009, pp. 45~66.

______, 「한국재벌흥망사」, 『경제발전연구』, 15-2, 한국경제발전학회, 2009, pp. 233~261.

______, 「재벌의 연쇄도산과 흥망재벌간 경영구조의 차이」, 『산업조직연구』, 18-3, 2010, pp. 79~101.

______, 「공정사회와 공정거래정책」, 『한국경제포럼』, 한국경제학회, 2011.

______, 「재벌의 분할승계와 경제력집중의 변화」, 2011.

최정표 외, 「우리 기업들의 소유구조와 기업가치, 부채수준, 투자수준과의 관계에 대한 연구」, 『한국경제연구』, 한국경제연구학회, 2003. 12.

한국공정거래협회(사), 『공정거래 심결사례 국제비교』, 경문사, 2003.

한순구 역, 한성수 감수, 『법경제학』, 경문사, 2009(Robert D. Cooter and Thomas Ulen, *Law and Economics*, 5th ed., Peason, 2009).

허 선, 『공정거래법과 한국의 경제발전』, Ziumm, 2003.

황인학, 『경제력집중, 한국적 인식의 문제점』, KERI, 1997.

______, 『시장구조와 경쟁효율』, 한국경제연구원, 1998.

Adams, Walter, ed., *The Structure of American Industry*, 6th ed., New York: Macmillan, 1982.

Armentano, Dominick T., *Antitrust and Monopoly Anatomy of a Policy Failure*, John Wiley & Sons, Inc., 1982.

______, *Antitrust and Monopoly*, 2nd ed., The Independent Institute, 1990.

Baumol, William J., John C. Panzar, and Robert D. Willig, *Contestable Markets and the Theory of Industry Structure*, Harcourt Brace Jovanovich Inc., 1982.

Baxter, William F., "The Political Economy of Antitrust," in *The Political Economy of Antitrust*, edited by Robert D. Tollison, Lexington Books, 1980, pp. 3~49.

Bernheim, B. Douglas and Michael D. Whinston, "Multimarket Contact and Collusive Behavior," *Rand Journal of Economics*, 21-1, 1990, pp. 1~26.

Brennan, Timothy J., "Exclusive Dealing, Limiting Outside Activity and Conflict of Interest," *Southern Economic Journal*, October 1989, pp. 323~335.

Busse, Meghan R., "Multimarket Contact and Price Coordination in the Cellular Telephone Industry," *Journal of Economics & Management Strategy*, 9-3, Fall 2000, pp. 287~320.

Casswell, Julie A., "Aggregate Concentration: Significance, Trends and Causes," *Issues after a Century of Federal Competition Policy*, Robert L. Wills, Julie A. Caswell, and John D. Culbertson, eds., Lexington Books, 1987, pp. 237~249.

Caves, Richard E. and Masu Uekusa, *Industrial Organization in Japan*, Washington D.C.: The Brookings Institution, 1976.

Choi, J. P. and T. G. Cowing, "Firm Behavior and Group Affiliation: The Strategic Role of Corporate Grouping for Korean Firms," *Journal of Asian Economics*, 10, pp. 195~209.

, "Diversification, Concentration and Fonomic Performance: Korean Business Groups," *Review of Industrial Organization*, 21-4, 2002, pp. 271~282.

Choi, Jeong-Pyo and Dennis Patterson, "Conglomerate Regulation and Aggregate

Concentration in Korea: An Empirical Analysis," *Journal of the Asia Pacific Economy*, 12-2, May 2007, pp. 250~271.

Choi, Jeong-Pyo and Jonathan Willner, "Turnover and Mobility: The 30 Largest Korean Chaebols," *Academy of Taiwan Business Management Review*, 6-2, April 2010.

Clarke, R. and S. W. Davies, "Aggregate Concentration, Market Concentration and Diversification," *The Economic Journal*, 93, March 1983, pp. 182~192.

Coase, Ronald H., "The Nature of the Firm," *Economics*, 4, 1937, pp. 386~405.

Coate, Malcolm B., Richard S. Higgins, and Fred S. McChesney, "Bureaucracy and Politics in FTC Merger Guidelines," *The Journal of Law and Economics*, 33, October 1990, pp. 463~482.

Edwards, Corwin D., "Conglomerate Bigness as a Source of Power," *Business Concentration and Price Policy*, George Stigler, ed., N.J. Princeton: Princeton University Press, 1955, pp. 331~359.

Eisner, Marc Allen, *Antitrust and the Triumph of Economcis: Institutions, Expertise and Policy Change*, The University of North Carolina Press, 1991.

Evans, William N. and Ioannis N. Kessides, "Living by the 'Golden Rule': Multimarket Contact in the U.S. Airline Industry," *Quarterly Journal of Economics*, 109-2, 1994, pp. 341~366.

Fernandez, Nerea and Pedro L. Marin, "Market Power and Multimarket Contact: Some Evidence from the Spanish Hotel Industry," *The Journal of Industrial Economics*, Vol. XLVI, 1998, pp. 310~315.

Gilligan, Thomas W., "The Competitive Effects of Resale Price Maintenance," *Rand Journal of Economics*, 17, Winter 1986, pp. 544~556.

Goldschmid, Harvey J., H. Michael Mann, and J. Fred Weston, *Industrial Concentration: The New Learning*, Little Brown and Company, 1974.

Greer, Douglas F., *Industrial Organization and Public Policy*, New York: Macmillan, 1980.

Hansen, Robert and R. Blaine Roberts, "Metered Tying Arrangements, Allocative Efficiency and Price Discrimination," *Southern Economic Journal*, 47, July 1980, pp. 73~83.

Liu, J. C., J. P. Choi, and H. H. Wang, "Business Groups in Japan, South Korea and Taiwan: A Comparison," *Research in Asian Economic Studies*, Vol. 8, JAI Press Inc., pp. 351~360.

Mathewson, G. H. and Ralph A. Winter, "An Economic Theory of Vertical Restraints," *Rand Journal of Economics*, 1984, pp. 27~38.

Means, Gardiner C., "The Administered Price Thesis Reconfirmed," *The American Economic Review*, June 1972, pp. 292~306.

Neale, A. D. and D. G. Goyder, *The Antitrust Laws of the U.S.A.*, Cambridge University Press, 1982.

Peltzman, Sam, "The Gains and Losses from Industrial Concentration," *The Journal of Law and Economics*, 20, 1997, pp. 229~263.

Posner, R., *Antitrust Law*, Chicago: University of Chicago Press, 2001.

Scherer, F. M., *Industrial Market Structure and Economic Performance*, 2nd ed., Houghton Mifflin Company, 1980.

Scherer, F. M. and David Ross, *Industrial Market Structure and Economic Performance*, 3rd ed., Boston, Massachusetts: Houghton Mifflin Company, 1990.

Schmalensee, R., "Antitrust Issues ihn Schumpeterian Industrics," *Amcrican Economic Review*, 20-2, 2000.

Schmalensee, R. and R. Willing, eds., *Handbook of Industrial Organization*, Amsterdam, The Netherlands: North-Holland, 1989.

Scott, John T., "Multimarket Contact and Economic Performance," *Review of Economics and Statistics*, 1982, pp. 368~375.

______, "Purposive Diversification as a Motive for Merger," *International Journal of Industrial Organization*, 7, 1989, pp. 35~47.

Shepherd, Willam G., *The Economics of Industrial Organization*, 2nd ed., Englewood Cliffs, New Jersey: Prentice-Hall, Inc., 1985.

Shin, Kwang Shik, "The Treatment of Market Power in Korea," *Review of Industrial Organization*, 20-2, 2002, pp. 113~128.

Sporal, Michael F., "Antitrust and Prices," *Journal of Political Economy*, 101, 1993, pp. 741~754.

Telser, Lester G., "Cooperation, Competition and Efficiency," *Journal of Law and Economics*, 28, 1985, pp. 271~295.

Tirole, Jean, *The Theory of Industrial Organization*, The MIT Press, 1988.

Viscusi, W. Kip, John M. Vernon, and Joseph E. Harrington, Jr., *Economics of Regulation and Antitrust*, D.C. Heath and Company, 1992.

Weiss, Leonard W., "The Extent and Effects of Aggregate Concentration," *Journal of Law and Economics*, 26-2, June 1983, pp. 429~455.

Weiss, Leonard W., ed., *Concentration and Price*, Cambridge Massachusetts: The MIT Press, 1989.

Williamson, Oliver E., ed., *Industrial Organization*, An Elgar Critical Writing Reader, 1996.

저자 약력

뉴욕주립대학교 대학원 경제학박사
미국 Washington-Jefferson대학 교수
세종대학교 경제학과 교수
대만 중앙연구원(Academia Sinica) 경제연구소 객원연구원
뉴욕주립대 객원교수(교육부 지원)
독일 호헨하임대학교(Hohenheim University) 객원교수(독일 DAAD재단 초청)
일본 동경대학교 경제학부 객원교수(Japan Foundation 초청)
영국 케임브리지대학교 방문연구원
공정거래법 개정 민관합동위원회 위원
한국소비자원 정책연구심의위원
공정거래위원회 비상임위원
경실련 시민권익센터 대표
한국산업조직학회 회장
건국대학교 상경대학장
현재 건국대 경제학과 교수

공정거래정책 허와실

2011년 7월 12일 초판1쇄 인쇄
2011년 7월 19일 초판1쇄 발행

저 자 최정표
발행인 노현철
발행처 도서출판 해남
서울특별시 서대문구 충정로 3가 227-1 우리타워 6F
전화 739-4822 팩스 720 4823
e-mail haenam30@dreamwiz.com
homepage www.hpub.co.kr
등록 1995. 5. 10 제 1-1885호

정 가 20,000원

ISBN 978-89-6238-032-3 93320